Wolfgang Antes
Projektarbeit für Profis

W0178479

Veröffentlichungen der Jugendstiftung Baden-Württemberg

www.jugendstiftung.de

Wolfgang Antes

Projektarbeit für Profis

Praxishandbuch für moderne Projektarbeit

2., aktualisierte Auflage 2010

Juventa Verlag Weinheim und München

Der Autor

Wolfgang Antes, Jg. 1960, ist seit 1991 Projektberater und Geschäftsführer der Jugendstiftung Baden-Württemberg.

Bibliografische Information Der Deutschen Bibliothek

Die Deutsche Bibliothek verzeichnet diese Publikation in der Deutschen Nationalbibliografie; detaillierte bibliografische Daten sind im Internet über http://dnb.d-nb.de abrufbar.

1. Auflage 2004
2., aktualisierte Auflage 2010

Das Werk einschließlich aller seiner Teile ist urheberrechtlich geschützt. Jede Verwertung außerhalb der engen Grenzen des Urheberrechtsgesetzes ist ohne Zustimmung des Verlages unzulässig und strafbar. Das gilt insbesondere für Vervielfältigungen, Übersetzungen, Mikroverfilmung und die Einspeicherung und Verarbeitung in elektronischen Systemen.

© 2004 Juventa Verlag Weinheim und München
Umschlaggestaltung: Atelier Warminski, 63654 Büdingen
Bildmaterial von: Apply Pictures, Eric Audras, Marcus Frey, James Hardy, Jugendstiftung Baden-Württemberg, Oliver Müller, Photo Disc, Isabelle Rozenbaum, Patrick Sheándell O'Carroll
Druck nach Typoskript

Printed in Germany

ISBN 3-7799-2111-1

Inhalt

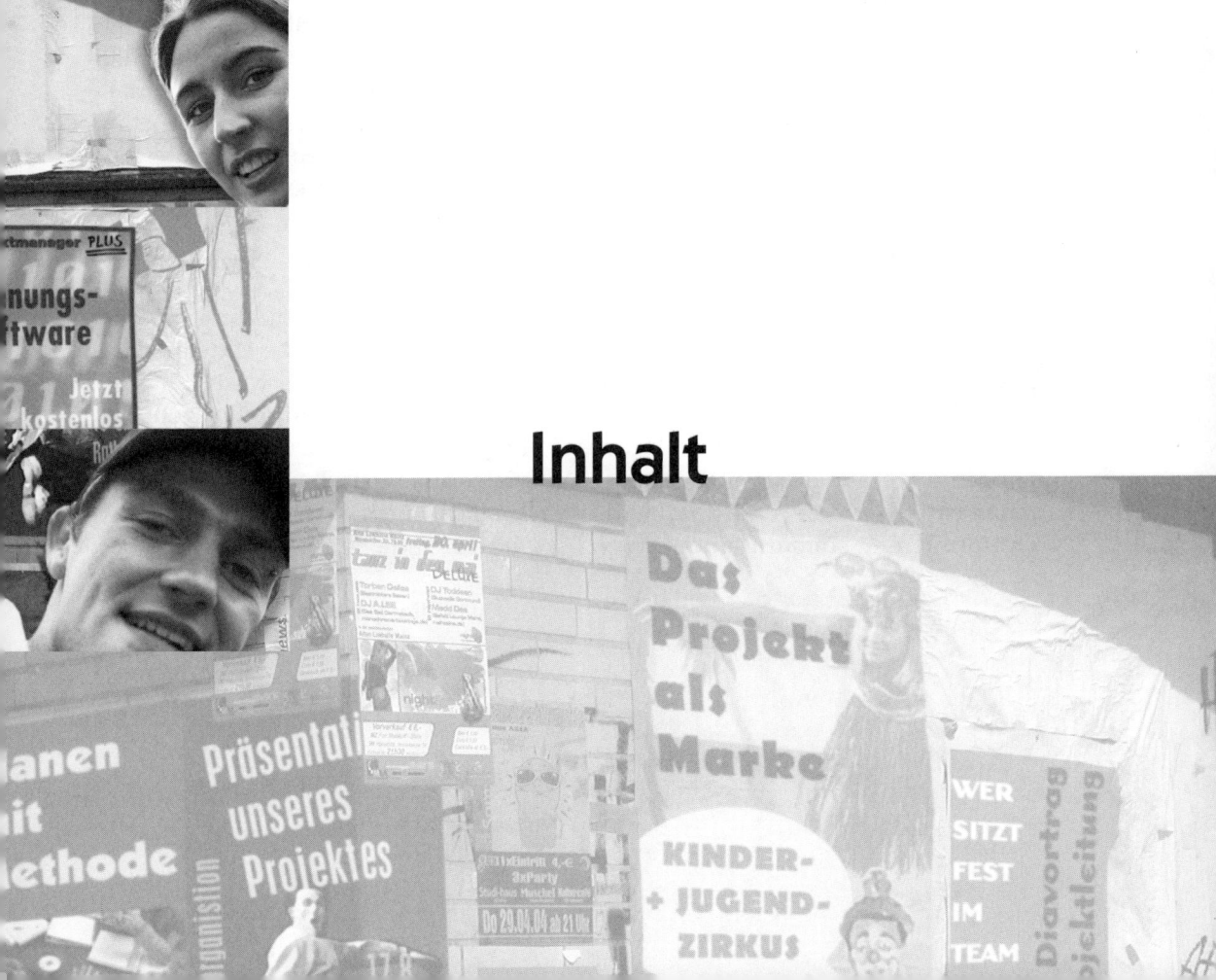

Vorwort

Projektarbeit ist eine vielseitige und anspruchsvolle Arbeitsmethode.

Im Bildungswesen, im Kultursektor, in Unternehmen der freien Wirtschaft und im Bereich der Sozialen Arbeit kommen die Methoden, Inhalte und Möglichkeiten moderner Projektarbeit zum Einsatz. Genau darüber möchte Sie dieses Arbeitsbuch nicht nur rasch, präzise und anschaulich informieren, sondern auch Fragen stellen, Anregungen geben und zur selbständigen Weiterarbeit ermuntern.

Damit dies gelingt, finden Sie für alle Arbeitsschritte Checkpoints zur Überprüfung des eigenen, aktuellen Standpunktes. Im Notizblock können projektspezifische Darstellungen notiert werden. Unter der Rubrik Praxis gibt es vielfältige Beispiele lebendiger Projektarbeit.

Die vier Bereiche des Arbeitsbuches – Projektplanung, Projektorganisation, Projektmarketing und Prozessorientierte Projektleitung – bauen zwar aufeinander auf, sind aber in sich abgeschlossen und verständlich. Starten Sie also in dem Bereich, der für Sie gerade am wichtigsten ist!

Gleichzeitig erhalten Sie kostenlos die Software „Projektmanager". Für die Nutzung benötigen Sie eine E-Mail-Adresse und einen PC mit Internetanschluss. Sie können 24 Monate lang Ihre Projekte planen, die im Handbuch beschriebenen Arbeitsschritte umsetzen und ein wirkungsvolles Controlling aufbauen. Das verbessert und erleichtert die Projektpräsentation erheblich, die ja für die Mittelbeschaffung immer wichtiger wird.

In diesem Sinne entwickelt sich Projektarbeit für Sie nicht nur zu einer vielseitigen und anspruchsvollen, sondern auch erfolgversprechenden Arbeitsmethode.

Wolfgang Antes

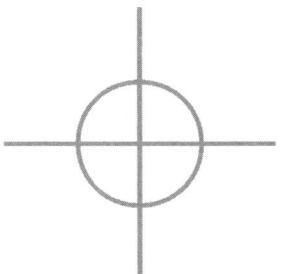

1   Projektplanung

Karriere einer Methode: Warum Projektarbeit?

Geschichte, Hintergründe, Erfahrungen

Inzwischen gibt es eine bemerkenswerte Karriere eines Begriffs: In Wirtschaftsunternehmen, in Betrieben der Sozialwirtschaft und in staatlichen Schulen findet Projektarbeit statt, wird als innovative Methode gepriesen, scheint neue Lehr- und Lernhorizonte zu eröffnen und wird allseits gelobt.

Unternehmen der Wirtschaft zergliedern komplette Betriebsabläufe nach Projekt-Art, so bei IBM Deutschland, oder wickeln Kernaufgaben in Großprojekten ab, so die Neueinführung der C-Klasse bei Daimler.[1]

Sozial-Multis, aber auch mittlere Unternehmen der Sozialwirtschaft, die chronisch an der Debatte „Innovation durch Wandlung" laborieren, entdecken Projekte als Testverfahren für notwendige Erneuerungen. Bei Initiativgruppen oder kleinen selbstorgani-

sierten Einrichtungen ist Projektarbeit der Normalfall.

An staatlichen Schulen geben Themen wie fächerübergreifender Unterricht, die Betonung sozialer Kompetenzen oder das Theorie-Praxis-Problem die Stichworte, um Projektarbeit im Schulalltag zu versuchen. Da stehen Städte und Kommunen nicht zurück. Die Budgetierung, die outputorientierte Verwaltung und die Behörde als Dienstleister machen Beamte zumindest begrifflich zu Projektleitern und den Alltag zur Aktion.[2]

Die Reformpädagogik

Die gleichzeitige Anwendung des Begriffs Projektarbeit in vier so unterschiedlichen Bereichen ist bemerkenswert. Umso bemerkenswerter, da ja mit dieser Arbeitsmethode Künftiges und Neuartiges planmäßig und ergebnissicher erreicht werden soll. Dennoch ist Projektarbeit, gemessen an den Halbwertszeiten der Moden im Bildungswesen und Management, ein wirklich alter Hut.

Die Methode der Projektarbeit geht zurück auf erziehungswissenschaftliche Diskussionen an Hochschulen und Schulen in Europa und den USA. Ziel ist es hierbei immer gewesen, Lernende zu befähigen, erlerntes Wissen in praktische Tätigkeit umzusetzen und die Ergebnisse zu überprüfen. Die Barriere zwischen der Vermittlung von Wissen und dessen Anwendung im Alltag sollte überwunden werden – oder erst gar nicht entstehen. C.R. Richarts vom Teachers Collage der Columbia-Universität bezeichnete im Jahre 1900 das selbständige Lösen von Aufgaben nach einem eigenen Plan als „Projekt".[3] C. Nelsen und L. Bossing fassten in ihrer Schrift „Die Projektmethode" Erfahrungen und Definitionen aus den Jahren 1900 bis 1920 zusammen.

Auch in der reformpädagogischen Bewegung zu Beginn des 20. Jahrhunderts, die das Kind in den Mittelpunkt der Erziehung stellte, ihm eigene Bedürfnisse zugestand und „eine Erziehung vom Kinde aus" postulierte (Key. E. 1902), wird der Projektbegriff genannt. Kurt Hahn, aus dieser reformpädagogischen Bewegung kommend und einer der Väter der heutigen Erlebnispädagogik, bezeichnet vier Bestandteile seines erlebnispädagogischen Konzeptes als wesentlich: Neben dem Dienst am Nächsten, dem körperlichen Training, der Organisation von Expeditionen stellen Projekte eine Möglichkeit dar, die „Lust am Selbstgeschaffenen" zu fördern. Projekte sind hier Vorhaben im handwerklichen, technischen oder geistigen Bereich.[4] Zur gleichen Zeit spielt außerhalb pädagogischer Einrichtungen, in denen Projektarbeit – verglichen mit dem pädagogisch-wissenschaftlichen Mainstream ihrer Zeit – ja selbst marginal bleibt, die Projektmethode keine Rolle.

Glaubt man diversen Wirtschaftslexika, wird in der freien Wirtschaft erst in späteren Jahrzehnten bei großen, einmaligen Entwicklungsvorhaben in den ehemaligen Kolonien – dann „Dritte Welt" – von Projektarbeit gesprochen.[5] Das wundert nicht, galt es doch in Zeiten des Taylorismus, die Arbeitszergliederung und Fließbandmethode zu optimieren. Einen städtisch Bediensteten hätte man sich

um die Jahrhundertwende ohnehin schwerlich als Projektleiter vorstellen können. Es herrschte überall die gleiche Ordnung: hierarchisch und von oben nach unten.

Die Alternativbewegung

Was hat sich in den letzten Jahren verändert, dass heute Projektarbeit in aller Munde ist? In der Pädagogik erlebte die Projektmethode eine Renaissance durch die emanzipatorischen Bewegungen der siebziger und achtziger Jahre. Zur selben Zeit entstanden eine Vielzahl von Initiativgruppen, selbstorganisierte Vorhaben mit kulturellen, gesellschaftlichen oder sozialen Zielsetzungen. Manche dieser lokalen, zeitlich begrenzten „Projekte" wandelten sich zu Mini-Einrichtungen und stellten für den Bereich der Sozialwirtschaft einen wesentlichen Innovationsschub dar.[6] So schreibt Diethelm Damm, dass Ende der siebziger bis Mitte der achtziger Jahre sowohl die Zahl ehrenamtlich Arbeitender als auch insbesondere die Zahl selbstorganisierter Initiativen sprunghaft gestiegen ist, die die Entwicklung von Alternativen zum gesellschaftlich Üblichen mit der Schaffung von Arbeits- und Ausbildungsplätzen zu verbinden trachteten.[7] Zugleich war dies die Geburtsstunde der „Alternativbewegung". In entsprechenden Projekten sollten experimentell neue Wege erprobt werden, die in den bekannten Institutionen und Verbänden nicht möglich erschienen. Getragen wurde dieser experimentelle Impuls vom Wunsch, sich zu engagieren und Lebensverhältnisse selbst neu zu gestalten. Da dies in Großorganisationen fast unmöglich schien, entstanden eine Vielzahl selbstorganisierter Projekte. Von dieser Methode, Arbeit zu organisieren blieb die freie Wirtschaft nahezu unberührt, sieht man von einigen Managern ab, die plötzlich zu „Aussteigern" wurden. Erst gegen Ende der achtziger Jahre stieß hier die Projektmethode auf breiteres Interesse, allerdings von anderen Motiven sekundiert. Hierarchische Unternehmen werden in dezentrale Produktgruppen reorganisiert. Dabei entfallen Hierarchieebenen, die Organisation wird „schlank". Verantwortung und Entscheidungsmacht sind auf „kooperative Einheiten" delegiert. Durch die „Globalisierung" der Märkte müssen Produktentwicklungen möglichst rasch zur Marktreife geführt werden. Das gelingt in Projektgruppen. Zu all dem gesellen sich die Erfordernisse des Qualitätsmanagements, das durch Projektarbeit eine wesentliche Bereicherung erfährt. Nachdem in Teilen der freien Wirtschaft zumindest die Begriffe Teamwork und Gruppenarbeit wieder entdeckt worden sind, wird festgestellt, dass die staatlichen Schulen, die dafür nötigen „sozialen Kompetenzen" im Fächerunterricht nur unzureichend vermitteln. Der fächerübergreifende Unterricht und so genannte Projekttage werden eingeführt, die zwar noch keine Projektarbeit ausmachen, aber etwas benennen, das anders ist als der bisherige Unterricht. In Baden-Württemberg beispielsweise wird in der Hauptschule die Projektprüfung als Teamarbeit eingeführt.[8]

Im Bereich der Sozialwirtschaft gibt es bei öffentlichen Geldgebern, die ja wesentliche Finanzierungsquellen für soziale Unternehmen darstellen, einen bemerkenswerten Rollback. Öffentliche Geldgeber favorisieren mittlerweile zeitlich begrenzte, zweckdefinierte Zuschüsse. Pauschale Trägerfinanzierung wird ergänzt durch aufgabenbezogene Förderung. Projektarbeit trägt diesen veränderten Bedingungen Rechnung: Projekte haben eindeutige, überprüfbare Zielvorgaben und sind in ihrer Dauer begrenzt.

Man sieht – mögen auch die Impulse, Gründe und Motivationen für Projektarbeit in völlig verschiedenen Bereichen unterschiedlich bedingt sein – eines scheint diese Methode grundsätzlich attraktiv zu machen: Wer es vermag, ein Vorhaben planmäßig zu organisieren und dabei den Fähigkeiten einer Arbeitsgruppe angemessene Entfaltungsmöglichkeiten zu bieten, hat eine erfolgversprechende Arbeitsmethode gewählt.

Projektarbeit als Arbeitsinstrument

Projektarbeit als Arbeits*instrument* ist die Grundlage von fünf Handlungsfeldern ohne die Unternehmen der Sozialwirtschaft heutzutage schwerlich existieren können. Projektarbeit wird damit zur Basisqualifikation einer jeden sozialen Organisation.

- **Projektarbeit ist ein Instrument profilierter PR-Arbeit.**
  Gelingendes Alltagsgeschäft taugt wenig für die Öffentlichkeitsarbeit. Medien wollen Nachrichten. Diese entstehen durch Projekte, die positive Anlässe für Kommunikation schaffen.

- **Durch Projektarbeit werden Produktentwicklungen und Innovationsprozesse gestaltet.**
  Jede neue Idee, jede neue Dienstleistung sollte getestet und in einem Pilotverfahren erprobt werden. Die Möglichkeit bietet Projektarbeit wie keine andere Arbeitsform.

- **Mit Projektarbeit gelingt es im Sinne einer „Lernenden Organisation" betriebsinterne Bildungsprozesse zu steuern.**
  Jede Organisation „lernt" durch Mitarbeiterinnen und Mitarbeiter, die ihre Qualifikation verbessern. Das geschieht effizient in Projekten, die Neues und bisher Ungewisses ermöglichen.

- **Projektarbeit ist Voraussetzung für Strategien der Mittelbeschaffung.**
  Die Zusammenarbeit mit Stiftungen oder Sponsoren ist nur projektorientiert möglich.

- **Projektarbeit ist ein Instrument der Qualitätssicherung.**
  Der geschlossene Regelkreis des Projektmanagements und die definierten Arbeitsmethoden sind eine hervorragende Einübung für die Einführung eines Qualitätssicherungssystems.

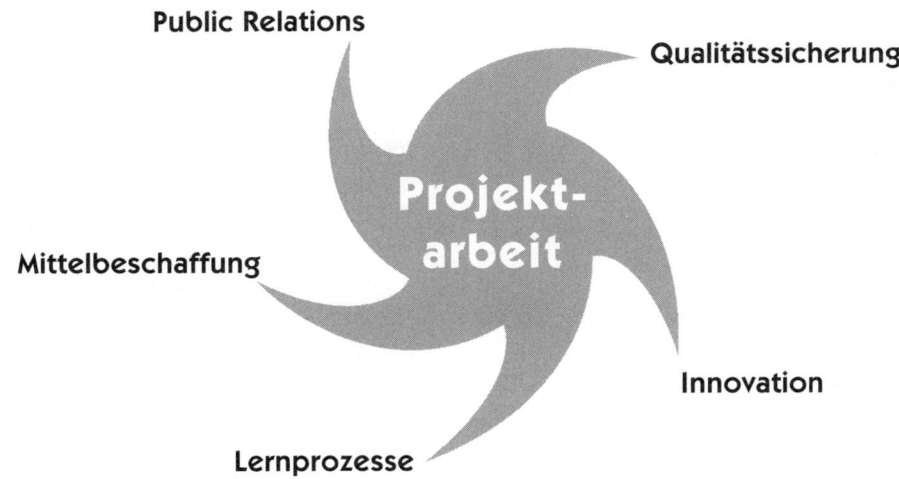

Public Relations

Qualitätssicherung

Projekt-arbeit

Mittelbeschaffung

Innovation

Lernprozesse

Begriffe

Grundsätzliche Voraussetzung für die richtige Rezeption ist, sich in einem Arbeitsfeld auf die Bedeutung der verwendeten Begriffe zu verständigen. Interessanterweise bestehen zwischen der Jugend- und Sozialarbeit auf der einen Seite und Unternehmen der Wirtschaft andererseits keine wesentlichen begrifflichen Differenzen wenn es um Projektarbeit geht.

Management

Woran denken Sie, wenn Sie das Wort Management hören?

Das Managementlexikon der „Economist" schreibt dazu: „... das Wort war schon mehrere Jahrhunderte vor der industriellen Revolution im Schwange", es leitet sich vom italienischen „maneggiare" (handhaben) ab, welches sich auf die Handhabung von Pferden bezog: „Versuchen Sie, Ihr umherspringendes Ross zu managen", schrieb William Shakespeare. Auch heute bezieht sich das Wort „Manege" als Zirkusreitbahn noch auf die Reitkunst. Als das Wort „Management" im englischen Sprachraum zu einem allgemein gebräuchlichen Ausdruck wurde, hatte es anfangs noch einen Beigeschmack von Ränkeschmiede und Betrug, eine Konnotation, auf die der Essayist Josef Eddeson abzielte, als er zu Beginn des 17. Jahrhunderts schrieb, der Herzog von Savoyen habe „ein großes Management mit zahlreichen Kirchenleuten gehabt, bevor er zum Einsiedler wurde." Etwa zur selben Zeit, als Eddeson seine Essays verfasste, begann man bereits das Wort „Manager" für jemanden zu benutzen, der ein kleines Unternehmen leitete.

Heute bezeichnet Management als *Institution* alle Personen, die in einem Unternehmen leitende Aufgaben wahrnehmen. Das reicht vom Meister über den Abteilungsleiter bis zum Direktor. Das untere Management (lower management) arbeitet auf der Durchführungsebene, das mittlere Management (middle management) auf der Ebene der Abteilungsleitung und das Top-Management in der Leitung des Unternehmens.

Ende des 19. Jahrhunderts, vor allem aber in den zwanziger Jahren des 20. Jahrhunderts, wurde der Begriff Management im deutschen Sprachraum populär. Als *Funktion* beschreibt er einen komplexen Inhalt, für den es im Deutschen keine wörtliche Entsprechung gibt. Nach einer gängigen Definition beschreibt Management „das Handeln in einer Organisation bezogen auf Zielsetzung, Planung, Controlling, Marketing und Führung". Das betrifft natürlich, wenn auch mit unterschiedlicher Gewichtung, alle Managementebenen.[9]

Das Projekt

Dieser Begriff stammt aus dem lateinischen Verb „proicere" (vorstrecken, vorwärtswerfen), wurde im Französischen mit „projeter" entlehnt und bedeutete hier entwerfen, wörtlich nach vorne werfen, und taucht schließlich im 17. Jahrhundert mit „Projektum" (das Vorhaben) als neu-lateinischer Begriff im deutschen Sprachraum auf.

Projekte hat es schon immer gegeben. Der schiefe Turm von Pisa, die Olympischen Spiele, ein Filmfestival, oder ein Betriebsfest sind Beispiele hierfür. Ein Projekt hat bestimmte Merkmale: Es ist ein *komplexes* Vorhaben mit relativ neuartigem Charakter, jedenfalls keine Routineangelegenheit. Die *Ziele* sind eindeutig bestimmt und der *Anfangs-* und *Endzeitpunkt* sind genau festgelegt. Projekte können außerhalb oder innerhalb von bestehenden Organisationen stattfinden. Auf jeden Fall wird eine eigene *Projektorganisation* entwickelt, in der verschiedene Beteiligte zusammenwirken, die sonst nicht zusammenarbeiten würden.

Der Einsatz der *Ressourcen* für die Erreichung der Ziele ist begrenzt.

Im nächsten Checkpoint sind die Merkmale, also Kriterien, an denen feststellbar ist, ob es sich um ein Projekt handelt, zusammengefasst. Diese Merkmale sind in der Regel nicht eindeutig und bedürfen der weiteren Bestimmung. Die Dauer eines Projektes ist bekanntlich begrenzt. Manche Schulen sprechen bei einer eintägigen Aktion von einem Projekt, Unternehmen der Wirtschaft oftmals ab 100 Tagen, manche Stiftungen ab einem halben Jahr.

Das bedeutet, Sie selbst müssen sich in Ihrer Organisation darüber klar werden, ab welcher Dauer Sie von einem Projekt sprechen. Und ab welchem Zeitrahmen der Begriff für Sie sinnvoll ist. 30 eintägige Projekte pro Jahr kann man darstellen, aber die Frage ist, ob das die (interne oder externe) Öffentlichkeit weiterhin als etwas Besonderes wahrnimmt – oder eben als Routine. Hier ist vor einer Trivialisierung des Projektbegriffes zu warnen.[10]

Sind Projekte auf Dauer angelegt, das heißt ein Ende ist gar nicht erwünscht und vorgesehen, was dann? Die Antwort lautet, dass hier ein bestimmter Zeitrahmen als Projektphase zu definieren ist, in dem eine neue Dienstleistung erprobt, ein Treffpunkt fertig gestellt oder eine Organisation aufgebaut wird. Nach erfolgreichem Ende der Projektphase beginnt der Dauerbetrieb und das Projekt wird zur Einrichtung, zur „Routine". Diesen Sachverhalt erkennt man auch daran, dass für die Projektphase eine Projektfinanzierung (mit eventuell hohen Einmalkosten) vorliegt und für den Dauerbetrieb danach ein Betriebskostenkonzept erstellt werden muss.

Ähnlich wie über das Merkmal „begrenzte Zeitdauer" muss über das Merkmal „neuartig" nachgedacht werden. Nutzen Sie hier den Begriff der *Lebensweltorientierung*. Wenn es ein Angebot oder eine Dienstleistung für eine bestimmte Zielgruppe in deren unmittelbaren Lebensweltbezug (in der Gemeinde, im Stadtteil) nicht gibt, könnte das eine Legitimation sein, von einem neuen (lokalen oder regionalen) Projekt zu sprechen. Hilfreich ist auch der Begriff der Alltagsroutine als Negativabgrenzung. Alles, was routiniert Alltagsgeschäft einer Organisation ist, kann kein Projekt sein.

Praxis

 Die Mitarbeiterin Karin Bauer erhält anlässlich des 5-jährigen Bestehens des Werkstatthauses „Bauhof" vom Vorstand des Trägervereins Jugendhaus e. V. den Auftrag, eine öffentlichkeitswirksame Fachtagung zum Thema „Grundlagen und Perspektiven offener Jugendarbeit im Werkstatthaus" durchzuführen. Frau Bauer stimmt dieser Aufgabe begeistert zu. In den nächsten Tagen hat sie viel zu tun. Sie beginnt ein Rahmenprogramm zu entwerfen, trifft eine Vorabauswahl möglicher Referenten und diskutiert das Thema natürlich mit den Mitarbeiterinnen und Mitarbeitern des Bauhofs. Dabei wird deutlich, dass eine Verständigung über die Perspektiven des Bauhofs am Ort schwierig ist. Die gutbegründeten Standpunkte liegen weit auseinander, die rechtzeitige Kontaktaufnahme mit den Referenten scheint vor diesem Hintergrund unwahrscheinlich. Die Terminplanung gerät ins Wanken, ob die Tagung in dieser Form überhaupt stattfinden kann ist unsicher. Schwere Gewitterwolken trüben den Horizont.

Es ist offensichtlich, dass Karin Bauer eine komplexe Aufgabe zu lösen hat.

Notizblock

 Kennen Sie aus Ihrem Aufgabenbereich Leistungen, die Ihrer Ansicht nach Projektcharakter haben?
Welches Projekt haben Sie zuletzt durchgeführt?
Es kann sich auch um Vorhaben aus Ihrem Privatbereich handeln.

Schildern Sie ein Projekt in maximal fünf Sätzen!

Überprüfen Sie zu Ihrer Kontrolle, inwieweit die Aufgabe, an der Sie gerade arbeiten, die Kriterien erfüllt, die ein Projekt definieren!

- ○ eindeutige Zielsetzung
- ○ zeitliche Begrenzung
- ○ neuartig
- ○ einmalig
- ○ risikoreich
- ○ begrenzte finanzielle und personelle Ressourcen
- ○ eine Projektorganisation

Projektmanagement

Nach dem bisher Gesagten bezeichnet Projektmanagement das Handeln in einem zeitlich begrenzten Vorhaben, bezogen auf Zielsetzung, Planung, Controlling, Marketing und Führung.

PROJEKT neuartige, festgelegte Ziele, zeitlich begrenzt	**+**	MANAGEMENT Zielsetzung Planung Controlling Marketing Führung	**=**	PROJEKT MANAGEMENT

Projektarbeit

Wer in einem Projekt arbeitet, führt einzelne Teilaufgaben und Arbeitsschritte durch. Diese Vorgänge innerhalb eines Projektes werden als Projektarbeit bezeichnet.

Die Durchführung eines Seminars, die Renovierung eines Hauses, die Installation eines EDV-Systems sind Teile von Projektarbeit. Projektmanagement befasst sich eher mit der Organisation von Projektarbeit. In der Praxis sind die Übergänge fließend und beides miteinander verflochten.

Der Auftrag

Kommt ein Begriff in Mode, wird er herzerfrischend inflationär gebraucht und verliert damit rasch seinen Sinn. Um dies zu verhindern, muss der Projektbegriff gegen einen oft gleichbedeutend benutzten Begriff abgegrenzt werden.

Ein Auftrag kann zwar auch zeitlich begrenzt sein, kommt jedoch aufgrund niedriger Komplexität ohne eigene Organisationsform aus. Ein Vorschlag zur Güte: Innerhalb einer Organisation wird ein Vorhaben grundsätzlich dann als Projekt abgewickelt, wenn es mindestens 100 Tage Aufwand bedarf und sich mindestens zwei Abteilungen, Bereiche oder sogar Organisationen daran beteiligen. Ein Projekt ist insofern immer ein besonderes Vorhaben, da es eine zusätzliche Organisationsform parallel zur bestehenden Ablauforganisation besitzt.

Die Aktion

Die Aktion ist ein projektartiges Vorhaben, das allerdings einige Kriterien eines Projektes nicht erfüllt. Beispielsweise ist die Aktion sehr kurz und findet regelmäßig im Jahr oder sogar einmal im Monat statt.

Es besteht beispielsweise ein erprobter Ablaufplan, der das typische Projektrisiko ausschaltet.

Am Anfang war...
die Projektidee

Wie entsteht ein Projekt?

Zwei Grund- und Hauptschullehrer, die gerade eine Schulklasse während eines Schullandheimaufenthaltes begleiten, stellen spätabends in einem Gespräch betrübt fest, dass für einen großen Teil ihrer Schüler die berufliche Perspektive alles andere als rosig ist. Es mangelt an praktischen Lehr- und Lernmöglichkeiten, die frühzeitig beruflich qualifizieren. Was fehlt, ist eine Art Lehrwerkstatt, am besten als kleiner schuleigener Betrieb geführt oder in Trägerschaft einer Einrichtung der Jugendhilfe, so dass auch Aufträge angenommen und ausgeführt werden könnten. Nach anfänglicher Begeisterung für ihre Idee wird beiden klar, dass die Schwierigkeiten, ein solches Projekt durchzusetzen, immens sind. Sie beschließen zunächst, einen gemeinsamen Bekannten beim Arbeitsamt informell um Rat zu fragen.

Ein großer sozialer Träger muss für seinen Bereich Heimerziehung ein neues Konzept zur dezentralen Unterbringung Jugendlicher in Wohngruppen erarbeiten. Es wird eine Projektgruppe Jugendwohnen gebildet, mit je einem Mitarbeiter aus dem Bereich Verwaltung, Heimerziehung und ambulante Dienste.

Es kommt ganz darauf an, wie ein Projekt entsteht. In großen Organisationen ist es Sache der Geschäftsleitung (strategisches Projektmanagement), darüber zu befinden, welche Aufgabenstellungen durch Projekte bewältigt werden und welche Unternehmensziele sich am besten durch Projektarbeit verwirklichen lassen.

Die C-Klasse war der erste Fahrzeugtyp, der bei Daimler auf der Basis einer Projektkonzeption verwirklicht wurde. Der Projektleiter war hier nicht nur für die Gesamtkoordination aller Aktivitäten bis zum Serienlauf verantwortlich, sondern auch für die Markteinführung.[11]

Regelmäßige Marktforschung, Marktbeobachtung und Grundlagenforschung spielen insbesondere bei Unternehmen der Investitionsgüterindustrie neben einer Vielzahl von weiteren Rahmenbedingungen und Parametern eine wesentliche Rolle bei der Reifung einer Projektidee. Inwieweit hier die Spontaneität und Kreativität des Einzelnen oder der Gruppe Früchte trägt, hängt neben den Rahmenbedingungen auch von der Gesprächskultur innerhalb des Unternehmens ab (*bottom-up* im Gegensatz zu *top-down*).

In der Konsumgüterindustrie oder in der Werbebranche sieht das anders aus. Hier entstehen häufig aus spontanen Ideen trendsetzende Projektkonzeptionen.[12]

Für Verbände und Großorganisationen aus dem Bereich der Sozialwirtschaft gilt das Gleiche wie für Wirtschaftsunternehmen. Auch hier ist es Sache der Geschäftsleitung über

Praxis

Ein kleiner Trägerverein, der eine Kindertagesstätte, einen Abenteuerspielplatz, eine Familienbildungsstätte und eine Beratungsstelle unterhält, möchte die interne Finanzverwaltung umstellen und jedem Bereich als ergebnisverantwortliche „Produktgruppe" ein Budget zuteilen, über das die einzelnen „Produktgruppen" selbständig im vorgegebenen Kostenrahmen verfügen. Überschüsse und Mehreinnahmen bleiben nach einem ausgehandelten Schlüssel z. B. bei der Kindertagesstätte und werden nicht wie bisher zentral abgeführt.

Da niemand Erfahrung hat mit diesem neuen Steuerungsmodell, wird die Kindertagesstätte als Pilotprojekt für eine einjährige Testphase ausgewählt.

die Einführung von Projektkonzeptionen zu entscheiden. In der Vergangenheit stand hier wohl eher die pädagogische Zielsetzung im Vordergrund: Projektarbeit als Lernfeld für gemeinschaftliches Arbeiten und Ausdruck von Teamarbeit. Effizienzkriterien wie überprüfbare Arbeitsergebnisse, Kostentransparenz und Zeitersparnis werden sich in Zukunft mit Sicherheit als Entscheidungskriterien für Projektarbeit durchsetzen.

Für bürgerschaftliches Engagement im Sinne selbstorganisierter Initiativgruppen gelten andere Bedingungen. Hier kommt der zündende Gedanke der Beteiligten rasch zum Tragen. Der ganze Ideenreichtum einer Gruppe ist gefragt. Die Projektkonzeption mit ihren Zielsetzungen ist grundsätzlich selbstbestimmt. Die Projektgruppe organisiert sich relativ autonom und setzt sich für ein gemeinsames Ziel ein, bis es erreicht wird. Ergibt sich daraus ein dauerhaftes Anliegen, wandelt sich die Projektgruppe zur Minieinrichtung.

In allen drei genannten Bereichen, der freien Wirtschaft, der Sozialwirtschaft und den bürgerschaftlich engagierten Initiativen, sind Projektideen innovative Antworten auf zukunftsbezogene Fragestellungen. Projektideen sind in allen drei Bereichen keineswegs nur eine Reaktion auf auftauchende Probleme, sondern immer Ausdruck des Willens, selbstgesetzte Ziele zu erreichen und den Weg dorthin zu gestalten. Inwieweit die Spontaneität des Einzelnen oder einer Gruppe bei der Entwicklung einer Projektidee zum Tragen kommt, hängt von der Größe der Organisation ab, vom Umfeld, in dem diese Organisation handelt, von der Komplexität des Vorhabens und von der internen Gesprächskultur.

BEDINGUNGEN EINER PROJEKTIDEE

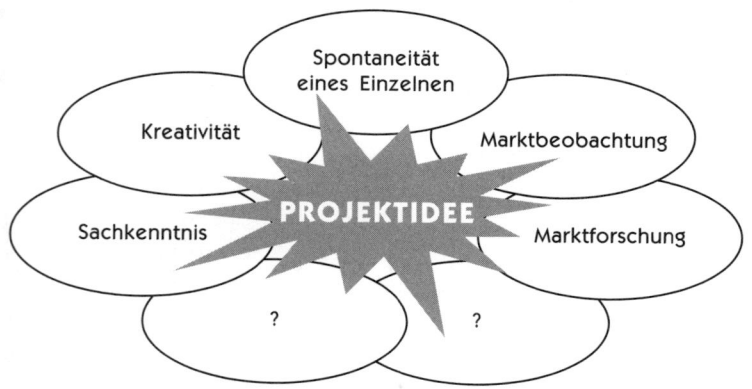

Die Ziel-
setzung

Lebenszyklus eines Projektes

Bevor Sie jetzt mit der Planung Ihres Projektes beginnen, ist es vielleicht hilfreich, sich zu verdeutlichen, dass jedes Projekt als Zyklus dargestellt werden kann.

Die Zeitspanne, die zwischen Projektidee und Projektabschluss liegt, ist der „Projektlebenszyklus". Dieser Zyklus besteht aus der Entwicklungsphase und der Realisierungsphase des Projektes.

Ziele richtig setzen

Es ist leicht gesagt, manchmal aber schwer getan: Die Ziele eines Projektes müssen klar und verständlich formuliert sein. Wird diese Binsenweisheit missachtet, ist das Projekt zum Scheitern verurteilt. Ohne eindeutiges Ziel ist bekanntlich jeder Weg der richtige. Daraus folgt, dass eine präzise Zielformulierung die Richtung angibt, in die geplant werden muss. Gleichzeitig sind Ziele die Kriterien für die Erfolgskontrolle, ohne die eine Beurteilung der Projektergebnisse unmöglich wird. Das be-

deutet, dass Ziele so zu formulieren sind, dass deren Überprüfbarkeit ohne allzu großen Aufwand möglich ist. In der Praxis wird dieser Grundsatz leider immer wieder verletzt, was nicht nur mögliche Geldgeber verärgert, sondern die künftige PR-Arbeit ungemein erschwert.

Ein einfaches Beispiel hierzu: Die Bürgerinitiative „Lebendige Südwest-Stadt" möchte ein Bürgerhaus errichten. Als Projektziel wird genannt „Lebensqualität durch Geselligkeit" für die Südweststadt, was durch besagtes Bürgerhaus umzusetzen sei. Rein analytisch gedacht lässt sich Lebensqualität ganz unterschiedlich verwirklichen: durch weniger Autoverkehr,

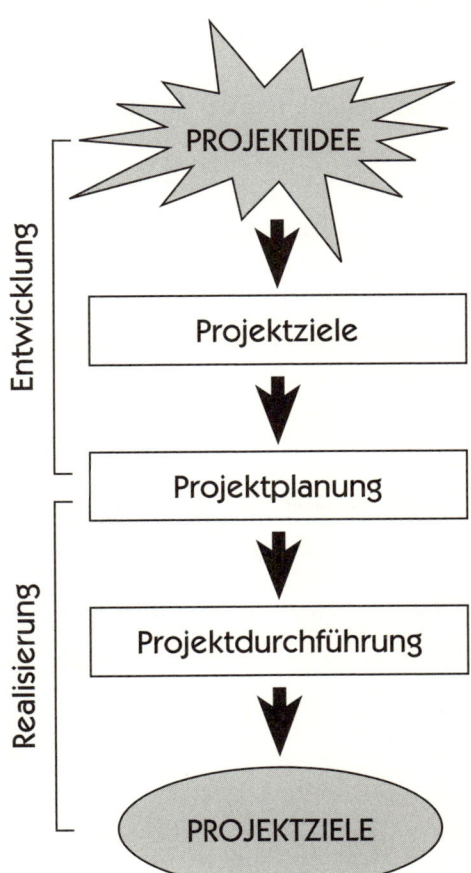

mehr Grünflächen, mit Straßencafés etc. So kommt es dann bei der ersten Besprechung mit Gemeinderäten zu heftigen Auseinandersetzungen. Es wird darüber gestritten, was denn Lebensqualität sei, anderen Stadtteilen ginge es ja schließlich schlechter, die örtlichen Vereine würden doch genug bieten, wobei ein Bürgerhaus natürlich grundsätzlich keine schlechte Sache sei. Eben deshalb sollte „das Bürgerhaus als Ort der Begegnung" als Projektziel genannt werden. Dass damit die Lebensqualität im Stadtteil verbes-sert werden soll, darf natürlich bei der späteren PR-Arbeit behauptet werden. Als Projektziel taugt diese Aussage jedoch wenig, da ihre Überprüfbarkeit komplizierte wissenschaftliche Untersuchungen in Gang setzen würde, die dem ganzen Vorhaben unangemessen wären. Also: Wer sich eigenen Erfolg selbst organisieren will, möge als erste Voraussetzung nur Ziele nennen, die mit angemessenem Aufwand überprüfbar sind. Alles andere wird sonst zur Geschmackssache, und Geschmäcker sind bekanntlich verschieden.

Notizblock

Nutzen Sie folgende Fragen zum Zielsetzungsprozess als Gedankenspiel:

Wer oder was könnte uns bei der Zielerreichung besonders behilflich sein?

Wer oder was könnte dem Projektziel oder einzelnen Zielsetzungen besonders gefährlich werden?

Das Schlimmste, was uns passieren kann, wenn wir das Projektziel nicht erreichen, ist ...

Ziele, gut sortiert

Genau so wichtig wie die Formulierung des Projektzieles ist es, eine übersichtliche Zieldifferenzierung vorzunehmen. Was ist damit gemeint? Jedes Ziel besteht aus einer bestimmten Anzahl von Teilzielen. Lautet das Projektziel „Errichtung eines Bürgerhauses" lassen sich damit mannigfaltige Vorstellungen, Bestrebungen und Interessen verbinden. Diese gilt es schriftlich zu bestimmen und in eine Systematik zueinander zu bringen. Dabei hat sich in der Praxis folgendes Verfahren bewährt: Alle Zielvorstellungen, die mit einem Bürgerhaus verbunden sind, werden beispielsweise auf Papierkärtchen geschrieben. Genannt werden z. B. Errichtung einer Kegelbahn, Aufbau einer Mutter-Kind-Gruppe, Ausstattung eines Musikraums, Durchführung von Sozialberatung, Bepflanzung einer Blumen-

terrasse usw. Anschließend werden die Vorstellungen nach mittelfristigen Rahmenzielen und kurzfristig umsetzbaren Ergebniszielen sortiert. Den entsprechenden Rahmenzielen sind dabei die geeigneten Ergebnisziele zuzuordnen. Was „mittelfristig" und was „kurzfristig" bedeutet, muss bei jedem Projekt von der Projektleitung neu bestimmt werden. Bei einem dreijährigen Projekt ist es sinnvoll, alle Teilziele, deren Verwirklichung länger als ein Jahr dauert, als mittelfristige Rahmenziele zu definieren. Alles, was in kürzerer Zeit umsetzbar ist, gilt als Ergebnisziel. Mit dieser Methode lässt sich ohne großen Zeitaufwand eine Zielpyramide erstellen: an der Spitze das Projektziel, gefolgt von thematischen Rahmenzielen (wie bspw. Finanzierung, Ausstattung etc.) und diese wiederum definiert durch Ergebnisziele. Es wird rasch sichtbar, ob in Teilbereichen Lücken bestehen. Diese sind bei einer weiteren

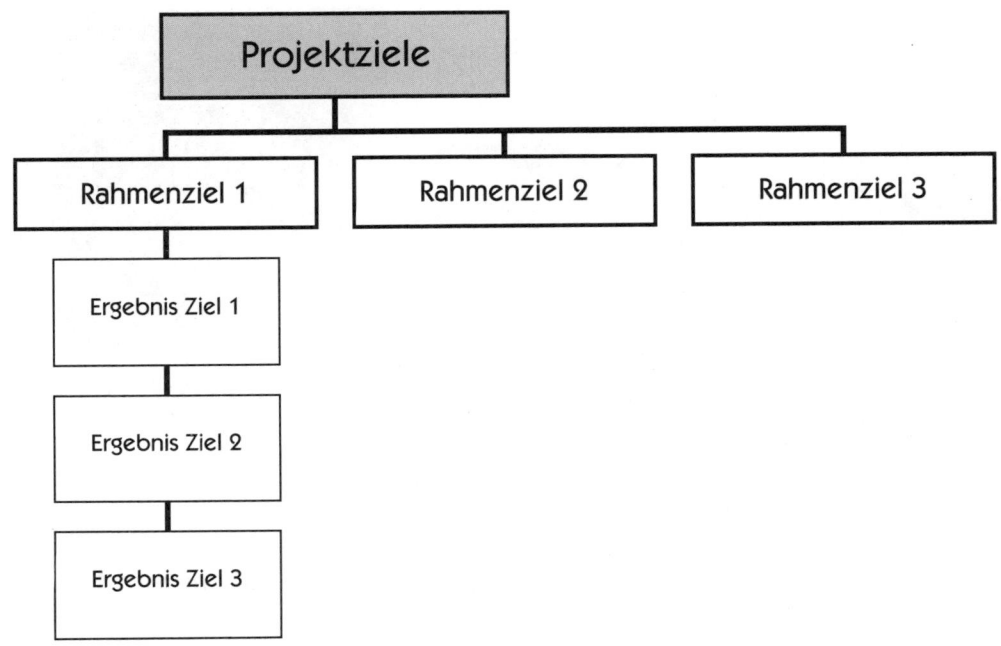

Notizblock

Ziele sind die Richtschnur und der Maßstab für alle weiteren Projektaktivitäten. Ziele stellen immer künftige Zustände dar, die angestrebt werden. Denken Sie an das von Ihnen geschilderte Projektvorhaben zurück.
Führen Sie eine kleine Zieldifferenzierung durch und nennen Sie dabei Zielsetzungen, die ohne größeren Aufwand überprüfbar sind.

Das Projektziel ist komplex und gibt die globale Richtung vor.

Thematische Rahmenziele beschreiben den Inhalt des Projektziels genauer und werden mittelfristig verwirklicht.

Die Ergebnisziele beschreiben Teilaspekte der Rahmenziele und lassen sich kurzfristig umsetzen.

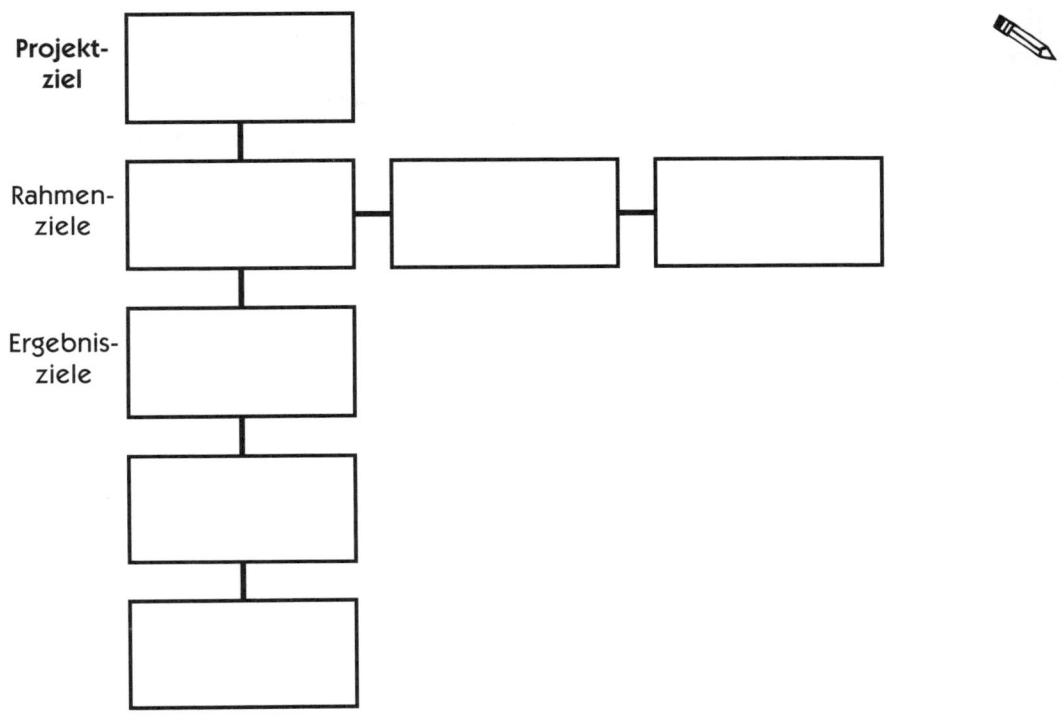

Zielbestimmung (Brainstorming) zu schließen. Wichtig ist, dass in dieser Projektphase Zielvorstellungen nicht durch „Machbarkeitsbedenken" gebremst werden. Es geht zunächst darum, möglichst originelle Ideen freizusetzen, über deren Realisierung zu einem späteren Zeitpunkt gestritten wird. Das „Brainwriting" eignet sich bestens zur Durchführung der Zieldifferenzierung. Jede Person schreibt hierzu in 8 Minuten (nicht länger) Zielsetzungen auf je ein Kärtchen.[13]

Bei der Zieldifferenzierung handelt es sich nicht um einen „harten" Planungsprozess, sondern um ein warming-up einer Projektgruppe, die vielleicht das erste Mal zusammen-kommt und in ein gemeinsames Gespräch finden muss. Genauso gut lässt sich mit dieser Methode eine Art „Blitzumfrage" mit einer größeren Gruppe von Personen machen, etwa in einem Jugendhaus oder einer Bürgerversammlung. Hier erhält jeder die Chance, sich einzubringen, seine Zielvorstellungen zu dokumentieren und darzulegen. Die Rahmenziele signalisieren hier, welche Schwerpunktbildungen bereits erkennbar sind. Für Vollständigkeit besteht an dieser Stelle noch keine Notwendigkeit.

Eine gut gemachte Zieldifferenzierung bietet einen raschen Überblick über das Potenzial des Gesamtvorhabens, ist wesentlicher Bestandteil einer

Formular

Der Projektauftrag

Formulieren Sie eine Aufgabenstellung, die Sie in den nächsten Monaten
als Projekt angehen wollen und erstellen Sie hierfür einen Projektauftrag.

Projektauftrag

Projektleitung

Zielsetzungen

Aufgabenstellung (Erläuterung der Zielsetzung)

Zu erstellende Ergebnisse (bezogen auf die Aufgabenstellung)

Kosten   Personalaufwand   Investitionen

Meilenstein-Termine

Auftraggeber, Datum: Projektleitung, Datum:

> @ Internet

Konzeption und schafft die nötige Transparenz für den weiteren Fortgang der Projektplanung. Nachdem die Zielsetzungen und Zieldifferenzierungen vorliegen, sollte eine grobe *Machbarkeitsstudie* durchgeführt werden. Dazu ist es eventuell nötig, ein oder zwei externe Experten zu befragen, die in etwa den finanziellen, personellen und sachlichen Ressourcenaufwand schätzen. Diese Aufgabe können natürlich auch Projektpartner übernehmen, die bereits Ähnliches umgesetzt haben. Bei größeren Unternehmen ist es Sache der Geschäftsleitung zu sagen, was geht und was nicht geht.

Notizblock

Konkurrierende Interessen

Es kann natürlich auch innerhalb einer Projektgruppe und erst recht innerhalb einer Organisation konkurrierende Zielsetzungen geben:
So legt der Regisseur eines Musicals äußersten Wert auf die Ausstattung des Bühnenbildes, wodurch das Gesamtbudget der Kulturwerkstatt gefährdet wird, die Eintrittskarten zu teuer sind und die Bühnenbauer über die komplizierte Konstruktion stöhnen. Dieser Konflikt ist klassisch, lässt sich auf verschiedenste Projekte übertragen und hat in der Regel drei Komponenten.

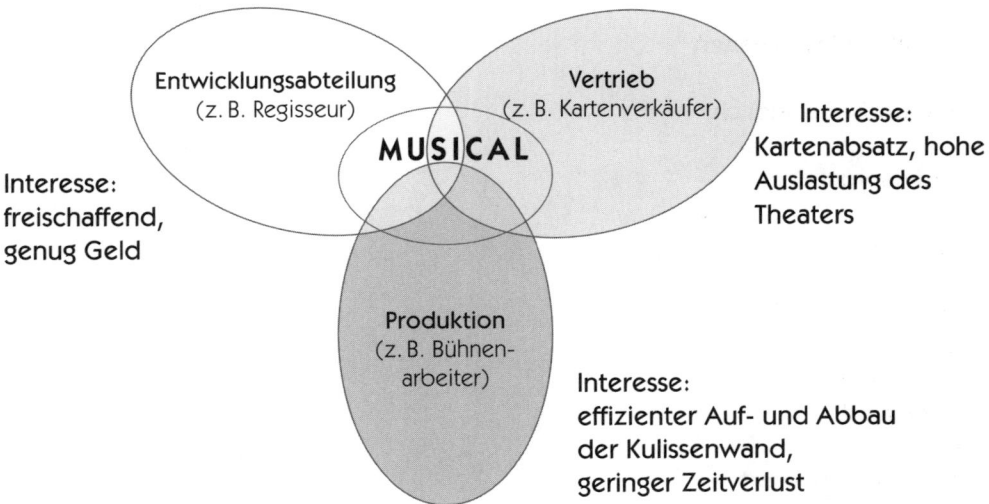

Solche Zielkonflikte lassen sich nur entschärfen, wenn alle Beteiligten über die Hintergründe der Projektbedingungen offen informiert sind!

Denken Sie an Ihr Projekt zurück. Welche Zielkonflikte könnten hier auftreten, oder sind bereits aufgetreten?

Wenn grundsätzlich grünes Licht erscheint, ist es unerlässlich mit allen am Projekt Beteiligten eine *Zielvereinbarung* zu treffen. Zweck dieser Vereinbarung ist es, alle Beteiligten auf ein gemeinsam ausgehandeltes Ziel festzulegen, über dessen Inhalte jeder informiert ist. (Dazu mehr im Kapitel „Prozessorientierte Projektleitung")

Grundsätzlich sollte für jedes Projekt ein Projektauftrag vorliegen. Dieser Projektauftrag wird entweder unterschriftsreif von der Projektgruppe zur Genehmigung durch die Geschäftsleitung selbst erarbeitet oder die Projektgruppe gibt sich diesen Auftrag selbst – damit jeder weiß, worum es geht.

Checkpoint

 Überprüfen Sie die Qualität Ihrer Zielformulierungen und Zielsetzungen: Was ist bereits erledigt, was ist noch zu verbessern?

Checkliste
Die Ziele sind in der Zielvereinbarung „Das wollen wir erreichen":

	erledigt	zum Teil erledigt	noch zu tun
schriftlich festgehalten	○	○	○
klar und verständlich	○	○	○
widerspruchsfrei	○	○	○
realisierbar	○	○	○
allen Beteiligten bekannt	○	○	○
von allen Beteiligten akzeptiert	○	○	○
zeitlich grob fixiert	○	○	○

Formulieren Sie Ihre Projektziele so, dass Sie das Erreichen Ihres Zieles möglichst ohne Interpretationsstreit kontrollieren können. Vermeiden Sie negative Zielformulierungen, wie „gegen Ausgrenzung". „Für Toleranz, für Gemeinsinn, für Nachbarschaftshilfe" sind die besseren Formulierungen.

Planen mit Methode

Planen heißt, das künftige Handeln im Projekt zu durchdenken und mit den zur Verfügung stehenden Mitteln das geforderte Ziel zu erreichen.

Grundsätzlich gilt, dass die Planungsmethoden dem Projekt anzupassen sind und nicht das Projekt den Planungsmethoden. Ein Projekt ist das Gegenteil eines standardisierten Vorganges. Deshalb ist es ein Grundwiderspruch, standardisierte Planungsmethoden für unterschiedlichste Projekte anwenden zu wollen. Es ist Aufgabe der Projektleitung, über ein Repertoire von Planungsmethoden zu verfügen, die für das jeweilige Vorhaben angemessen eingesetzt werden. Es ist ein erheblicher Unterschied, ob ein eingespieltes kleines Team einen Dokumentarfilm abdreht oder ob eine Seniorenwohnanlage erstellt wird, an der eine Vielzahl von Subunternehmen und Experten beteiligt sind. Beide Vorhaben benötigen angemessene Instrumente der Planung. Der damit verbundene Zeitaufwand muss in einem vernünftigen Verhältnis zur Dimension des Projektumfanges stehen.

Der Planungsprozess selbst ist Bestandteil des gesamten Projektes. Je nach Projektgröße muss für die Projektplanung bereits mit personellem und finanziellem Aufwand kalkuliert werden. Denn: Planung ist keine Nebensache, sondern eine der Voraussetzungen für erfolgreiche Projektarbeit.

Zeitlich entfernt liegende Projektphasen bedürfen natürlich einer weniger genauen Vorplanung wie unmittelbar bevorstehende Aktionen. Es wäre ein Fehler, für gegen Ende eines Projektes sich ergebende Fragestellungen bereits in der Pilotstudie Detaillösungen vorzuschlagen. Der Aufwand ist immens, Abweichungen sind so gut wie sicher, hinzu kommt die Enttäuschung über sinnlos eingesetzte Ressourcen. Die Devise lautet deshalb, sich Schritt für Schritt an Details heranzuarbeiten. Es ist schwierig eine Faustregel anzugeben, aber für die meisten Projekte gilt wohl, dass die jeweils nächsten sechs Monate strukturiert sein sollten. Projektplanung bedeutet deshalb auch immer, bis zu einem gewissen Grade Ungewissheit auszuhalten. Es liegt in der Natur der Sache, dass Planabweichungen bei Projekten häufig vorkommen. Ein guter Plan wird dies nicht ausschließen, dient aber dazu, Abweichungen rechtzeitig zu erkennen, um Gegenmaßnahmen zu ergreifen.

Dadurch wird eine qualifizierte Projektsteuerung überhaupt erst möglich. Außerdem gibt eine gute Planung, verbunden mit einem entsprechenden Berichtswesen, jederzeit über den derzeitigen Stand der Dinge (Projektstatus) Auskunft. Das ist eine absolute Notwendigkeit für die Motivation aller am Projekt Beteiligten und für die Außendarstellung gegenüber verschiedenen Kostenträgern.

Im Folgenden werden fünf Planungsmethoden dargestellt:

Der Meilensteinplan (Phasenplan), der Projektstrukturplan, der Ablaufplan, das Balkendiagramm und der Projektterminkalender.

Der Meilensteinplan

Analog dem Projektlebenszyklus wird das Projekt in aufeinanderfolgende Phasen zerlegt. Je nach Projektart und Projektumfang variiert die Anzahl und die Art der Phasen.

Der Meilensteinplan unterteilt den langen Marsch bis zum Projektziel in überschaubare Phasen. Jede

dieser Phasen in Richtung Ziel stellt eine wichtige Etappe, einen *Meilenstein* dar. Am Ende eines jeden Meilensteines liegt ein Zwischenergebnis vor, das die Arbeit der gerade abgeschlossenen Phase bewertet. Von der Bewertung dieses Zwischenergebnisses hängt es entscheidend ab, ob das Projekt abgebrochen wird, Korrekturen für die nächste Projektphase vorgenommen werden müssen oder ob alles „wie am Schnürchen" weiterläuft.

Der Meilensteinplan gibt einen groben Überblick über den Projektablauf, ist einfach zu handhaben und ermöglicht eine rasche Darstellung der aktuellen Situation.

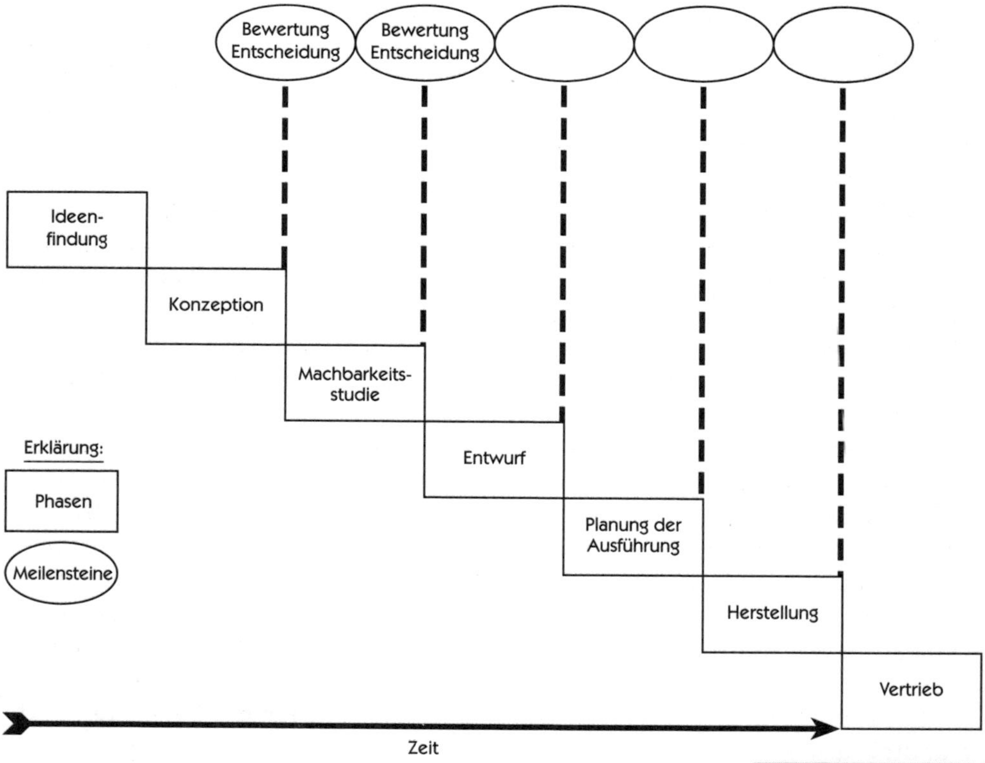

Der Meilensteinplan

Zwei junge Familien mit Kindern und drei allein stehende Personen verstehen sich gut und möchten zusammen wohnen. Ein schwieriges Unterfangen. Nach vielen Gesprächen, einer sorgfältigen Marktbeobachtung und mehreren Beratungsterminen wird ein Bauernhof in Ortsrandnähe gesucht. Er muss genügend Raum bieten, um ein gemeinsames aber dennoch privates Zusammenleben zu ermöglichen, mit öffentlichen Verkehrsmitteln noch erreichbar sein und Platz für eventuelle Erweiterungen bieten. Nach einjähriger Suche wird ein stark sanierungsbedürftiges Anwesen gefunden. Aufgrund der gegenwärtigen Niedrigzinsphase und mit erheblichen Eigenleistungen scheint das ganze finanzierbar. Das Anwesen wird gekauft und ein Architekt mit den notwendigen Planarbeiten beauftragt. Den Innenausbau übernehmen die künftigen Bewohner selbst und erstellen hierfür einen groben Zeitplan. Der Einzug wird für den darauffolgenden Sommer festgelegt. Vier Wochen danach soll ein Einweihungsfest stattfinden! Dieses bemerkenswerte Projekt sieht stark vereinfacht als Phasenplan dargestellt, wie in der obigen Graphik aus.

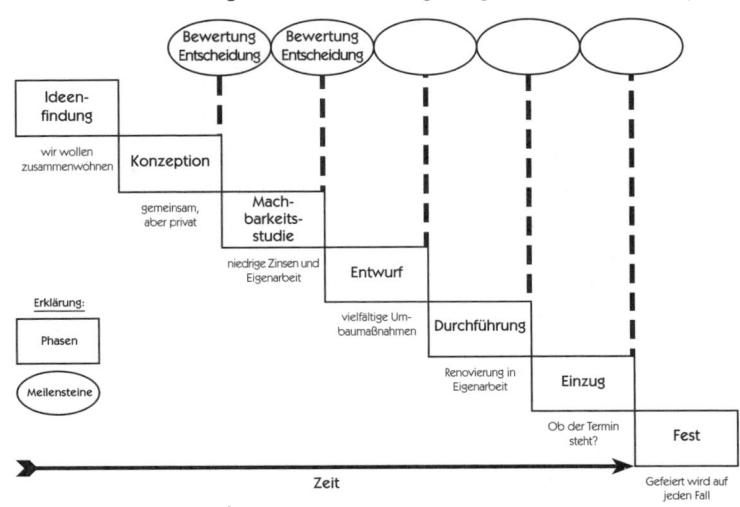

Detailplanung der Phase „Durchführung"

Das, was in der Etappe „Durchführung" mit Renovierungsarbeiten gemeint ist, lässt sich in einem gesonderten Phasenplan weiter aufschlüsseln bzw. „hochzoomen".

Erstellen Sie für Ihr Projekt einen groben Meilensteinplan. Arbeiten Sie danach für eine Etappe eine Detailplanung aus!

An dieser Stelle sei ausdrücklich gesagt, dass der Meilensteinplan bei Projekten mit geringer Komplexität oder geringerem Dokumentationsbedarf hinsichtlich der Planung als Planungsinstrument bereits ausreichen kann. Von der Visualisierung her ist der Meilensteinplan dem Balkendiagramm verwandt und ermöglicht grundsätzlich einen raschen Überblick über das Gesamtvorhaben. Diese Eigenschaft setzt seiner Anwendung aber auch Grenzen. Kommt eine Projektgruppe auf die Idee, den Projektverlauf in 40 oder 50 Meilensteine zu untergliedern, geht jeder Überblick verloren und der Meilensteinplan wird falsch eingesetzt. Er ist für komplexe Projekte ein wesentliches Instrument, diese planerisch „in den Griff" zu bekommen, indem erstmalig wesentliche Phasen durch Meilensteine (Faustregel: nicht mehr als 12) gekennzeichnet werden, die bei Bedarf dann zu untergliedern sind

(siehe Graphik S. 27). Für einfach strukturierte Projekte in Kombination mit einem eingespielten Projektteam stellt der Meilensteinplan bereits ein ausreichend geeignetes Steuerungsinstrument dar.

Der Projektstrukturplan

Der Projektstrukturplan zergliedert ein Projekt in Teilaufgaben und Arbeitspakete, um ein möglichst effizientes Maß an Transparenz zu schaffen. Der Trick dabei ist, dass jede Teilaufgabe (TA) so lange zergliedert wird, bis sie in Arbeitspakete (AP) aufgeteilt ist. Ein Arbeitspaket ist dabei eine Aufgabenstellung, die ein Mitarbeiter (oder max. 2 Mitarbeiter gemeinsam) aufgrund seiner Qualifikation, Erfahrung und Motivation ohne weitere Zergliederung bewältigen wird. Von diesen drei Faktoren hängt es natürlich ab, was als Arbeitspaket oder noch als

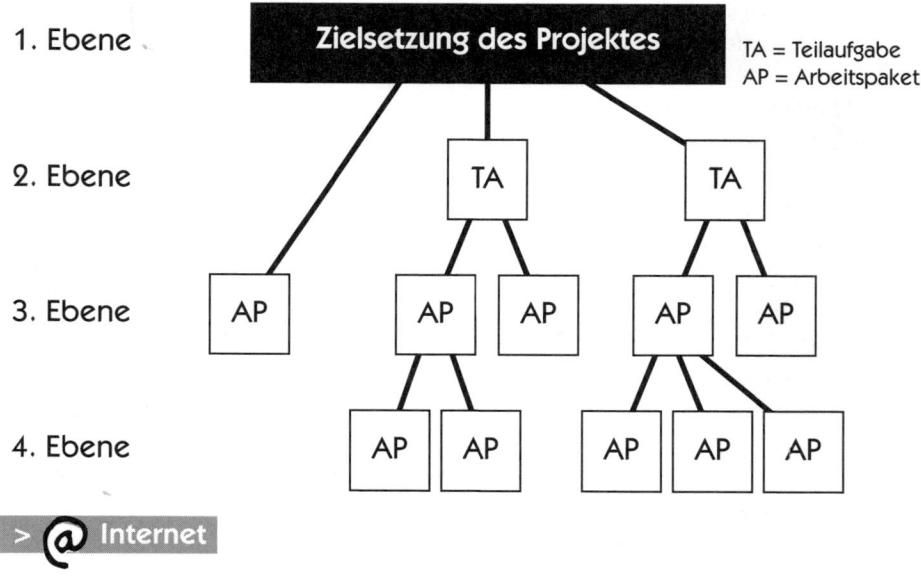

> @ Internet

Teilaufgabe angesehen wird. An dieser Stelle ist die Erfahrung und Kompetenz des Teams gefragt. Dem Begriff Teilaufgabe kommt hier ähnlich den Rahmenzielen eine „Sortierfunktion" zu. Typische „Überschriften" sind Mittelbeschaffung, Öffentlichkeitsarbeit oder Projektdokumentation.

Marion Müller übernimmt für das Projekt „Wohnortnahe Kinderbetreuung" alle notwendigen PR-Aktivitäten. Dieses Arbeitspaket wird ihr zugeordnet. Im Projekt Kinder- und Jugendzirkus „Simsalabim" hingegen ist PR-Arbeit eine *Teilaufgabe,* die sich in die Arbeitspakete Medienarbeit und persönliche Außenkontakte aufgliedert, da die Zusammensetzung der Projektgruppe und deren zeitliche Ressourcen diese Aufteilung sinnvoll macht.

Durch den Projektstrukturplan entstehen drei Ebenen: die Zielsetzung des Projektes, die Benennung der Teilaufgaben und die dazugehörigen Arbeitspakete. Jedes Arbeitspaket stellt einen „Job" dar. Die Summe aller Jobs ergibt das Gesamtprojekt. Vorsicht: Der Projektstrukturplan zeigt die strukturelle Gliederung eines Projektes nach Aufgabenschwerpunkten (Teilaufgaben) an. Damit ist keine zeitliche Abfolge dargestellt. Der Projektstrukturplan ist für komplexe Vorhaben, an denen viele Menschen beteiligt sind, eine Aufzählung aller zu erledigenden Jobs, die getan werden müssen. Erst danach folgt die Verständigung auf den zeitlichen Ablauf. Auch hier gilt: Die Planung muss so genau wie nötig erfolgen, d.h. durch knappe und präzise Bestimmungen gilt es, überflüssige Zergliederungen zu vermeiden. Transparenz wird zwar immer durch Information hergestellt, Information

Praxis

Für das Projekt „Gemeinsam wohnen"
könnte der Strukturplan wie folgt aussehen:

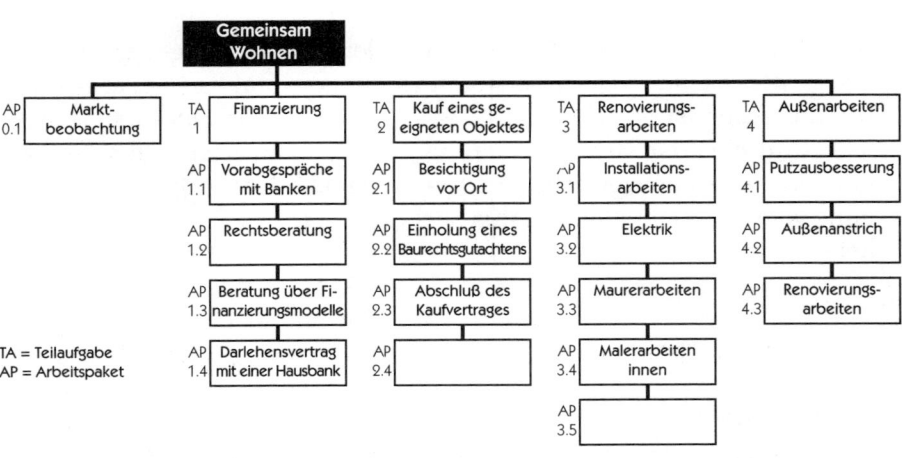

Erstellen Sie für Ihr Projektvorhaben
einen Projektstrukturplan!

> @ Internet

Checkpoint

 Kontrollieren Sie das Ergebnis Ihres Strukturplanes anhand folgender Fragen:

	ja	teilweise	ungenügend
Ist die Gliederung richtig und logisch?	○	○	○
Führt die Bearbeitung aller Arbeitspakete zum vollständigen Projekt?	○	○	○
Können die jeweiligen Arbeitspakete den einzelnen Mitgliedern der Projektgruppe zugeordnet werden?	○	○	○
Ist jedes Arbeitspaket bezüglich der zu erbringenden Leistung klar genug bestimmt?	○	○	○
Haben Sie den finanziellen und zeitlichen Arbeitsaufwand pro Arbeitspaket grob geschätzt?	○	○	○

ist jedoch ein bewährtes Mittel, den Zweck den sie verfolgt zu zerstören. Die Dosierung ist entscheidend. Deshalb wird der Grad der Detaillierung mit zunehmender zeitlicher Entfernung vom aktuellen Projektstatus abnehmen.

Das Arbeitspaket

Für Projekte, die innerhalb von größeren Organisationen durchgeführt werden, lohnt es sich, ein kleines Formular für das Arbeitspaket zu erstellen. Alle beschriebenen Arbeitspakete stellen praktisch eine Art Pflichtenbuch des Projektes dar. Jedes Arbeitspaket muss von der Projektleitung genehmigt werden.

Der Begriff Arbeitspaket ist ein klassischer *terminus technicus* des Projektmanagements.[14] Synonym werden in der Literatur gelegentlich Begriffe wie „Vorgang" oder „Auftrag" gebraucht, was dann zur Vorgangs- oder Auftragsliste führt. Durch diese eher blassen Begriffe entsteht eine Deutungsvielfalt, die hier vermieden werden soll.

Arbeitspaket

Bereich   Projekt-Bezeichnung/Kurztitel   Projekt-Nr.

AP-Bezeichnung   AP-Nr.

AP-Verantwortlicher   Datum

AP-Start   AP-Ende

Leistungsbeschreibung

Geschätzter Kostenaufwand (Sachkosten)

Geschätzter Zeitaufwand (Arbeitsstunden)

Projektleitung

. . . .
Name   Datum   Unterschrift

Anlagen   ○ Terminplan   ○ Kostenplan   ○ Sonstiges

> @ **Internet**

Der Ablaufplan

Mit dem Projektstrukturplan haben Sie festgelegt, was alles getan werden muss. Wahrscheinlich konnten Sie einige der Ergebnisziele des Zielfindungsprozesses direkt als Arbeitspakete übernehmen.

Es gilt jetzt festzulegen, in welcher Reihenfolge die einzelnen Arbeitspakete angepackt werden.

Es entsteht ein *Projektablaufplan*.

Mit dem Ablaufplan wird die zeitliche Reihenfolge der zu erledigenden „Jobs" festgelegt. In der Projektgruppe hat sich dabei folgendes Vorgehen bewährt: Schreiben Sie jedes Arbeitspaket und den dafür Verantwortlichen auf ein Blatt Papier und heften Sie in der Projektgruppe den Ablaufplan gemeinsam an die Wand. Dokumentieren Sie diesen ersten Planungsstatus mit einer Digitalkamera oder im Projektmanager. Praktisch ist es, wenn Sie im Projektbüro eine „Planungswand" frei haben und dort die Ablaufplanung hängt. Markieren Sie den aktuellen Projektstatus durch einen roten Punkt bei den gerade in Umsetzung befindlichen Arbeitspaketen. Jeder Besucher wird sofort auf Ihr Projekt aufmerksam und erkennt die Zusammenhänge auf einen Blick.

Wenn Sie genügend Projekterfahrung mit Ihrem Team gesammelt haben, können Sie auch direkt nach der Auflistung aller Arbeitspakete mit der Ablaufplanung beginnen und auf den vorgeschalteten Strukturplan verzichten. Im „Projektmanager" ist ohnehin nur die Eingabe der Arbeitspakete notwendig. Alles andere erledigt das Programm für Sie.

Wenn Sie den Ablaufplan „Gemeinsam Wohnen" betrachten, werden Sie feststellen, dass bestimmte Arbeitspakete auch anders zugeordnet werden können. Aber die Projekt-

Ablaufplan „Gemeinsam Wohnen"

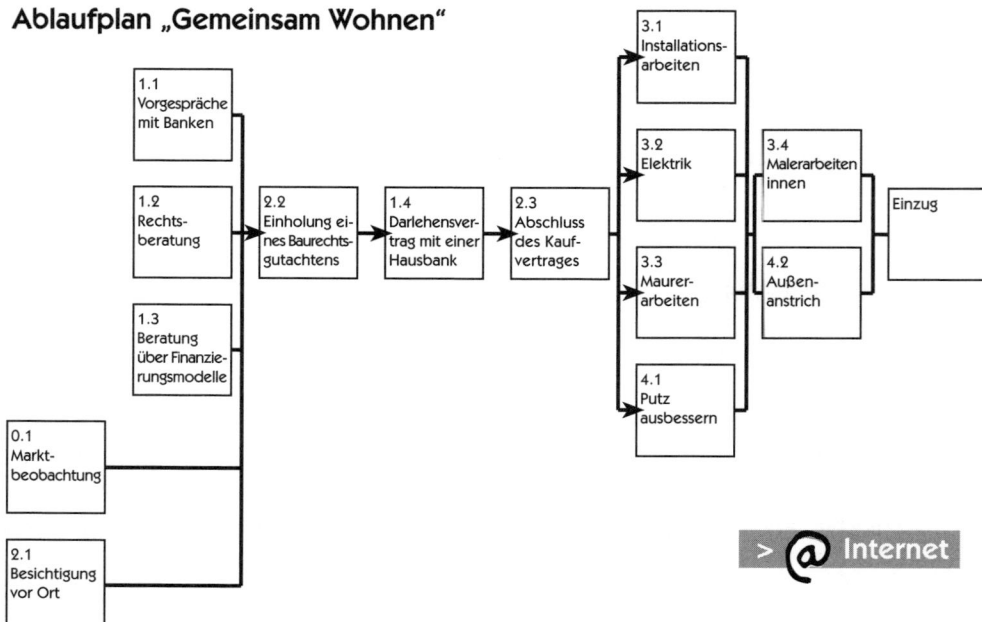

gruppe hat beschlossen, Besichtigungen vor Ort zuerst durchzuführen, um ein Gespür für das „richtige" Objekt zu bekommen. Die wesentlichen Renovierungsarbeiten können z.B. alle gleichzeitig durchgeführt werden, da genügend Leute vorhanden sind.

Sie merken, spätestens bei der Ablaufplanung muss die Aufwandsschätzung erfolgen.

Notizblock

Schreiben Sie jedes Arbeitspaket auf ein Blatt Papier und legen Sie für Ihr Projekt im Projektteam einen groben Ablaufplan fest!

> @ **Internet**

Pufferzeiten

Damit alle den Überblick behalten, kann es eine gute Arbeitserleichterung sein, jedem Arbeitspaket gleich den Namen der ausführenden Person, die Terminierung und den Stundenaufwand hinzuzufügen. Das sieht dann so aus:

> **AP 1.8**   *SERGE SEBUCHON*
>
> Image-Flyer
>
> vom 20.08. bis 31.08.
> Aufwand 10 Stunden

Bei dieser Vorgehensweise lassen sich „Pufferzeiten" auf einen Blick erkennen.

Diese nebenstehende Darstellung zeigt, dass Kollege Sebuchon eine „Pufferzeit" von gut einer Arbeitswoche für seine Aufgabe hat, sofern er nicht mit anderen Dingen beschäftigt ist, was nur der vollständige Ablaufplan des Projektes zeigen kann. Diese Pufferzeiten sind wichtig, um Zeitverschiebungen aufzufangen. Man spricht vom „kritischen Weg" für Arbeitspakete, die ohne Zeitpuffer hintereinander erledigt werden müssen. Vermeiden Sie kritische Wege, wenn Sie Ihr Ziel ansteuern!

Selbstverständlich können Sie weitere Angaben in Ihr Arbeitspaket

Ein Fachverlag möchte mit einem Träger der ambulanten Altenpflege ein Medienpaket über selbstorganisierte wohnortnahe Altenhilfe herstellen. Das Werk muss pünktlich zur Buchmesse erscheinen. Neben erheblichen Zeitverzögerungen bei der Text- und Medienerstellung fällt im entscheidenden Moment der Korrekturleser aus. Da verschiedene Projekte gleichzeitig laufen, ist die Situation kritisch. Ein Blick auf den Ablaufplan zeigt, dass die Terminierung der Druckvorlagen eine „Pufferzeit" von etwa einem Tag enthält. Kollege Sebuchon ist zwar mit anderen Aufträgen gut ausgelastet, die haben aber keinen Projektcharakter und können 2–3 Tage liegen bleiben.
Er springt ein und sichert in zwei Zwölf-Stunden-Schichten die termingerechte Fertigstellung der Druckvorlagen.

aufnehmen wie Materialkosten, oder Vertretungen im Krankheitsfall etc.

Gestalten Sie Ihre Planung nach Ihren Notwendigkeiten!

Das Balkendiagramm

Für kleinere, weniger komplexe Projekte sind Balkendiagramme als Planungsinstrument hervorragend geeignet. Es werden Anfangs- und Endpunkte von Vorgängen, mögliche Pufferzeiten, Terminverschiebungen etc. übersichtlich dargestellt. Der Balkenplan eignet sich gut, um eine rasche Übersicht über den aktuellen Projektstatus zu erhalten und damit den Fortschritt des Gesamtvorhabens effizient zu kontrollieren.

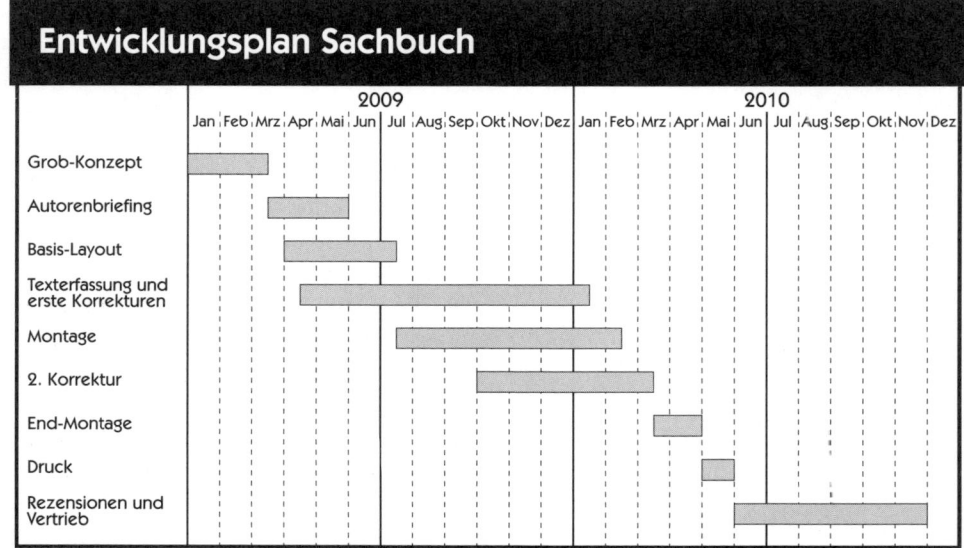

Da Sie bei der Projektablaufplanung den Zeitaufwand grob kalkuliert haben, sind Sie im Bilde darüber, was an Arbeitsstunden auf das Projektteam zukommt. Sollten Sie aufgefordert werden, eine genaue Kapazitätsplanung vorzulegen, dann stellen Sie die Personalstunden pro Woche der Projektzeitdauer gegenüber. In großen Organisationen ist dies eine wesentliche Entscheidungsgrundlage für die Geschäftsleitung.

Finanzierungsplanung

Erstellen Sie eine *Gesamtkostenrechnung* Ihres Projektes. Damit ist gemeint, dass Sie auch jene Kosten erfassen, für die Sie zunächst keine Förderung akquirieren möchten. In der Regel sind das Kosten, die „einfach so" mitlaufen, wie vielleicht Telefongebühren, Büromiete, Fahrtkosten und vieles mehr, was entweder ehrenamtlich abgedeckt wird oder, falls Ihr Pro-

jekt bei einem Verband angesiedelt ist, der Projektträger durch eigene Gemeinkosten sichert, die über sonstige Zuschüsse bereits finanziert sind. Versuchen Sie also pauschal zu schätzen (anders geht es nicht!), was das alles kosten könnte und berechnen Sie hierbei auch die Arbeitsstunden der über den Träger bezahlten hauptamtlichen Mitarbeiterinnen und Mitarbeiter. Hier sind die Angaben in den Arbeitspaketen wichtige Grundlage für die Aufwandsschätzung. Das alles zusammen sind dann die tatsächlichen Kosten Ihres Projektes. Jede Teamsitzung ist ein Kostenfaktor und verbraucht Ressourcen. Machen Sie hierfür eine erste grobe Aufstellung nach einzelnen „Etatpositionen" wie Büroarbeit, Fahrtkosten, Investitionen, Honorare etc. und rechnen Sie diese zusammen. Als nächsten Schritt ermitteln Sie die Kosten, die bereits finanziert sind (durch Leistungen des Trägers oder durch ehrenamtliche Arbeit) und solche Ausgaben, für die Sie

Externe Finanzierung

zusätzliche Geldmittel benötigen. Sie werden unschwer feststellen können, wie das Verhältnis zwischen Ihrem derzeitigen Eigenanteil an der Projektfinanzierung und dem benötigten Zuschussbedarf ist. Diese Zahl ist wichtig, denn für viele Geldgeber mutet es seltsam an, wenn eine Kulturwerkstatt ein Programmkino eröffnen möchte, und im Finanzierungsplan werden lediglich die Kosten für die Vorführtechnik genannt. Aus Sicht des Antragstellers scheint das vielleicht logisch, da alles andere wie Telefon, Büro, Vorführraum, Honorarkräfte, die über die Eintrittsgelder finanziert werden, vorhanden ist. Aus Sicht des Geldgebers ist ein solcher Antrag be-

Notizblock

Kosten total

Berechnen oder schätzen Sie alle Kosten, die für die gesamte Projektdauer anfallen. Berücksichtigen Sie insbesondere auch Kosten, die durch einen eventuell vorhandenen Träger abgedeckt sind. Kalkulieren Sie auch solche Kosten, für die zunächst keine „liquiden" Forderungen bestehen – etwa Planungs- oder Teamsitzungen. Jede Stunde kostet hier pro Person zwischen 25,– Euro und 30,– Euro (Minimum!) Der folgende einfache Kostenplan (Teil A) besteht aus den einzelnen Ausgabenarten und den daraus entstehenden Kosten. Komplettieren Sie die Auflistung für Ihr Projekt.

Ein Tipp: Begrenzen Sie die Ausgabenarten auf 10 bis 15 Positionen. Damit bleibt die Übersicht gewahrt.

Gesamtkostenplan Teil A

Ausgabenart	Betrag in Euro
Personal	
Büromaterial	
Mieten	
Investitionen	
Gesamt	

fremdlich, da nicht ersichtlich ist, wie und ob überhaupt kalkuliert wird, welche Einnahmen zu erwarten sind, welche Eigenleistungen der Träger erbringt und vieles mehr. Der zuletzt genannte Punkt ist oftmals entscheidend, da für die meisten Finanziers ein angemessener Eigenbeitrag Voraussetzung für eine Förderung darstellt. Mit einer groben Berechnung der Gesamtkosten haben Sie hierfür die Grundlage geschaffen. Analysieren Sie genau, ab welchem Zeitpunkt des Projektablaufs „harte Kosten" entstehen. Damit sind Kosten gemeint, die direkt Ihr Projektbudget belasten und nicht durch den Projektträger abgedeckt sind oder sich

Notizblock

Versuchen Sie jetzt aufgrund Ihres aktuellen Kenntnisstandes die Projektkosten für die nächsten 12 Monate zu kalkulieren. Sie erkennen damit auf einen Blick den monatlichen Mittelabfluss. Markieren Sie den Zeitpunkt, bis wann ein Projektabbruch praktisch kostenneutral wäre, bis wann vertretbare Kosten abgeschrieben werden können und ab welchem Zeitpunkt (point of no return) keinesfalls mehr ein Abbruch in Frage kommt.

Gesamtkostenplan Teil B

Ausgabenart	Betrag in Euro											
	Jan	Feb	Mrz	Apr	Mai	Jun	Jul	Aug	Sep	Okt	Nov	Dez
Personal												
Büromaterial												
Mieten												
Investitionen												
Gesamt												

sonst wie „verstecken" lassen. So sind Planungssitzungen natürlich teuer, bedenkt man die dafür eingesetzte Arbeitszeit. Dennoch „kosten" diese Besprechungen zunächst häufig nichts, da keine Honorare in Rechnung gestellt werden. Das ändert sich schlagartig, sobald ein „nicht ehrenamtlicher" Architekt, EDV-Berater oder Jurist hinzugezogen wird oder Räume angemietet werden und die ersten Renovierungsarbeiten ins Haus stehen. Stellen Sie fest, bis zu welchem Zeitpunkt der Abbruch eines Projektes praktisch nichts kostet. Ferner, bis zu welchem Zeitpunkt Kosten entstehen, die Sie relativ problemlos wegstecken könnten und Sie so mit einem „blauen

Checkpoint

 Finanzierung im Profil

Möglichkeiten der Projektfinanzierung
Sie sehen hier eine Aufstellung der wichtigsten Arten der Projektfinanzierung. Überlegen Sie, welche für Ihr Projekt in Frage kommen und wie hoch ungefähr der Anteil (in Prozent) an der Gesamtfinanzierung des Projektes sein könnte.

Erstellen Sie ein Finanzierungsprofil!

	ja	nein	Anteil in % geschätzt										
			0	10	20	30	40	50	60	70	80	90	100
Bankkredit	○	○	○	○	○	○	○	○	○	○	○	○	○
Sponsoring	○	○	○	○	○	○	○	○	○	○	○	○	○
Spenden	○	○	○	○	○	○	○	○	○	○	○	○	○
Stiftungen	○	○	○	○	○	○	○	○	○	○	○	○	○
selbsterwirt-schaftete Mittel	○	○	○	○	○	○	○	○	○	○	○	○	○
kooperative Vernetzung	○	○	○	○	○	○	○	○	○	○	○	○	○
öffentliche Förderung	○	○	○	○	○	○	○	○	○	○	○	○	○

- Kommune
- Land
- Bund
- Europäische Union

Auge" davonkommen. Entscheidend ist dann der Punkt „of no return". Hier wäre ein Abbruch mit dem finanziellen „worst-case" identisch.

Notieren Sie sich diese drei Punkte in Ihrer Projektplanung in Rot!

Klare Sichtverhältnisse

Die Darstellung auf Seite 40 gibt Ihnen einen ersten Überblick darüber, welche Finanzierungsquellen überhaupt in Frage kommen könnten. Verschaffen Sie sich Klarheit darüber, wo Ihre wesentlichen Chancen der Projektfinanzierung liegen. Lohnt eine aufwändige Spendensammlung, oder ist diese sogar die einzige Möglichkeit überhaupt, eine Starthilfe zu bekommen? Welche Stiftungen sind als Partner geeignet? Gibt es Firmen für die ein Engagement im Projekt interessant sein könnte? Welche Ressourcen sind durch Kooperationen kostenneutral zu gewinnen? Für welchen Bereich des Projektes könnten öffentliche Zuschüsse geworben werden? Gibt es kalkulierbare, selbstwirtschaftete Einnahmen? Ist in diesem Zusammenhang ein Bankinstitut als Partner zu gewinnen? Das ist eine Auswahl wesentlicher Fragen, die zu einem möglichen Finanzierungsprofil führen, welches ersichtlich macht, wo Sie Schwerpunkte der geplanten Projektfinanzierung setzen. Jedes Segment der Projektfinanzierung hat seine Besonderheit mit Eigenarten.

Einnahmen

Genauso wichtig wie die Darstellung der Kostenseite, ist die Auflistung der geplanten oder bereits gesicherten Einnahmen. Hier kann sich eine Finanzierungslücke ergeben, die ab einem bestimmten Zeitpunkt geschlossen sein muss – oder bei den Projektzielen muss eine Korrektur erfolgen.

Erträge Welche Einnahmen stehen zur Verfügung bzw. sind vorgesehen?	in Aussicht: EURO	bisher bewilligt: EURO
1. EU-Mittel:	▼	▼
2. Bundes- / Landesmittel:		
3. von kommunalen Stellen:		
4. von Stiftungen, Spenden:		
5. weitere Mittel:		
6. selbstwirtschaftete Mittel		
7. finanzielle Eigenleistungen:		
8. Finanzierungslücke		
		Projekt- gesamtsumme
zusammen:	+	=

DIN 69 901

Übrigens: Wenn Sie die auf den vorigen Seiten dargestellten Instrumente der Projektplanung und Projektsteuerung einsetzen, folgen Sie damit komplett der deutschen Norm 69 901. Diese Norm legt wesentliche Begriffe des Projektmanagements fest, definiert Planungsinstrumente und die dazugehörigen Strukturen.

Der Vorteil für Sie: Wenn Sie in einem Förderantrag gefragt werden, welche Instrumente des Qualitätsmanagements (QM) Sie einsetzen, antworten Sie, dass Projektmanagement in Ihrem Projekt gemäß der DIN 69 901 umgesetzt wird. Damit erfüllen Sie die im QM üblichen Anforderungen. Besagte Norm besteht aus einem vierseitigen DIN A 4-Blatt (auch diese Blattgröße wurde bekanntlich genormt!) des Deutschen Instituts für Normung in Berlin. Der Alleinvertrieb wird jedoch durch den Beuth-Verlag, ebenfalls in Berlin durchgeführt. Diese DIN-Blätter sind nicht ganz preiswert und kosten um die 20,– Euro. Durch den Verkauf finanziert sich wesentlich das Deutsche Institut für Normung [15].

Resümee

Die chronologische Vorgehensweise bei einer komplexen Projektplanung lässt sich wie folgt darstellen:

Bei weniger komplexen Projekten stellt sich die Projektplanung möglicherweise anders dar:

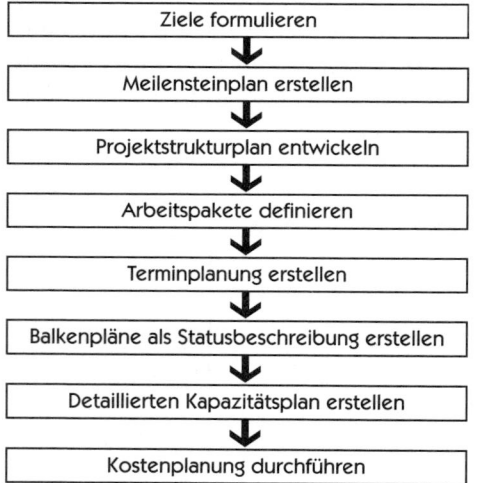

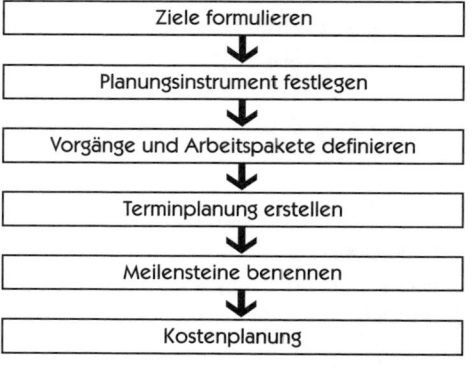

Sie haben bis jetzt eine Reihe unterschiedlicher Planungsmethoden kennen gelernt und vielleicht auch teilweise ausprobiert. Denken Sie daran, dass Planen Vorbeugen ist. Machen Sie die einzelnen Methoden für Ihr Projekt passend. Der gekonnte Einsatz verschiedener Methoden garantiert keinen Erfolg, hilft aber, das Risiko zu minimieren. Und darauf kommt es an. [16]

Glossar

Ablaufplan: Der Ablaufplan setzt die einzelnen Arbeitspakete („Jobs") in eine zeitliche Reihenfolge. Es ist auf einen Blick erkennbar, welche Arbeitspakete aufeinander folgen und welche gleichzeitig durchgeführt werden können.

Arbeitspaket: Das Arbeitspaket ist ein Vorgang („Job"), den ein oder zwei Mitglieder des Projektteams selbständig durchführen. Die Summe aller Arbeitspakete bildet die gesamte Projektaufgabe. Alle Verantwortlichen für die jeweiligen Arbeitspakete sind der Projektleitung bekannt, ebenso der Beginn und das geplante Ende der jeweiligen Jobs.

Controlling: Controlling bezeichnet die Steuerung eines Projektes aufgrund eines vorhandenen Projektplanes und eines vereinbarten Berichtswesens, das durch Teamsitzungen, Einzelberichte oder Kennzahlenvergleich geschehen kann.

Erfolg: Projekte sind dann erfolgreich, wenn die im Projektplan gesetzten Ziele maßgeblich erreicht worden sind.

Innovativ: Über diesen Begriff sollten Sie sich Klarheit verschaffen. Hier eine mögliche Deutung: Neuartig bedeutet bezogen auf die sich beteiligenden Akteure, dass das Projekt keine Routine darstellt oder erstmalig durchgeführt wird und eine risikobehaftete Herausforderung darstellt. Ferner bedeutet neuartig, dass das Projekt in seinem unmittelbaren Einzugsbereich für bspw. junge Menschen (Gemeinde, Stadtteil, Region) noch nicht durchgeführt worden ist und es keine vergleichbare Aktion gibt. Das bedeutet aber auch, dass ein Projekt aus dem Landkreis Z durchaus in ähnlicher Weise im Landkreis Y durchgeführt werden kann, da beide Regionen für Jugendliche geschlossene Lebenswelten darstellen, die Projektangebote deshalb nicht konkurrieren und damit der innovative Charakter erhalten bleibt. Diese „Lebensweltorientierung" von Projekten der Jugendarbeit geht auf den 8. Jugendbericht der Bundesregierung zurück.

Kosten im Projekt: Dieser Begriff muss für jedes einzelne Projekt sinnvoll definiert werden. Hier einige Anregungen. Jedes Projekt legt einen Gesamtkostenplan vor. Das heißt es werden nicht nur die Kosten dargestellt, für die sich das jeweilige Projekt beim jeweiligen Geldgeber bewirbt, sondern alle Kosten, die für das Projekt im definierten Projektzeitraum anfallen.

Meilensteine: Hier handelt es sich um Zeitpunkte während der Projektdauer, die das Ende wesentlicher Phasen markieren und damit die gesamte Projektplanung strukturieren. Der Meilensteinplan ist als Einstieg für eine erste grobe Projektplanung geeignet, kann aber bereits für einfach strukturierte Projekte als Planungsinstrument ausreichen und ist dann als Balkendiagramm einsetzbar.

Organigramm: Das Organigramm einer Organisation stellt die Aufbaustruktur dar. Im Organigramm ist die Über- und Unterordnung einzelner Personen in der Hierarchie sofort erkennbar. Einzelne Personalstellen werden durch Rechtecke dargestellt, die mit Linien verbunden sind, die die Weisungsbefugnis repräsentieren. Gestrichelte Linien stellen eine Koordinierungsbeziehung her. Beratende Personen werden durch ein Dreieck (sog. Stabsstelle dargestellt).

Projekt: Ein Projekt ist ein neuartiges, risikobehaftetes, zeitlich begrenztes Vorhaben. Die finanziellen und personellen Ressourcen sind definiert. Es besteht eine Projektplanung mit den wichtigen Meilensteinterminen. Es liegt eine Projektorganisation vor, die sich vom Organigramm einer Organisation unterscheidet.

Projektauftrag: Der Projektauftrag stellt knapp und präzise, möglichst auf einer Seite, die Zielsetzungen des Projektes dar, die zu erreichenden Ergebnisse, eine Kostenschätzung sowie den Personalaufwand und die wichtigsten Meilensteintermine. Aus dem Projektauftrag geht hervor, wer für das Projekt verantwortlich ist und wer in Krisensituationen über den Fortgang des Projektes entscheidet. Jedes Projekt innerhalb einer Organisation sollte unbedingt mit einem klar formulierten Projektauftrag starten. Notfalls sollte die Gruppe diesen Projektauftrag sich selbst erstellen und unterschriftsreif den Entscheidungsgremien vorlegen.

Projektgruppe: Es handelt sich hier um die Personengruppe, die das Projekt plant, durchführt und steuert. Die Projektgruppe ist nicht identisch mit der Zielgruppe des Projektes.

Projektlebenszyklus: Jedes Projekt hat einen Anfang und ein Ende. Der Projektabschluss markiert das Ende der definierten Projektdauer. Danach geht das Projekt entweder in den Dauerbetrieb über und wird zur Einrichtung (Betriebskostenkonzept) oder es ist mit dem Projektabschluss beendet. Bereits im Vorfeld der Projektplanung muss klar sein, ob eine Fortführung im Sinne eines Dauerbetriebs angestrebt wird, oder ob das Projekt ein einmaliges Vorhaben bleibt, das evtl. bei Bedarf zu einem späteren Zeitpunkt reaktiviert wird.

Vernetzung: Vernetzung bedeutet die Zusammenarbeit unterschiedlicher Trägertypen, die normalerweise nicht kooperieren. Ein Netzwerk ist im Gegensatz zu einer Organisation nicht hierarchisch strukturiert, besitzt aber eine feste Zielsetzung und eine Binnenstruktur.

Zielabweichung: Eine Zielabweichung entsteht, wenn einzelne Ziele nicht erreicht werden oder übererfüllt sind. Es melden sich beispielsweise doppelt so viele Jugendliche beim Open-Air-Kino an wie geplant. Zielabweichungen können nur rechtzeitig aufgrund eines vorhandenen Projektplanes festgestellt werden.

Ziele: Ziele sind künftige Ergebnisse und beschreiben einen Zustand, der nach einer bestimmten Zeitdauer erreicht werden soll. Projektziele sind in einer

Art und Weise zu benennen, dass sie unmittelbar mit den Ressourcen des Projektes kontrolliert und überprüft werden können.

Zielgruppe: Damit sind Personengruppen gemeint, die das Projekt direkt mit seinen Inhalten, Angeboten und Aktionen erreichen möchte. Die Zielgruppe ist nicht identisch mit der Projektgruppe.

Auswahl der verwendeten Literatur

- **Boy, Jacques/Dudek, Christian/ Kuschel, Sabine : Projektmanagement** Grundlagen, Methoden, Techniken und Zusammenhänge – mit CD, Offenbach 1994/2000, Verlag: Gabal
- **Change** Magazin der Bertelsmann Stiftung, Deutschland 2020, Gütersloh 2009
- **Deutscher Bundesjugendring** Projektmanagement leicht gemacht für Jugendgruppen, -projekte und -aktionen, Berlin 2007, Bezug über Deutscher Bundesjugendring, Berlin, E-Mail: info@dbjr.de www.dbjr.de
- **Ehrl-Gruber, Birgit: Innovatives Projektmanagement** Erfolgsfaktor Mensch, Kreativitätstechniken und Innovationsprozesse – mit CD, Augsburg 2003, Verlag: WEKA MEDIA
- **Frey, Karl: Die Projektmethode** Der Weg zum bildenden Tun, Weinheim 1982/2002, Verlag: Beltz

- **Gablers Wirtschaftslexikon** 15. Auflage, Wiesbaden 2000, Verlag: Betriebswirtschaftlicher Verlag Dr. Th. Gabler
- **Günther, Sybille: In Projekten spielend lernen** Münster 2006, Verlag: Ökotopia
- **Hölzle, Phlipp/Grünig, Carolin: Projektmanagement** Professionell führen – Erfolge präsentieren – mit CD, Freiburg 2002, Verlag: Haufe
- **Kellner, Hedwig: Zeitmanagement im Projekt** München 2003, Verlag: Hanser
- **Klose, Burkhard: Projektabwicklung** Arbeitshilfen, Projektanalyse, Anwendungsbezogene Beispiele – mit Diskette, Wien 1996, Verlag: Ueberreuter
- **Knorr, Friedhelm: Projektmanagement für Soziale Dienstleister** Projekte fachlich und zielorientiert steuern, Regensburg 2003, Verlag: Walhalla
- **Krajewski, Markus: Projektemacher** Zur Produktion von Wissen in der Vorform des Scheiterns, Berlin 2004, Verlag: Kulturverlag Kadmos
- **Litke, Hans-D: Projektmanagement** Methoden, Techniken, Verhaltensweisen, Wien 1995, Verlag: Hanser
- **Litke, Hans-D./Kunow, Ilonka: Projektmanagement** Taschen Guide, München 2002, Verlag: Haufe
- **Neumann, Reiner/Bredemaier, Karsten: Projektmanagement von A-Z** Das Handbuch für Praktiker, Frankfurt 1996, Verlag: Campus

- **Portney, E. Stanley: Projekt-management für Dummies**
  Rundum alles im Griff!,
  Bonn 2001, Verlag: mitp-Verlag
- **Schelle, Heinz: Projekte zum Erfolg führen**
  Projektmanagement systematisch und kompakt,
  München 2001, Verlag: dtv
- **Steinle, Claus/Bruch, Heike/Lawa, Dieter: Projektmanagement**
  Instrument moderner Dienstleistung,
  Frankfurt 1995, Verlag: FAZ Verlag
- **Wiads, Mathias/Butt, Jochen: Was geht**
  Probleme lösen, mehr Durchblick be-kommen, Projekte machen – mit CD,
  Hannover 2002
  Bezug: www.was-geht.net

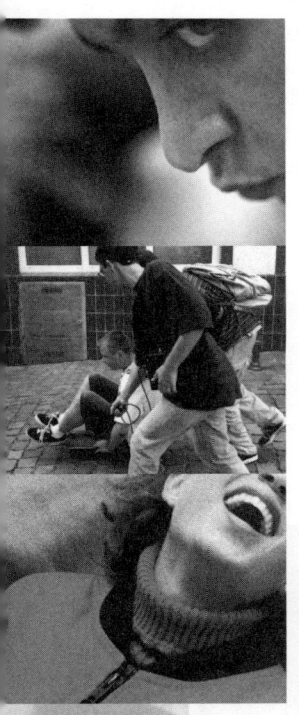

2   Projektorganisation

Projekt-controlling

Controlling ist eine englische Wortschöpfung und lässt sich am ehesten mit Steuern und Lenken übersetzen. Der Aufgabe eines Controllers kommt der eines Steuermannes oder einer Steuerfrau gleich. Wer steuert blickt in die Zukunft, versucht künftige Entwicklungen oder Schwierigkeiten vorherzusehen und diese in sein Kalkül einzubeziehen. Controlling ist daher immer zukunftsorientiert. Dies gelingt jedoch nur, wenn man über die aktuelle Situation gut Bescheid weiß und alle notwendigen Informationen erhält oder sich beschafft. Mit anderen Worten: Das Einzige, was der Controller kontrolliert, ist zunächst die Sicherung des optimalen Informationsflusses.

Ein Kontrolleur arbeitet im Gegensatz hierzu stets vergangenheitsbezogen (aus Fehlern lernen!). Es werden die Ursachen für bereits geschehene Fehlentwicklungen analysiert und – falls notwendig – die Schuldigen benannt. An Bord eines Schiffes würde der Kapitän als Controller alle relevanten Wetterdaten nutzen, um das Schiff sicher zum Zielhafen zu bringen. Der Kontrolleur hingegen würde die Ursachen des Schiffbruchs beschreiben und der Nachwelt dokumentieren. Aufgabe des Controllers ist es, künftige Schwierigkeiten zu erkennen, bevor sie zur Gefahr für einzelne Projektziele werden. Zentrales Element des Projektcontrolling sind daher immer Informationen.[1]

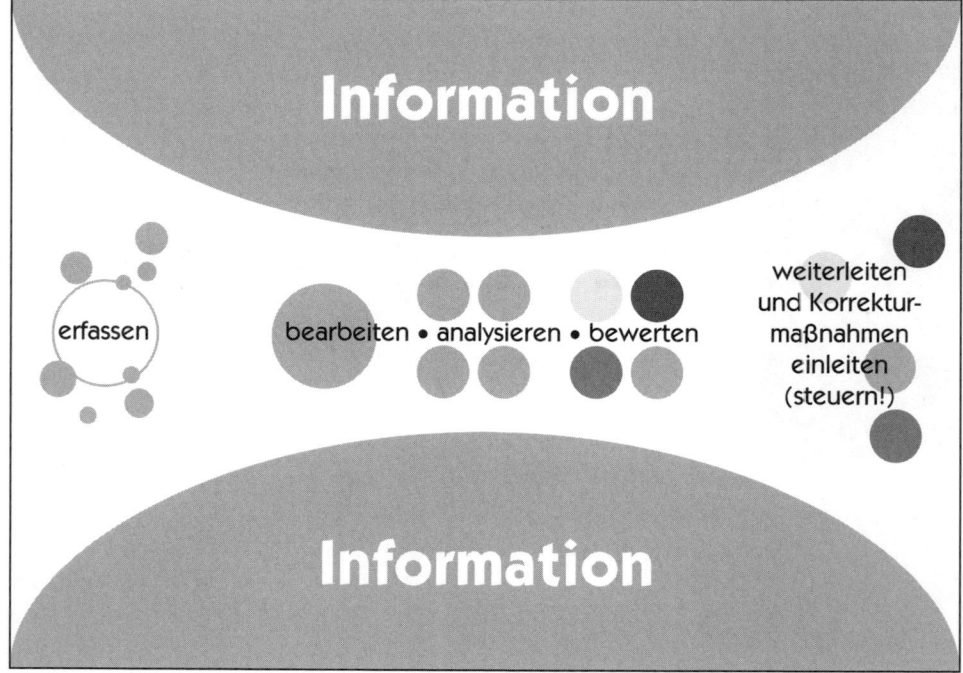

erfassen

bearbeiten • analysieren • bewerten

weiterleiten und Korrekturmaßnahmen einleiten (steuern!)

Für die Steuerung eines Projektes ist immer die Projektleitung verantwortlich; für die Steuerung der einzelnen Arbeitspakete sind es die Teammitglieder.

Wie lässt sich steuern?

Eine gute Projektplanung mittels eines Ablaufplanes, eines Balkendiagramms oder eines Projekttermin-kalenders ist eine solide Grundlage für ein erfolgreiches Controlling. Wichtig ist, dass Sie ein verbindliches Informationssystem aufbauen, neudeutsch *Reporting*.

Vergegenwärtigen Sie sich immer, dass es bei gravierenden Abweichungen drei Bereiche gibt, auf die Sie steuernd einwirken können:
– Die einzelnen Arbeitspakete können verändert, verdichtet oder gestrichen werden.

– Das Zusammenspiel zwischen den Arbeitsaktivitäten lässt sich neu anordnen.
– Verändern sich die Rahmenbedingungen des Projektes, ist der Auftraggeber zu konsultieren. Eventuell muss über die Zielsetzung, die Projektdauer oder die finanzielle Ausstattung neu verhandelt werden.

Mehr, als diese drei Bereiche steuernd zu beeinflussen, können Sie als Controller nicht tun. Sollten die beschlossenen und eingeleiteten Maßnahmen keinen Erfolg haben, hüten Sie sich davor, dies zu verschleiern oder das Team (und sich selbst) weiter unter Erfolgsdruck zu setzen. So schmerzlich es ist, ein Projekt abzubrechen, so sinnvoll ist es, dies rasch zu tun, wenn alle weitere Mühe vergeudet ist.

Für das Controlling ist es wichtig, nicht nur Daten und Informationen zu

◌ Vereinbaren Sie, bis zu welcher Abweichung die verantwortliche Mitarbeiterin oder der verantwortliche Mitarbeiter für das Arbeitspaket selbst entscheidet und ab welcher Abweichung Sie informiert werden.

◌ Vereinbaren Sie regelmäßige Soll-Ist-Vergleiche für die einzelnen Arbeitspakete. Das kann mündlich im Rahmen einer wöchentlich oder monatlich stattfindenden Teamsitzung geschehen.

◌ Vereinbaren Sie ein schriftliches Berichtswesen (Reporting). Das erleichtert wesentlich die Dokumentation des Projektablaufs. Legen Sie fest, bei welcher Abweichung (ob positiv oder negativ) Sie schriftlich informiert werden.

◌ Lassen Sie sich beispielsweise die aktuellen Kennzahlen einmal im Monat schriftlich vorlegen.

◌ Bewerten Sie gemeinsam mit dem Projektteam nach jedem Meilenstein den Fortgang des Projektes.

erhalten, die den bisherigen Projektablauf beschreiben, sondern vor allem auch zukunftsorientierte Daten auszuwerten. Die Ist-Daten des Controllers bestehen deshalb aus zwei Teilen: der zukunftsbezogene Teil dient der Projektsteuerung (wie lange brauchen wir noch?), der vergangenheitsbezogene Teil sichert das bisher Geleistete (was wurde bisher erreicht?).

Checkpoint

Was lässt sich steuern?

Um diese Frage zu beantworten, sollten Sie einen Moment innehalten und überlegen, welche Bereiche für den Projekterfolg notwendig sind.

Bestimmt gehört dazu:
- **der gesamte Leistungsumfang**
  Lassen sich hier Veränderungen vornehmen, Teilaufgaben evtl. streichen?
- **finanzielle Ressourcen**
  Sind Einsparungen durch eine Minderung der Qualität möglich oder lassen sich zusätzliche Mittel organisieren?
- **Zeitbudget**
  Lassen sich einzelne Arbeitspakete verdichten, sind alle Pufferzeiten ausgereizt?

Diese Bereiche können mit unterschiedlicher Priorität versehen werden. Bei manchen Projekten ist der Endtermin absolut nicht korrigierbar, die Kosten sind jedoch flexibel. Hier gilt: „Rufen Sie mich sofort an, wenn es zu Terminverzögerungen kommt!"

Notizblock

Wie wird gesteuert?

Sie kennen bestimmt ein Projekt, in dem etwas schief gelaufen ist. Durch welches Steuerungsinstrument hätte die Panne verhindert werden können?
Aufgabe einer guten Projektsteuerung ist es, Abweichungen und mögliche Gefahren frühzeitig zu erkennen. Das spart Nerven, Kosten und die Suche nach Schuldigen.

Aktuelles auf einen Blick

Wie bereits gesagt, sind alle erarbeiteten Planungsinstrumente eine gute Grundlage für wirkungsvolles Controlling. Als Beispiel sei hier nochmals der Balkenplan aufgeführt. Er besteht pro Aufgabe aus einem Ist-Balken dem ein Soll-Balken gegenübergestellt wird.

Der Soll-Balken repräsentiert den ursprünglichen Plananssatz mit Anfang, Ende und Dauer. Dem wird der Ist-Balken als Korrektur gegenübergestellt, der das bisher Geleistete repräsentiert. Rechts der „Heute"-Linie liegt die Zukunft. Alle Angaben des Ist-Balkens sind ab dieser Linie geschätzt und stellen (sofern dies möglich ist) eine Kalkulation dar. Natürlich kann jeder Balken mit zusätzlichen Informationen, wie Name des Verantwortlichen, Arbeitsstundenbudget etc., versehen werden.

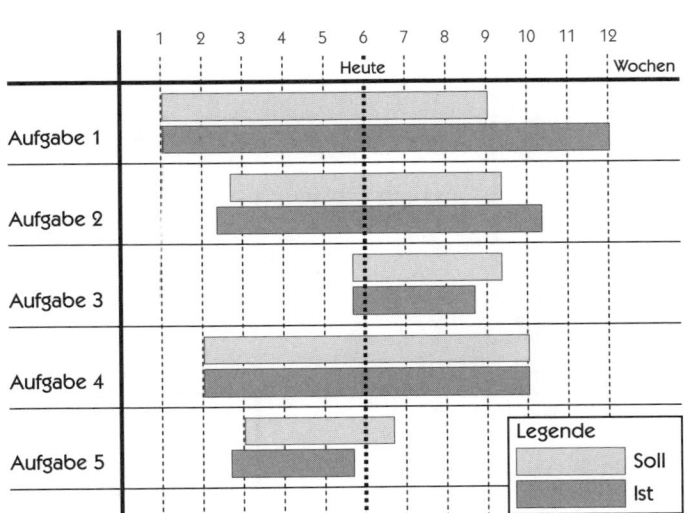

Überlegen Sie, welche Steuerungsinstrumente in Ihrem Projekt wirkungsvoll einzusetzen sind und wie Sie diese Steuerungsinstrumente organisieren:

Auf einen Blick

Der weitere Projektablauf lässt sich als lebendiger Regelkreis darstellen. Unerwartete Ereignisse wirken von außen auf das Projekt ein (Störgröße). Dies führt zu Zeitverzögerungen oder zu überraschenden, neuen Möglichkeiten, die zu einer Neubewertung der Soll-Ist-Relation führen. Die Projektleitung ist auf dem Laufenden, trifft die notwendigen Entscheidungen mit dem Team in den Detailplanungen und bestimmt Arbeitspakete neu, wodurch die Vorgaben wieder der aktuellen Projektentwicklung angepasst werden.[2]

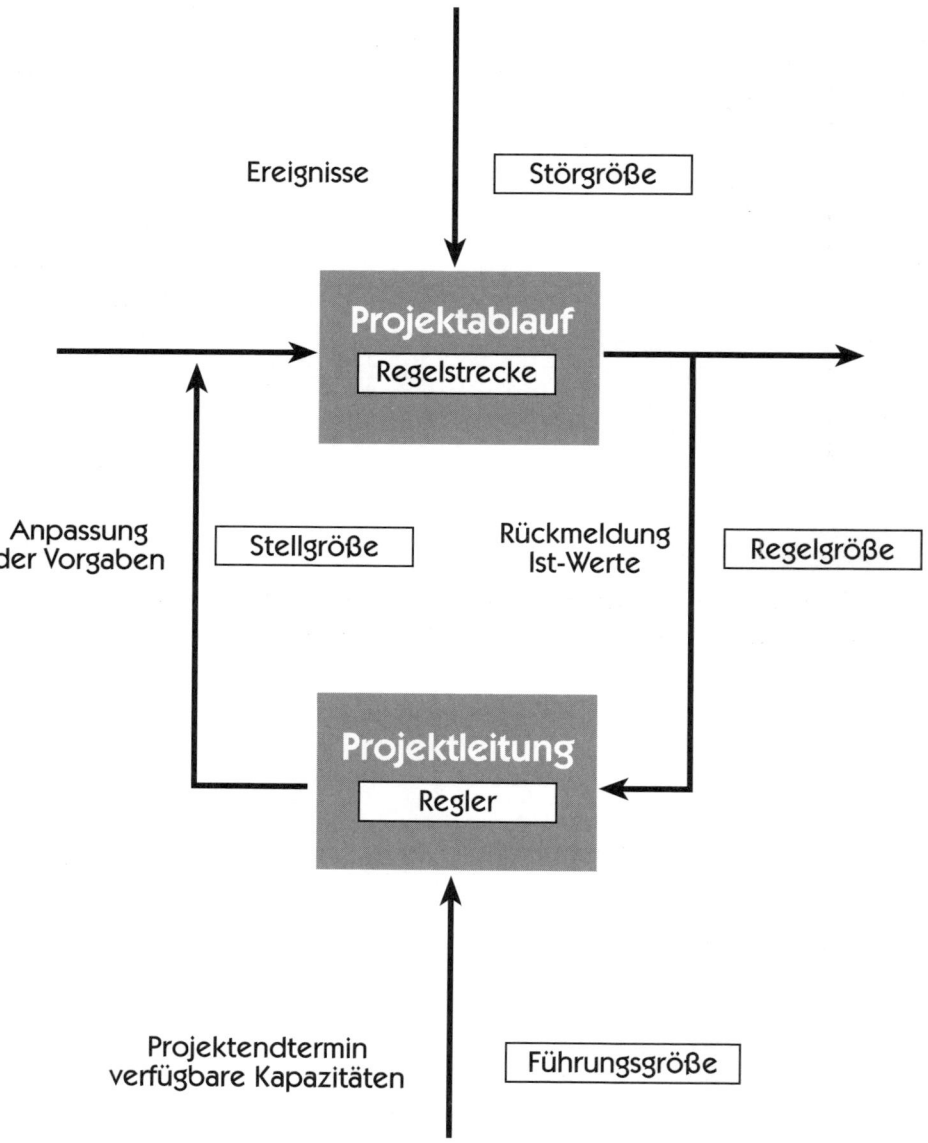

Organisations-
formen

Wenn Sie in Ihrem Unternehmen ein Projekt durchführen möchten, sei es um eine neue Aufgabenstellung zu bewältigen, ein Produkt zu entwickeln oder ein Problem zu lösen, ist es notwendig festzulegen, wie sich die Organisationsform des Projektes zur Organisationsform Ihres Unternehmens verhält.

Wie sind die einzelnen Fachabteilungen beteiligt? Wer ist gegenüber der Projektleitung weisungsbefugt? Wer ist den Mitarbeiterinnen und Mitarbeitern übergeordnet, wenn diese gleichzeitig andere Aufgaben in der Organisation wahrnehmen? Das ist nur eine Auswahl von Fragen, die geklärt werden muss. Schon manches Projekt hat unklar begonnen und ist ebenso unklar zu Ende gegangen. Um hier besser durchzublicken, ist zunächst etwas Organisationsanalyse

notwendig. Nur wer das eigene Unternehmen kennt, kann Vorschläge für eine sinnvolle Projektorganisation machen!

Organisationen (Unternehmen, Verbände, Kommunen) bestehen aus drei Strukturmerkmalen: der Aufbaustruktur, der Ablaufstruktur und der Informationsstruktur. Für unseren Zusammenhang ist es wichtig, die Aufbaustruktur einer Organisation genauer zu beleuchten. Der Aufbau einer Organisation wird normalerweise durch ein Organigramm dargestellt. Ein gut gemachtes Organigramm stellt das „Skelett" eines Unternehmens dar und lässt auf einen Blick erkennen, wer wem unter- oder übergeordnet ist, wer Weisungen empfängt und wer Weisungen erteilt und wie Informationsstränge verlaufen oder verlaufen sollten. Mit anderen Worten: Für die Darstellung und Analyse einer Organisation ist ein wahrheitsgetreues Organigramm unverzichtbare Grundlage. Bei der graphischen Darstellung ist auf Folgendes zu achten: Personalstellen werden durch rechteckige Kästchen gekennzeichnet. So genannte „Stabsstellen", das sind Personen die beratende Funktion haben, werden duch Dreiecke symbolisiert. Eine Stabsstelle ist dadurch definiert, dass sie beratend tätig ist, keine Weisungen geben kann und einer bestimmten Hierarchieebene zugeordnet ist. Stabsstellen sind z.B. Finanzberater, psychologische Dienste oder Marketingberater. Die weisungsgebundene Unter- oder Überordnung eines Organigramms wird durch eine Linie markiert, die die „Personalkästchen" miteinander verbindet.

In der Praxis gibt es mehrere Organisationstypen die wiederum Mischformen untereinander bilden. Stellvertretend seien hier zwei häufig auftretende Organisationsformen idealtypisch dargestellt.

Voll auf Linie

Die so genannte Stablinienorganisation ist weit verbreitet. Nationale Armeen, Behörden, aber auch Unternehmen und Verbände sind auf diese Weise strukturiert. Der Vorteil dieser Organisationsform liegt darin, dass Entscheidungen der Leitung per Anweisung rasch umgesetzt werden.

Dieser Vorteil ist zugleich der größte Nachteil. Untergeordnete Hierarchieebenen haben relativ wenig zu entscheiden, Schnittstellenaufgaben, die durch die Kooperation mit anderen Abteilungen gelöst werden müssen, gestalten sich als schwierig, da die nächsthöhere Ebene entscheidet, die „Linie" muss eingehalten werden, der Verwaltungsweg geht seinen Gang (über die Linie!), auch in Wirtschaftsunternehmen. Großorganisationen, die einstmals klein als effektive Stablinienorganisationen begonnen haben, sind unter dem Verdikt, dass die Organisationsform nicht zu ändern sei, schwerfällige Tanker geworden, deren Richtung veränderten gesellschaftli-

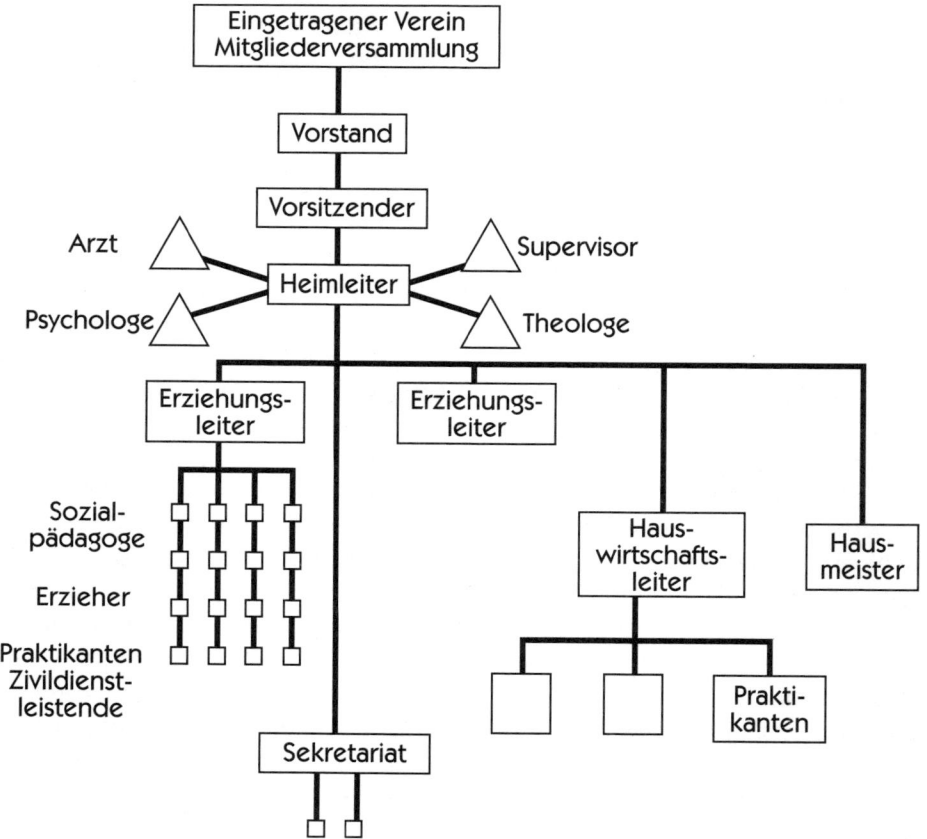

Die Projekt-
hierarchie
beginnt beim
Projektleiter

chen Bedarfen und sich wandelnder Marktmöglichkeiten schwer angepasst werden kann. Das typische Innovationspatt lässt sich wie folgt formulieren: Die Abteilung vor Ort fordert von der Leitung: „Bitte sagt uns, wo es lang geht. Ihr habt den besseren Überblick." Die Leitung fordert die Abteilungen auf: „Gebt uns richtungsweisende Vorschläge, da ihr am Ort des Geschehens seid." Sind strategische Leitung und operative Umsetzung durch fünf und mehr Hierarchieebenen getrennt, wird

Kommunikation über innovative Vorhaben schwierig und langwierig.

Die Produktgruppen-organisation

Eine Art Antwort auf dieses Dilemma stellt die Produktgruppenorganisation dar. Hier sind Aufgabenbereiche zu Produktgruppen zusammengefasst. Im Bereich der Sozialwirtschaft könnte ein Trägerverein die Produktgruppen

Beratungsstelle, Kinderhort, Aktivspielplatz und Jugendhaus umfassen. Die Übergänge von einer Stabslinienorganisation zur Produktgruppe sind fließend. Die jeweilige Produktgruppe kann durch die Gesamtleitung die Budgetverantwortung, die Ergebnisverantwortung und die Entscheidungskompetenz für den eigenen Bereich delegiert bekommen. Der Produktgruppenleiter entscheidet daher in einem zuvor definierten Rahmen selbständig. Die Gesamtleitung wird durch regelmäßige Berichte informiert (Controlling!). Die Hierarchie und Entscheidungsstrukturen der Ge-

samtorganisation sind dadurch flach und „schlank" geworden. Es entsteht allerdings ein erhöhter Kommunikationsbedarf zwischen der Geschäftsleitung und der Produktgruppenführung. Wird dies missachtet, verliert die Leitung den Überblick und einzelne Produktgruppen verselbständigen sich ohne Einbindung in das Gesamtkonzept. Die Vorteile einer flachen Organisationsgestaltung sind jedoch eindeutig: ohne langwierige Entscheidungswege kann angemessen rasch auf veränderte Umwelt- und Marktbedingungen reagiert werden.

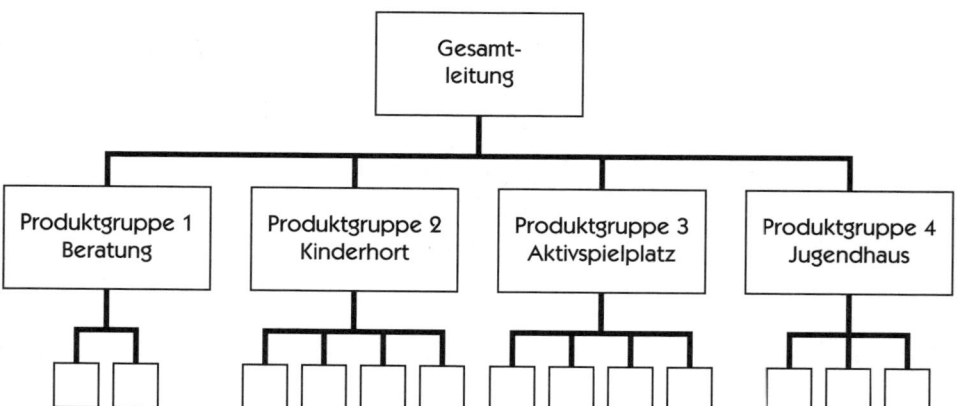

Vier Möglichkeiten

Nachdem Sie sich ein Organigramm Ihres Unternehmens besorgt haben, muss festgelegt werden, welche Projektorganisation Sie wählen.

Grundsätzlich ist zu sagen, dass ein Projekt durch einen flachen Aufbau bestimmt ist. In der Regel gibt es nur eine Hierarchiestufe: die Projektleitung und das Team. Selbst diese Hierarchiesierung kann sich verwischen. Oftmals ist die Projektleitung Erste unter Gleichen, legitimiert durch die höchste Kompetenz bei der zu lösenden Aufgabe. Insofern ist die Struktur eines Projektes untypisch bezogen auf die Struktur einer großen Organisation. Deshalb ist es eine wichtige und spannende Frage, wie sich die Projektstruktur zur jeweiligen Struktur der Organisation verhält und welche Möglichkeit es gibt, ein Projekt organisatorisch in ein großes Unternehmen einzubinden. Auf diese Fragen gibt es vier Antworten:

1. Die Projektkoordination

Die Projektleitung ist hier eher als Koordinator tätig denn als Leitung. Das hängt damit zusammen, dass „ihre" Projektmitarbeiter weiterhin als Linienmitarbeiter dem jeweiligen Abteilungsleiter unterstellt bleiben. Nur für genau definierte Projektaufgaben werden diese aus den Abteilungen abgezogen. Diese Art der Projektorganisation ist dadurch gekennzeichnet, dass die Projektleitung die Kompetenzen einer Stabsstelle hat und koordiniert anstatt zu leiten. In der Symbolik des Organigramms ist das durch eine gestrichelte Linie gekennzeichnet. Entscheidungen

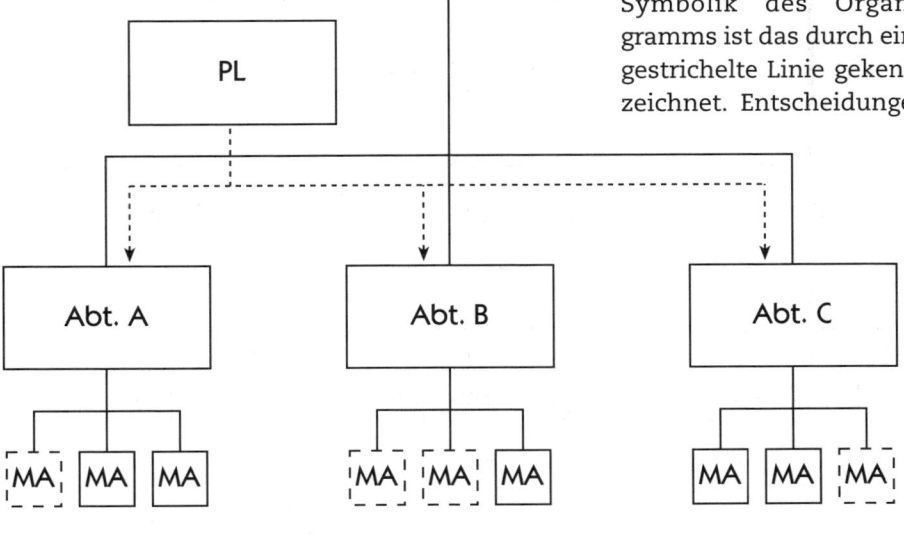

PL	Projektleiter
Abt.	Abteilungen der Linienorganisation
MA	Mitarbeiter der Linienorganisation

- - - - - ▶ Koordination
————— Weisungsbefugnis

werden in der Linie getroffen, die Hierarchie bleibt unverändert. Der Projektleiter überwacht die Termin- und Kostenentwicklung des Projektes und hat ansonsten eine Planungs- und Beratungsbefugnis. Die Vorteile dieser Projektorganisation bestehen darin, dass die Projektmitarbeiter vor Projektbeginn und nach Projektende nicht versetzt werden müssen (was vor allem bei kleineren Organisationen erhebliche Probleme mit sich bringt). Dadurch wird der Zeiteinsatz flexibel und der Erfahrungsaustausch zwischen Projekt und Organisation vereinfacht (Transferproblematik!). Die Nachteile der Projektkoordination bestehen darin, dass der Organisationsaufwand für den Projektleiter relativ hoch ist, da aufgrund „verteilter" Kompetenzen immer mit verschiedenen Abteilungen gesprochen werden muss. Das verzögert rasche Entscheidungen in Problemsituationen. Letztlich kann der

Projektleiter für das Projektergebnis nicht verantwortlich gemacht werden, da er keine Entscheidungsbefugnis über die Mitarbeitenden verfügt.

2. Die selbständige Projektorganisation

Bei der selbständigen Projektorganisation sind alle Mitarbeiter für die Dauer des Projektes in einer eigenen Organisationseinheit – dem Projektteam – zusammengefasst und dem Projektleiter direkt unterstellt. Dieser hat die volle Entscheidungsbefugnis und ist deshalb auch für die Projektergebnisse verantwortlich. Die Vorteile dieser Projektorganisation liegen auf der Hand. Mitarbeiter sind mit einer

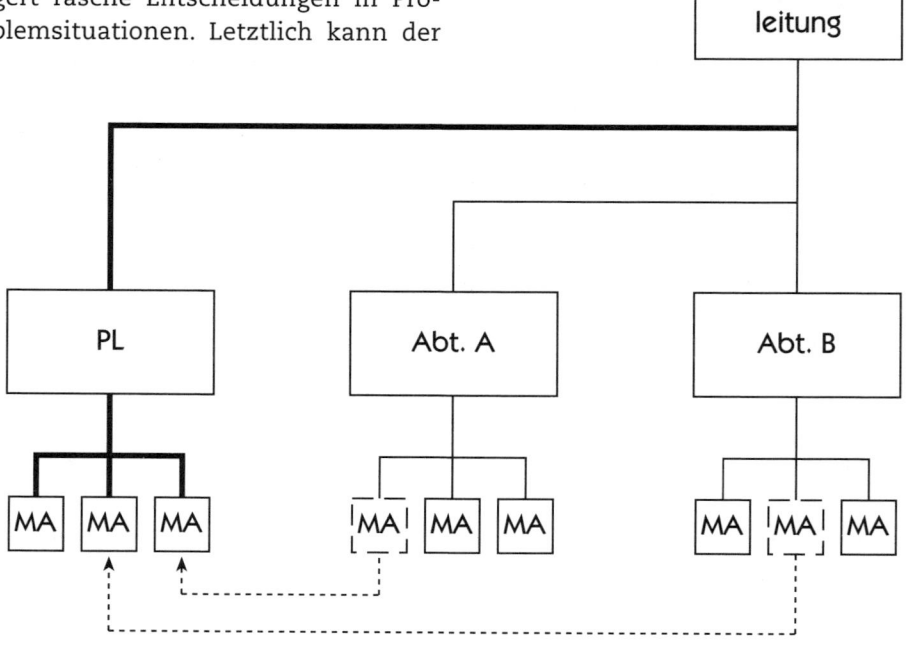

PL	Projektleiter	
Abt.	Abteilungen der Linienorganisation	
MA	Mitarbeiter der Linienorganisation	

- - - - ➤ Mitarbeiter sind temporär für die Dauer des Projekts dem Projektteam zugeordnet
——— Weisungsbefugnis

bestimmten Zeitressource nur dem Projekt verpflichtet. Dadurch steigt die Identifikation und die Motivation, wodurch auftretende Schwierigkeiten leichter bewältigt werden. Entscheidungswege sind kurz und übersichtlich. Der Projektleiter hat allerdings das Problem, dass er bei der Zusammenstellung seines Teams vom „goodwill" der Führungskräfte in den Abteilungen abhängig ist. Außerdem kann nach Projektende die Reintegration von Projektmitarbeitern in ihre Abteilungen Schwierigkeiten bereiten.

3. Die Matrixorganisation

Diese Organisationsform stellt eine Mischform von Projektkoordination und selbständiger Projektorganisation dar. Die Verantwortung ist zwischen dem Projektleiter und den Abteilungsleitern aufgeteilt (daher der Name Matrix). Der Projektleiter ist zwar für das Projektergebnis voll verantwortlich, hat gegenüber den Mitarbeitern jedoch nicht die ausschließliche Weisungsbefugnis. Eine solche Konstruktion ist dann sinnvoll, wenn sich das Projekt abteilungsübergreifend auf wesentliche Funktionsbereiche wie Marketing, Vertrieb oder Produktion auswirken soll. Projektleiter und Projektmitarbeiter müssen hoch qualifiziert und motiviert sein und über ausgezeichnete kommunikative Fähigkeiten verfügen. Das Konfliktpotenzial zwischen Linienabteilungsleitern und Projektmitarbeitern muss im Vorfeld minimiert werden durch eine genaue Abklärung der Ressourcen, der benötigten Zeit, der eingesetzten Verfahren und Methoden. Der Projektleiter übernimmt hierbei die Verantwortung für die Planung, die Abteilungsleiter sind verantwortlich für die mit ihnen abgestimmten Ziele. Durch die Einbindung verschiedener Abteilungen lassen sich Synergieeffekte nutzen; doppelte Arbeit

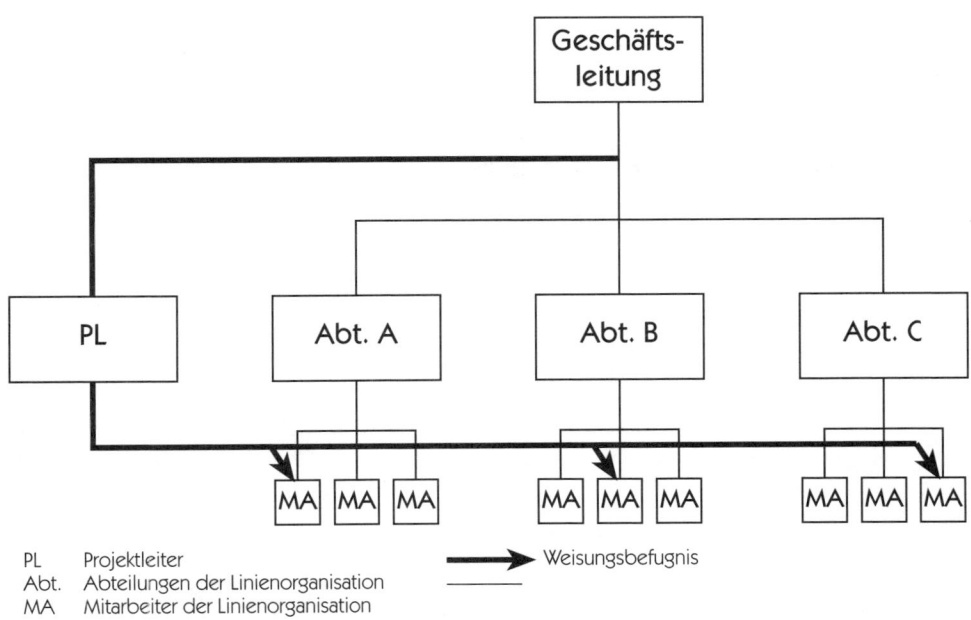

PL	Projektleiter
Abt.	Abteilungen der Linienorganisation
MA	Mitarbeiter der Linienorganisation

→ Weisungsbefugnis

wird verhindert. Innovative Arbeitstechniken sind problemlos zu transferieren. Die Reintegration von Projektmitarbeitern gelingt nach Ende des Vorhabens ohne Schwierigkeiten. Konfliktpotenzial entsteht dann, wenn einzelne Mitarbeiter als „Diener zweier Herren" überfordert sind.[3]

4. Die autonome Projektorganisation

Damit sind Projekte gemeint, die entstehen, wenn Menschen freiwillig für ein selbst gewähltes Ziel innerhalb einer Projektgruppe arbeiten, ohne mit größeren übergeordneten Organisa-

---

Notizblock

Wer organisiert wen?
Nachdem Sie sich das Organigramm Ihres Unternehmens besorgt haben, tragen Sie darin Typ 1, 2 oder 3 Ihrer Projektorganisation ein.
(Gehören Sie zu den Vertretern von Typ 4, brauchen Sie sich mit solchen Fragen nicht herumzuschlagen.)

Begründen Sie in drei Sätzen Ihre Entscheidung:

tionen verflochten zu sein. Über Ziele, Inhalte und Methoden entscheidet die Projektgruppe weitgehend autonom. Diese Freiheit hat ihren Preis: Die große Organisation im Hintergrund, die evtl. Risiken abdecken oder vorhandene Erfahrungen einbringen könnte, fehlt. Diese Organisationsform ist typisch für neu gegründete Vereine, Initiativgruppen oder Bürgerinitiativen.

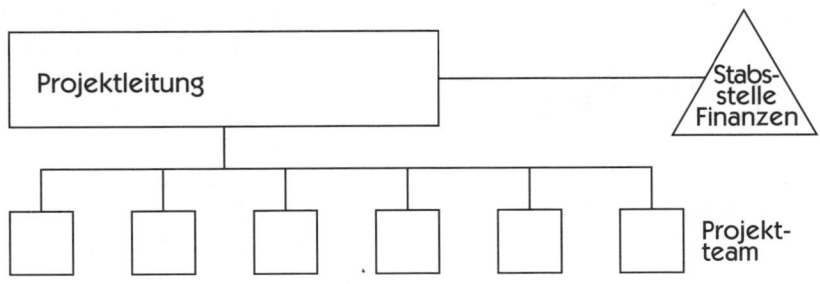

Sind folgende Fragen zweifelsfrei geklärt?

	festgelegt	unklar
Wer ist für das Projekt verantwortlich?	○	○
Wer entscheidet über Fortgang oder Abbruch des Projekts?	○	○
Wer ist der Projektleitung vorgesetzt?	○	○
Wer ist dem Projektteam vorgesetzt?	○	○
Mit wem muss bei gravierenden Projektabweichungen verhandelt werden?	○	○

Projekt-organisation und ihre Instanzen

Jedes Unternehmen besteht als Organisation aus verschiedenen „Instanzen" wie Vorstand, Geschäftsleitung, Abteilungsleitung. Ein Projekt hat naturgemäß andere Instanzen, die in ihrem Zusammenspiel für das Gelingen des Vorhabens notwendig sind. Ohne Anspruch auf Vollständigkeit haben sich folgende Einrichtungen als sinnvoll erwiesen: Jedes Projekt sollte über ein Entscheidungsgremium verfügen, das nicht Bestandteil der Projektorganisation sein sollte, sondern dieser übergeordnet ist. Das kann die Unternehmensleitung sein oder ein eigens dafür benannter Personenkreis, dem auch Mitglieder der Projektgruppen angehören. Diesem Gremium können verschiedene Aufgaben übertragen werden, wie die Schlichtung bei abteilungsübergreifenden Streitfällen, die Festlegung der Projektstrategie oder die Benennung des Projektleiters. Diesem Gremium sollte als Schlichtungsinstanz auch die letztendliche Entscheidung über Abbruch oder Fortgang des Projektes zukommen.

In manchen Fällen ist es sinnvoll ein Lenkungsteam einzurichten, das sich aus Projektmitarbeitern und nicht beteiligten Linienmitarbeitern zusammensetzt. Dadurch kann die innerbetriebliche Akzeptanz verbessert werden.

Wesentliche Bedeutung kommt natürlich der Projektleitung bzw. der Projektkoordination zu. Durch Kompetenz, Intuition und Erfahrung kann wesentlich das Gelingen des Vorhabens beeinflusst werden.

Praxis

Das Jugendwerk Bromberg beschließt für das kommende Jahr neben den bestehenden Aktivitäten drei Projekte durchzuführen. Es soll ein ehrenamtlich geleiteter Jugendtreff in einer Teilgemeinde eingerichtet werden, im Sommer ist erstmals ein Open-Air-Kino u.a. als PR-Aktion geplant. Zusätzlich soll viermal im Jahr eine Beilage für die regionale Kreiszeitung produziert werden.
Aufgrund zu optimistischer Kostenschätzungen entsteht bei Projekt A (Jugendtreff) ein Defizit bei den vorbereitenden Bauarbeiten von 9.000,– Euro. Worauf Projekt B (Open-Air-Kino) in Gefahr gerät, da hier aufgrund starker Wetterabhängigkeit ein erhebliches Kostenrisiko besteht. Projekt C (Kooperation Kreiszeitung) gerät unter Druck, da die zweite Beilage als Sommerfilmseite konzipiert war. Wer entscheidet wie?

Die gleiche Aussage gilt für das Projektteam. Hier arbeiten Mitarbeiterinnen und Mitarbeiter, die im hohen Maße in der Lage sind, sich selbst zu motivieren, gleichgestellt an einer Aufgabe.

Besteht die Möglichkeit, ein Projektbüro einzurichten – bei mehreren parallel laufenden Projekten unverzichtbar –, sollte dies unbedingt geschehen. Hier werden Planungsunterlagen erfasst, Projektinformationen verdichtet und aufbereitet, Besprechungen vorbereitet und Dokumentationen erstellt.

Vor Projektbeginn ist schriftlich festzulegen, welche Aufgaben die jeweiligen Projektinstanzen zu erfüllen haben. Das schafft Sicherheit im sonst gelegentlich turbulenten Projektalltag.

Notizblock

Bis zur letzten Instanz – Merkmale der Projektorganisation
In einer Projektorganisation gibt es verschiedene Instanzen wie das Entscheidungsgremium, das Lenkungsteam, die Projektleitung, das Projektteam oder das Projektbüro.
Überlegen Sie, welche Instanzen für Ihre Projektorganisation notwendig sind. Beschreiben Sie kurz deren Aufgabenstellung.

Ergänzen und verändern Sie das nebenstehende Organigramm.

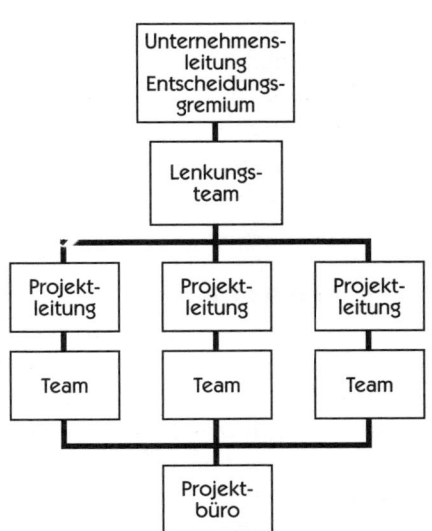

Projektorganisation

Einige Tipps zur Projektorganisation

Der Projektservice

Wer sich in der Projektarbeit Gutes tun will, sollte einen Projekt-Service (P.S.) einrichten. Bei Großprojekten ist das nicht nur sinnvoll, sondern notwendig. Dieser P.S. versteht sich als Dienstleister für andere und arbeitet als Team, in dem, je nach Art des Projektes, verschiedene Fachbereiche zusammengefasst sind. Das kann jeweils ein Mitarbeiter der Geschäftsleitung, der Personalabteilung oder der EDV-Abteilung sein. Natürlich sind bei Bedarf auch externe Berater in den P.S. einzubeziehen: Juristen, Marketingfachleute, Steuerberater usw. Die Aufgaben des P.S. umfassen im Einzelnen:

- fachspezifische Informationen werden recherchiert und bereitgestellt
- Projektleitung und Teammitarbeiter werden bei Planungsaufgaben unterstützt
- Aufbau und Pflege einer Projektdatenbank
- Entwicklung geeigneter EDV-Instrumente
- Entwicklung einer projektinternen Schulung

Arbeitsgruppen

Es sind alle Arbeitspakete genau definiert, der Ablaufplan steht, die Finanzierung ist gesichert. Dennoch tauchen plötzlich unvorhergesehene Schwierigkeiten auf, die rasch behoben werden müssen. Setzen Sie hierfür kurzfristig eine Arbeitsgruppe ein, die der Projektleitung direkt verantwortlich ist.

Klug ist es, drei Kolleginnen und Kollegen bereits im Vorfeld für diese Option vorzusehen. Notfalls müssen externe Berater hinzugezogen werden.

Aber auch während des vorgesehenen Projektablaufs ist es sinnvoll, Kolleginnen und Kollegen als Arbeitsgruppe zusammenzufassen, wenn diese an ein und derselben Teilaufgabe arbeiten. Es ist klar, dass die Zusammensetzung dieser Arbeitsgruppen häufig wechseln wird. Das setzt flexibles und einfühlsames Handeln bei allen Beteiligten voraus.

Teamarbeit

Ausführliches wird hierzu im letzten Kapitel dieses Buches gesagt. Vorab zunächst dies: Ein Team ist dadurch bestimmt, dass hierarchisch gleichgestellte Personen an einer gemeinsamen Aufgabe arbeiten. Teamarbeit setzt zunächst ein hohes Maß an kooperativen Fähigkeiten voraus, aber auch ein ebenso hohes Maß an selbständiger Handlungskompetenz. Die einzelnen Teilaufgaben im Projekt müssen selbständig *und* kooperativ bewältigt werden. Misserfolge können nicht wie in der typischen Linienorganisation zu „denen da oben" delegiert werden. Ziel von Teamarbeit ist es, die Leistungspotenziale jedes Teammitglieds durch diese Arbeitsform optimal zu entfalten. Neben diesen angestrebten Vorteilen, wird häufig übersehen, dass durch die Arbeit im Team zusätzliches Konfliktpotenzial entsteht, da Teamarbeit kooperativ stattfindet. Die Arbeit im Team will deshalb geübt und die Bewältigung von Konflikten gelernt sein. Erweist sich zum Beispiel ein hochqualifizierter Experte als nicht teamfähig, sollte ihm eine Beraterfunktion übertragen werden.

Besprechungen

Teamarbeit bedeutet auch, über Hintergründe und Zielsetzungen des Projektes genau Bescheid zu wissen. Das heißt aber *nicht*, dass alle Teammitglieder sich über alle interessanten Details ihrer Teilaufgaben informieren. Deshalb versteht es sich von selbst, dass für jede Besprechung eine Tagesordnung, ein Zeitrahmen und die Gesprächsleitung festgelegt werden. Besprechungen können folgende drei Funktionen erfüllen:

– allgemeiner Erfahrungs- und Informationsaustausch
– die Festlegung von Zielen
– das Führen informeller Gespräche.

Grundsätzlich sollte Klarheit bestehen, welche dieser Funktion eine Besprechung abdeckt und inwieweit das sinnvoll ist. Projektzeit ist eine knappe Ressource, deshalb sollte die für Besprechungen verwendete Zeit in einer günstigen Relation zur gesamten Projektarbeitszeit stehen. Hier gibt es keinen Richtwert. Anzustreben ist auf jeden Fall eine Marke unter 10% Besprechungszeit bezogen auf die Projektarbeitszeit.[4]

Die Präsentation

Wer vermittelt uns?

Es versteht sich von selbst, dass die gelungene Darstellung eines Projektes eine überzeugende Außenwirkung und eine motivierende Innenwirkung erzielt. Präsentationen sind notwendig zu Beginn eines Vorhabens, um Entscheidungsgremien oder eine betroffene Öffentlichkeit zu überzeugen, können während eines Projektablaufs angebracht sein, um über den Stand der Dinge zu informieren und stehen natürlich am Ende eines jeden Vorhabens als Darstellung der erbrachten Leistung.

Die Crux dabei ist, dass die Qualität der Präsentation mit der Qualität der Projektarbeit gleichgesetzt wird. Die beste Arbeit nützt nichts, wenn sie nicht bestens vermittelt wird. Deshalb kommt denjenigen, die die Aufgabe der Projektpräsentation übernehmen, eine besondere Verantwortung zu, da sie das Arbeitsergebnis des gesamten Teams darstellen. Um dieser Verantwortung gerecht zu werden, bedarf es

einer besonderen Vorbereitung. Grundsätzlich gilt, dass der dafür benötigte Zeitaufwand unterschätzt wird. Rechtzeitig beginnen – trotz Termindruck während der Projektarbeit –, schont die Nerven aller Beteiligten. Im Vorfeld sollten einige psychologische und mentale Bedingungen bedacht werden. Dabei stellt sich die Frage: Wer eignet sich für eine Projektpräsentation? Es muss jemand sein, dem die Thematik des Projektes umfassend bekannt ist, der von der Sache überzeugt ist und der in der Lage ist, bei Zuhörern Sympathie zu schaffen.

Damit Letzteres gelingt, hat sich die Überprüfung folgender Voraussetzungen als sinnvoll erwiesen:

- Wer professionell überzeugen möchte, wird sich gut über seine **Zuhörer** informieren, um sich in die Interessen und evtl. Konflikte seines Publikums hineindenken zu können.
- Daraus ergibt sich die Wahl der richtigen **Sprache:** Vermitteln Fachausdrücke Kompetenz oder erzeugen sie Unverständnis? Welche Beispiele sind angebracht, welche stiften Verwirrung? Erweckt ein Business-Outfit Seriosität oder schafft es ungewollte Distanz?
- Die „richtige Sprache" besteht hierbei nicht nur aus verbaler Kommunikation und visuellen Darstellungen, sondern natürlich auch aus der **Körpersprache** der vortragenden Person. Es gibt dabei einige Grundregeln zu beachten.
- Zum Publikum muss immer wieder der **Blickkontakt** gesucht werden. Das schafft Vertrauen und gibt allen Beteiligten Sicherheit.

Durch regelmäßigen Blickkontakt überzeugt sich der Vortragende davon, wie weit das Dargestellte „ankommt", ob es zu fesseln vermag, auf Unverständnis stößt oder sich Fakten zu rasch aneinanderreihen.

- Der **Körperhaltung** kommt hier wesentliche Bedeutung zu. Der Oberkörper muss den Zuhörern zugewandt sein, die Haltung locker und entspannt (keine hochgezogenen Schultern und verschränkten Arme!). Wer stehend vorträgt, steht mit beiden Beinen auf dem Boden, das vermittelt Ruhe und Standfestigkeit.
- Die **Gestik** unterstreicht das Gesagte und hängt wesentlich vom Temperament des Vortragenden ab. Sie sollte keineswegs eingeübt werden, das wirkt gekünstelt. Je mehr sich der Betreffende mit dem Thema identifiziert, desto engagierter wird seine Gestik wirken. Manche Politiker sind hier schon schlecht beraten worden. Was man allerdings durch Übung erreichen kann ist, sich einige Unsitten, geboren aus Nervosität, abzugewöhnen. Dazu gehört das endlose Spiel mit dem Kugelschreiber, das Zurechtrücken der Krawatte, falls vorhanden, oder wiederholtes Räuspern.
- Zur richtigen Sprache gehört auch, dass der Vortragende, wenn irgend möglich, frei sprechen sollte. Zur Sicherheit sollte natürlich ein **Skript** bereitliegen. Wird davon überwiegend abgelesen, muss der Redner den Stoff so gut beherrschen, dass der Blickkontakt nicht verloren geht. Der Text wird dabei in Gesprächsform verfasst, der das

Publikum direkt anspricht: „Sicher stellt sich Ihnen jetzt die Frage …" ist besser als „folgendes Problem entsteht hierdurch …". Lernen Sie die ersten beiden Sätze grundsätzlich auswendig und sprechen Sie diese frei.

- Für die **Gesprächsform** gilt, dass Schachtelsätze zu vermeiden sind. Stellen Sie sich immer vor, Sie würden gerade einer guten Freundin oder einem guten Freund von Ihrem Vorhaben erzählen. Auf diese Weise finden Sie gute, knappe, bildhafte Formulierungen. Klare Aussagen, erläutert durch einen Nebensatz, machen es allen Beteiligten leicht, den Faden zu behalten. Entscheidende Kernpunkte sind grundsätzlich in anderen Worten oder durch eindrückliche Beispiele zu wiederholen. Wenn hier Missverständnisse entstehen, wird alles missverständlich. Sprechtempo und Lautstärke sollten sich immer abwechseln. Durchgängig gleiches Tempo wirkt monoton. Kernaussagen müssen langsam und prononciert gesprochen werden. Informationen, die als weitgehend bekannt vorausgesetzt werden, lassen sich schneller vortragen. Eine leiser werdende Stimme erweckt Neugierde. Lautstarke Sätze betonen das Engagement des Vortragenden.
- Wer zum ersten Mal vor einer größeren Menschenmenge spricht wird feststellen, dass es Schwierigkeiten bereitet, **Pausen** zu machen, im Redefluss innezuhalten, um dann mit neuem Verve, anzusetzen. Für Menschen mit schnellem Redefluss gilt, lieber eine Pause zu

viel als eine zu wenig. Bedenken Sie: Für Ihre Zuhörer ist alles, was Sie sagen, neu. Pausen setzen Akzente, die dann dem Vortragenden die Möglichkeit geben, die Wirkung seiner Worte im Publikum zu überprüfen. Der Zuhörer erhält durch kurze Pausen im Redefluss die Chance, das soeben Erfahrene besser zu verstehen, sich auf folgende Abschnitte innerlich vorzubereiten und intuitiv den Rhythmus des Vortrages zu erfassen. Sprechpausen vereinen Redner und Publikum. Markieren Sie Sprechpausen im Skript.

– Testen Sie das fertige Präsentationsskript gegenüber einem wohlwollend kritischen Mitmenschen, der, was die Thematik angeht, kein Insider ist. Seine Zwischenfragen oder sein Stirnrunzeln sind Gold wert.

Das Lampenfieber

Manchmal steigert sich die Nervosität vor einer Präsentation dermaßen, dass sich die Körperhaltung verkrampft, die Stimme gepresst klingt und sich jede Gelassenheit verflüchtigt. Vor dieser Anspannung, als Lampenfieber gut bekannt, ist niemand gefeit. Man kann lediglich lernen, dies zu mindern und einfach hinzunehmen. Grundsätzlich gilt, dass eine gewisse Nervosität zu Beginn eines Vortrages Ausdruck des eigenen Engagements ist und den Zuhörern Ihr Interesse vermittelt.[5] Das gehört dazu und ist völlig normal. Wer dieses gewisse Quantum an Anspannung nicht vermitteln kann, wirkt zu routiniert

und desinteressiert. Kritisch wird Lampenfieber dann, wenn es zu „Blackouts" führt und das Denken blockiert. Hier kann auf verschiedene Weise Abhilfe geschaffen werden: Durch mentales Training nehmen Sie die Situation der Präsentation in einer entspannten Stimmung innerlich immer wieder vorweg. Sie stellen sich vor, wie Sie die Anwesenden begrüßen, in das Projekt einführen, die Zwischenfragen beantworten usw. Durch dieses geistige Training stellen Sie sich intuitiv auf die künftige Situation ein, die dann bereits als nicht mehr völlig fremd erscheint.

Neben der mentalen Vorbereitung sollten Sie sich dadurch entlasten, indem Sie sich klar machen, dass Sie alles Wesentliche zum Gelingen der Präsentation vorbereitet haben. Damit ist das Ihnen Mögliche geleistet. Das befreit Sie von Selbstvorwürfen und unnötigen Schuldgefühlen. Hilfreich ist es wie gesagt, immer, die ersten Sätze der Einführung auswendig zu lernen und sich damit deutlich und ruhig an das Publikum zu wenden. Wenn irgend möglich, schauen Sie sich vorher den Ort des Geschehens an, machen Sie sich mit den technischen Geräten vertraut und überprüfen Sie diese selbst.

Wie eine spannende Geschichte: Die Dramaturgie der Projektpräsentation

Vor einer Präsentation muss klar sein, welche Ziele damit verfolgt werden. Geht es darum:

– Entscheidungsträger für das Projekt zu gewinnen,

Auf dem Präsentierteller

Die Frage, „Wer präsentiert das Projekt?", ist von herausragender Bedeutung. Von einer gelungenen Darstellung hängt die Bewertung der gesamten Teamarbeit ab. Deshalb sollte die Darstellung eine Person übernehmen,

	trifft zu	eher fraglich
der die Thematik des Projektes umfassend bekannt ist,	○	○
die von der Sache überzeugt ist,	○	○
die bei Zuhörern Sympathie und Vertrauen schafft,	○	○
die, wenn möglich, Erfahrung in der freien Rede vor größeren Gruppen mitbringt,	○	○
die vor einer öffentlichen Auseinandersetzung nicht zurückschreckt.	○	○

– in einer kritischen Phase des Projektes den Fortgang zu sichern
– oder über den Projektstand und dessen Ergebnisse zu berichten?

Ist diese Frage beantwortet, kann mit der weiteren Vorbereitung begonnen werden. Jede Präsentation folgt einer Dramaturgie. Deshalb ist der Beginn besonders wichtig: Die Aufmerksamkeit der Zuhörer muss geweckt, das Thema kurz umrissen und die Absicht der Präsentation genau genannt werden.

Im Hauptteil sind die wichtigsten Projektdaten darzustellen, Ergebnisse zu präsentieren und deren Vorteile gegenüber möglichen Alternativen hervorzuheben.

Am Ende der Präsentation muss in wenigen Sätzen das bisher Dargestellte auf den Punkt gebracht werden, verbunden mit einer klar formulierten Perspektive oder – bei Bedarf – mit einer eindeutigen Handlungsaufforderung.

Lernpsychologisch ist es eine altbekannte Tatsache, dass Informationen umso besser aufgenommen werden und im Gedächtnis haften bleiben, wenn die gleiche Information auf verschiedene Weise mitgeteilt wird. Überlegen Sie deshalb, welche Aussagen der Präsentation wirkungsvoll visualisiert werden können. Dazu eignen sich Fotos evtl. mit O-Ton hinterlegt, kurze Videoclips, Overhead-Folien oder präparierte Flipcharts.

Denken Sie jedoch daran, dass diese Visualisierungen den Vortrag ergänzen und nicht ersetzen. Der Kontakt zum Publikum, der Funke der überspringt, entsteht durch den Vortragenden. Der Einsatz verschiedener Visualisierungstechniken bietet allerdings eine gute Möglichkeit, Mitglieder des Teams Teile der Präsentation selbst darstellen zu lassen. Dadurch wird auch durch die Form der Präsentation verdeutlicht, dass das Projektergebnis durch das gesamte Projektteam erzielt wurde.

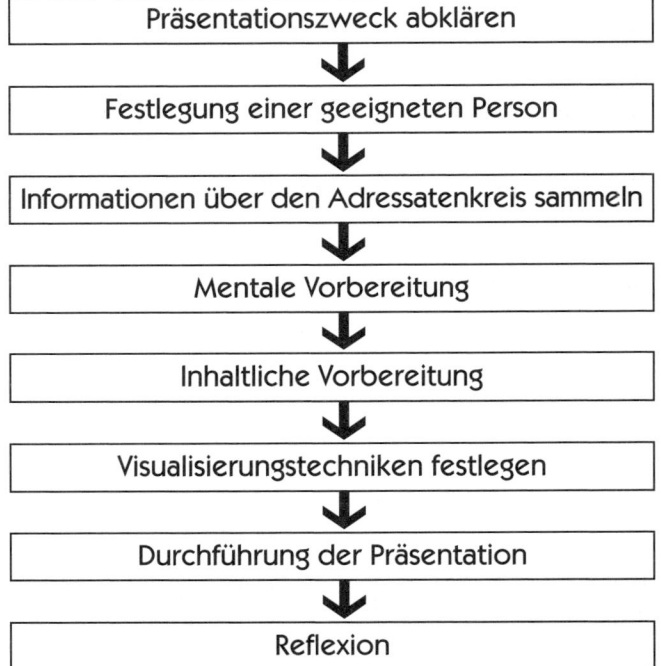

Präsentationszweck abklären

↓

Festlegung einer geeigneten Person

↓

Informationen über den Adressatenkreis sammeln

↓

Mentale Vorbereitung

↓

Inhaltliche Vorbereitung

↓

Visualisierungstechniken festlegen

↓

Durchführung der Präsentation

↓

Reflexion

Wir alle gemeinsam

Bisher haben wir der Einfachheit halber von einer Einzelperson gesprochen, die präsentiert. Die bisherigen Aussagen gelten grundsätzlich auch für Präsentationen, die von zwei oder drei Personen oder von der gesamten Projektgruppe durchgeführt werden.

Je mehr Personen beteiligt sind, desto präziser und aufwändiger ist die Vorbereitung der Präsentation. Es muss wie in einem Drehbuch festgelegt werden, wer was wie in Szene setzt, damit die gesamte Vorstellung gelingt. Und wie bei jeder Aufführung muss vorab eine Probe stattfinden, in der unter möglichst echten Bedingungen alle geplanten Instrumente der Visualisierung und Kommunikation eingesetzt werden.

Drehbuch Präsentation

Name:

Inhalt:

Zeitdauer in Minuten:

gesamt:

eingesetzte Materialien:

Eine Frage der Technik

Jede Akteurin und jeder Akteur sollten bei der Präsentation einen klar umrissenen Bereich darstellen, der gegebenenfalls mit Hilfe unterschiedlicher Techniken illustriert wird. Hier eine Aufzählung der klassischen Instrumente.[6]

– Mit dem **Flip-Chart** steht ein einfaches, preiswertes Instrument zur Verfügung, das jede Präsentation aufzulockern vermag. Die Charts stehen natürlich vorbereitet zur

Verfügung und erhalten durch prägnante Kernaussagen oder einfache graphische Visualisierungen die Funktion eines Dialogleitfadens. Handschriftlich gefertigte Charts wirken lebendig, ermöglichen problemlos das Vor- und Zurückblättern und haben nichts von der Sterilität mancher Powerpoint-Präsentation. Es versteht sich von selbst, dass die Schrift klar und deutlich auch aus der letzten Reihe des Auditoriums zu erkennen sein muss. Mit Charts lassen sich übrigens die im Folgenden genannten Techniken auflockern. Nutzen Sie handschriftliche Charts für lebendige Effekte.

– Die **Powerpoint-Präsentation** ist inzwischen ein Klassiker. Sie erzwingt allerdings einen stringenten Ablauf. Die Improvisation wird schwierig, da das überspringen oder hin- und herklicken verschiedener Bildschirme Routine verlangt. Hier gilt: Vermeiden Sie technische Spielereien. Das lenkt vom Inhalt ab. Wie bei jeder Folienpräsentation auch erscheinen auf jedem Bildschirm nur einzelne Kernaussagen oder eine einfache Graphik, die in Sekundenschnelle erfasst wird. Damit gewinnt auch eine gute Powerpoint-Präsentation die Funktion eines Dialogleitfadens, der gleichsam den Vortragenden und das Publikum durch den Beitrag führt. Verwechseln Sie niemals eine Powerpoint-Präsentation mit der graphischen Darstellung ihres Redemanuskriptes. Lesen Sie niemals das ab, was auf

dem Bildschirm steht. Sie langweilen damit Ihr Publikum. Erläutern, illustrieren und ergänzen Sie die jeweiligen Botschaften des eingeblendeten Textes.

– Der gute alte **Overhead-Projektor** hat keineswegs ausgedient. Der Vortrag mit Folien kann Vorteile haben, da er mehr Gestaltungsmöglichkeiten bietet und dem Vortragenden Spontaneität ermöglicht. Auch hier gilt das oben Gesagte.

– Natürlich sind **Videos** und **digitale Fotos** eine feine Sache, um Vorort-Bilder zu präsentieren, Entwicklungen aufzuzeigen und um Stimmungen und Gefühle zu vermitteln. Hier lassen sich kurze Stellungnahmen als O-Töne von Beteiligten und Betroffenen einspielen, die die wesentlichen Inhalte der Präsentation akzentuieren.

Bei jedem **Technikeinsatz** gilt: Sie brauchen einen Plan B, wenn die Technik versagt. Verlassen Sie sich beispielsweise niemals auf Ihren Laptop. Nehmen Sie, wenn möglich, ein zweites Gerät mit oder entsprechende Folien für den Overhead-Projektor.

Sehr bewährt hat sich bei Präsentationen, die das Team gemeinsam durchführt, einen Moderator zu bestimmen, der eine kurze Einführung darüber gibt, was die nächsten 15 Minuten passiert, die einzelnen Akteure ankündigt und das Ergebnis nochmals zusammenfasst. Das Publikum erfasst so intuitiv den kohärenten Zusammenhang der Präsentation und die einzelnen Akteure gewinnen Sicherheit. Ein bisschen Show muss sein!

3   Projektmarketing

Die Suche nach dem Kunden

Nachfrage, Angebot, Produzenten und Kunden: Den sozialen Sektor einmal anders zu sehen als gewohnt, das ist die unverhüllte Absicht des Sozialmarketing.[1] Was ist damit gemeint? Folgt man dem „Institute of Marketing" so ist Marketing „der Managementprozess, bei dem es darum geht, die Wünsche der Kunden zu erkennen, vorauszusehen und gewinnbringend zu befriedigen".[2] Da sich auch Nonprofit-Organisationen des Marketing bedienen, muss die Definition erweitert werden: „Alle von Personen oder Organisationen durchgeführten Aktivitäten, ob profitorientiert oder nicht, die einen Tausch ermöglichen, der zur Zufriedenheit beider beteiligten Parteien erfolgt".[3]

Das klingt trocken, trifft aber den Kern: Markt, Nachfrage, Angebot, Produzenten und Kunden werden in eine Absatzstrategie eingebunden; eingedeutscht heißt das seit einigen Jahrzehnten Marketing. In der freien Wirtschaft steht dabei die Gewinnmaximierung im Vordergrund, im Bereich der Sozialwirtschaft – so die Theorie – die optimale Befriedigung jeweiliger Nutzer, Klienten und Kunden.

Dieser Unterschied ist wichtig. Gemeinnützige Unternehmungen haben per definitionem ideelle Zielsetzungen (vgl. Vereinsrecht!), durch die die Organisation ihr Handeln legitimiert. Natürlich darf hier auch Geld verdient werden und es werden ja beträchtliche Umsätze, z.B. in Zweckbetrieben oder durch wirtschaftliche Tätigkeit, erzielt (Vereinsgaststätte). Diese Einnahmen sind aber nicht Zweck an sich, sondern dienen als Mittel zur Unterstützung der ideellen Absicht (z.B. der Betrieb eines Ausbildungshotels für arbeitslose Jugendliche). Aufgrund dieses qualitativen Unterschiedes zu Unternehmen der freien Wirtschaft können hier angewandte Marketingstrategien nicht im Verhältnis 1:1 auf soziale Projektarbeit übertragen werden. Denn: Nonprofit-Organisationen können zweifach versagen – ideell und materiell. Wirtschaftsunternehmen sind rentabel oder eben nicht. Was dieser Unterschied für das Sozial-Marketing bedeutet werden wir im Folgenden sehen.

Markt mit Chancen

Bevor jedoch eine Marketingstrategie entwickelt wird, sind einige Dinge abzuklären. Zunächst: Was ist mit „Markt" gemeint?

Ein Markt besteht aus einer Anzahl von Personen oder Organisationen, die ein bestimmtes Produkt oder eine Dienstleistung mit einer anderen Gruppe von Personen oder Organisationen austauschen.

Es gibt eine ungeheure Zahl verschiedener Märkte. Auch Einrichtungen der Sozialwirtschaft bewegen sich in Märkten, drei davon seien beispielhaft genannt: Der Markt sozialer

Dienstleistungen, auf dem die Organisation ihre Leistung „absetzt" oder „erbringt", der Absatzmarkt; der Finanz- und Ressourcenmarkt, auf dem die notwendigen Mittel beschafft werden, um die vereinbarte Leistung zu erbringen, und natürlich der Personalmarkt auf dem Mitarbeiterinnen und Mitarbeiter geworben werden, die die Leistungen der Organisation ermöglichen.[4]

Soziale Arbeit aus der Marktperspektive und damit unter Marketinggesichtspunkten zu betrachten, ist nicht selbstverständlich. Hätte etwa zu Anfang der achtziger Jahre ein Projekt der Jugendfreizeitarbeit verwirklicht werden sollen, wäre höchstwahrscheinlich ausschließlich mit bestimmten Defiziten der Zielgruppen argumentiert worden, die durch entsprechende Aktionen zu beheben seien. Diese Argumentationslinie kann durch das Instrument der Marktanalyse eine wesentliche Veränderung erfahren. Bei der Marktanalyse wird das Potenzial der relevanten Märkte bewertet: Die Frage nach dem Marktpotenzial bezeichnet die größtmögliche Anzahl von Personen, die Nutzer eines Projektes, einer Dienstleistung oder eines Angebotes werden könnten. Das vollständige Marktpotenzial wird jedoch selten ausgeschöpft. Deshalb stellt sich die Frage nach dem tatsächlichen gegenwärtigen Marktvolumen. Darunter versteht man die Summe aller erbrachten Leistungen sämtlicher Mitkonkurrenten oder Mitanbieter. Das wären z.B. die Nutzer aller Jugendfreizeiteinrichtungen im Raum Frankfurt. Das Marktpotenzial liegt also höher, wird aber selten erreicht. Marktvolumen können natürlich auch schrumpfen. Bestes Beispiel

sind hier die Kirchenaustritte der letzten Jahre. Zu guter Letzt wird der eigene Marktanteil – falls vorhanden – benannt.

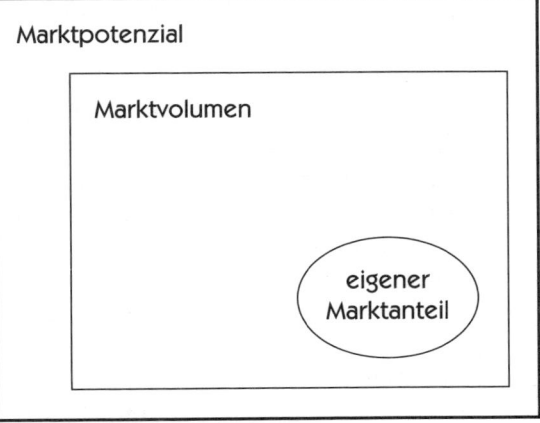

Weitere Fragen zur Marktanalyse sind: Wohin entwickelt sich der Markt? Welche technischen, sozialen, politischen Entwicklungen wirken auf diesen Markt ein? Wie ist unsere aktuelle Marktstellung, welche Wettbewerber gibt es, wie ist unser Image im jeweiligen Markt? Wie ist das Verhältnis zu „Markt-Vermittlern" (Beispiel Medien)? Erwarten die Kunden unser Angebot, wenn ja, in welcher Form? Wie kann der Preis bestimmt werden?

Das „Klima", in dem ein neuartiges Projekt eingeführt wird, hängt wesentlich davon ab, ob eine *Marktentwicklungsstrategie* verfolgt werden kann oder ob eine *Konkurrenzstrategie* unausweichlich ist. Bei einer Marktentwicklungsstrategie wird das Marktpotenzial erhöht. Bei der Neueinführung z.B. einer Tageszeitung werden Zeitungsabonnenten gewonnen, die bisher keine Tageszeitung gelesen haben. Oder Jugendliche besuchen eine neue Freizeiteinrichtung ohne bestehende

Vereinsbindungen zu beenden. Bei einer Konkurrenzstrategie hingegen werden Kunden abgeworben, das Marktvolumen bleibt insgesamt gleich, das Klima wird rauer.

Was folgt ist der typische Verdrängungswettbewerb um knapper werdende Ressourcen. Jedes Projektteam, welches ein neues Projektvorhaben „am Markt" positioniert, wird es mit dieser Frage zu tun bekommen. Und das ist eine heikle Frage, da sie doch das Selbstverständnis vieler sozial Engagierter eng berührt. Es gibt darauf zunächst drei mögliche Antworten. Die erste wurde bereits besprochen und dient der Klärung. Durch das Instrument der Marktanalyse wird Klarheit darüber geschaffen, wie groß das Marktvolumen überhaupt ist und welche Mitbewerber sich auf diesem Markt tummeln.

Als Zweites muss untersucht werden, wie eine Markterweiterung gelingen könnte und wie als Drittes mit den bisherigen Anbietern zu kooperieren wäre. Lassen sich Ressourcen gemeinsam nutzen? Wo sind Interessen ähnlich gelagert? Lassen sich beide Anliegen unter einen Hut bringen? Diese Fragen und sicher noch einige weitere Gedanken könnten das, was oftmals leichthin mit Kooperation bezeichnet wird, mit lebendiger Praxis erfüllen.

Ein weiterer wesentlicher Unterschied zwischen Wirtschaftsmarketing und Sozialmarketing liegt in der Person und Funktion des „Kunden".

In der freien Wirtschaft ist derjenige, der etwas bezahlt auch derjenige, der das Bezahlte benutzt, ein Kunde eben. In der Sozialwirtschaft ist das oft anders. Das Jugendhaus bezahlt die Stadt. Der Jugendliche benutzt es umsonst, und der Gemeinderat, der den Etat des Jugendhauses genehmigt, verbringt seine Nachmittage meist woanders. Der Jugendliche ist Nutzer, der nichts bezahlt. Aber immerhin bleibt ihm eine wesentliche Kundeneigenschaft: Er kann wählen und nachmittags auch woanders hingehen. Oftmals gilt das nicht. Niemand kann sich sein Arbeitsamt – respektive „Jobcenter" – heraussuchen. Wo bleibt also der Kunde? Man spricht hier von einer „nicht kongruenten Marktbeziehung" und meint damit die Aufteilung der Kundenfunktion: Für Nonprofiteinrichtungen sind deshalb öffentliche Geldgeber der entscheidende Kundenkreis für den Leistungen organisiert werden, mit denen bestimmte Erwartungen verbunden sind, die in der Regel die Nutzer erfüllen müssen. Das bedeutet, dass der bezahlte Preis im Gegensatz zur freien Wirtschaft *als alleiniges Erfolgskriterium* ausscheidet. Deshalb werden hier andere zusätzliche Erfolgskriterien notwendig wie Gesel-

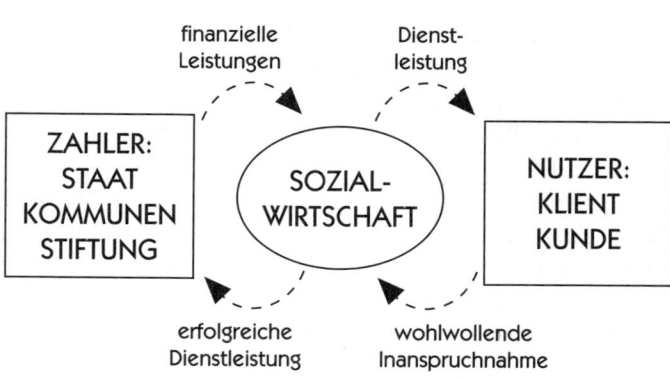

ligkeit, Wohlbefinden, sozialer Frieden, persönliche Befähigung usw. In einer Vielzahl von Projekten wird jedoch durch eine Kostenbeteiligung der Nutzer und damit der Preis als Richtindex teilweise wieder eingeführt. Hier kann es sinvoll sein, den Begriff „Kunde" zu gebrauchen.[5]

Die Thematik zeigt: Jede Initiativgruppe, jedes Projekt, jedes Unternehmen der Sozialwirtschaft muss sich genau überlegen: Wer und wo sind die jeweiligen Kunden, Nutzer oder Dienstleistungsempfänger? Die Erwartungen sind unterschiedlich,

manchmal widersprüchlich. Marketing ist ein Instrument, diese Unterschiede und Widersprüche unverhüllt ans Tageslicht treten zu lassen. Auf den nächsten Seiten wird der abstrakte Jargon des Marketings auf seine praktische Relevanz für soziale Projektarbeit überprüft und mit anschaulichen Beispielen griffig gemacht.

Komplexe Verhältnisse

Marketing ist ein Prozess. Die unten stehende Graphik veranschaulicht

Marketing als Strategie

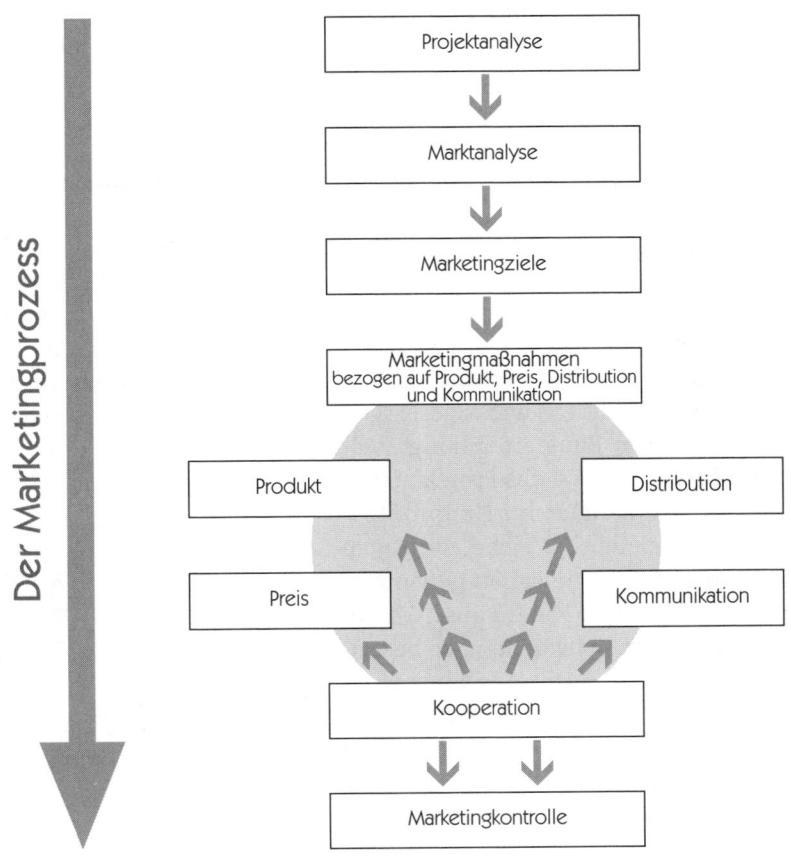

die Bestandteile dieses Marketing-Prozesses. Jedes einzelne Segment ist von zentraler Bedeutung. Das Zusammenspiel der jeweiligen Segmente ergibt das, was allgemein mit dem Kunstwort „Marketing" bezeichnet wird: Die Abfolge von Projektanalyse als Grundlage der Marktanalyse, aus der sich die Marketingziele ergeben mit den jeweiligen Maßnahmen, bezogen auf Produkt, Preis, Distribution und Kommunikation. Bei der Festlegung der Marketingziele und Maßnahmen sollte eine möglichst effektive Kooperation mit anderen Sozialunternehmen angestrebt werden. Diese angestrebten Ziele des Marketingprozesses werden ständig auf ihre Wirksamkeit hin überprüft und kontrolliert.[6] Mit anderen Worten: Marketing ist eine komplexe Methode mit dem Ziel, ein Produkt oder eine Dienstleistung zu „vermarkten".

Selbsterkenntnis

Beginnen wir mit der Projektanalyse. Wer Marktanalyse betreibt, muss zuvor sein eigenes Unternehmen analysiert haben. Wer sich selbst gut kennt, kann anderen vermitteln, was er selbst will. Einige wichtige Fragen sind in diesem Zusammenhang: Welchen Zweck verfolgt das Projekt, ist es eher im Profit- oder im Nonprofitbereich angesiedelt? Welche wichtigen Märkte gibt es? Wie sehen gegenwärtige oder künftige Nutzer aus? Wo liegen besondere Schwächen, wo besondere Stärken des Unternehmens? Ist es in irgendeiner Weise einzigartig für Nutznießer oder Kunden? Welche Ziele werden in den nächsten zwei, drei oder fünf Jahren angestrebt?

Von besonderer Bedeutung ist in diesem Zusammenhang die offene und ehrliche Analyse der Schwächen und Stärken Ihres Projektes. Überprüfen Sie, ob die festgestellten Stärken mit der eigentlichen Kernaufgabe des Projektes identisch sind. Ist das nicht der Fall, hat Ihr Projekt zumindest ein Identitätsproblem und zudem wahrscheinlich ein Negativimage in der Öffentlichkeit. Eine konzeptionelle Weiterentwicklung tut Not. Stimmen Kernaufgaben und die Stärken des Projektes überein, haben Sie gute Voraussetzungen, das was Ihre Unternehmung ausmacht, den spezifischen Charakter (Corporate Identity), profiliert zu kommunizieren. Wer seine Stärken und Schwächen nicht kennt, bleibt in der Öffentlichkeit ein profilloses Neutrum mit demotivierender Innenwirkung auf alle Beteiligten.

Der Marktplatz

Nachdem sich das Projektteam über das Profil der eigenen Aufgabenstellung klar geworden ist, geht es darum, wichtige Märkte zu analysieren. Drei dieser Märkte sind für jedes Projekt immer von grundlegender Bedeutung.

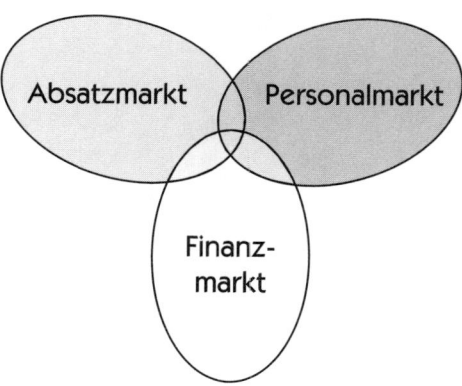

1. Der Personalmarkt: Wie bekommen wir ehrenamtliche oder hauptamtliche Mitarbeiterinnen und Mitarbeiter mit der für das Projektvorhaben notwendigen Qualifikation?

2. Der Finanzmarkt: Wie könnte es gelingen, die für das Projekt notwendigen Mittel, entweder als Sachleistung oder als Finanzierungsbeitrag zu akquirieren?

3. Der Absatzmarkt: Wer ist unsere Zielgruppe unter besonderer Berücksichtigung der Kunden/Nutzer-Thematik?

Die analytische Trennung in diese drei Marktkategorien erhellt zunächst die Rahmenbedingungen eines Projektes. In der Praxis sind diese drei Märkte natürlich auf vielfältigste Weise miteinander verwoben. Gelingt es auf dem Personalmarkt eine qualifizierte Architektin zur freiwilligen Mitarbeit an einem Bauvorhaben zu gewinnen, entspannt dies die Akquise

Notizblock

Projektanalyse

- Was ist unsere Aufgabe?
- Wer sind unsere Kunden?
- Wer sind unsere Nutzer?
- Welche für uns wichtigen Märkte gibt es?
- Wie könnten unsere künftigen Kunden bzw. Nutzer aussehen?
- Welche Produkte bzw. Dienstleistungen sind unsere besondere Stärke?
- Wo liegen, bezogen auf unsere Kunden bzw. Nutzer, unsere besonderen Schwächen?
- Bieten wir unseren Kunden bzw. Nutzern irgendein einzigartiges Angebot, das nur wir anbieten können?
- Wie stellen wir unseren Erfolg, bzw. die Zufriedenheit unserer Kunden und Nutzer fest?

Formulieren Sie weitere, für Sie wichtige Fragen!

auf dem Finanzmarkt. Ist die Finanzierung des Projektes gesichert, die eigentlichen Nutzer werden aber nur ungenügend erreicht, eine andere Zielgruppe aber verstärkt angesprochen, ist das Projekt zunächst finanziell nicht gefährdet. Das Projekt droht jedoch an seiner ideellen Zielsetzung, an seiner *Legitimation* zu scheitern. Marktmodelle erfassen diese inhaltlichen oder werteorientierten, ethischen Kategorien nicht. Sie müssen von außen durch das Projektteam oder den Auftraggeber als „Messlatte", zum Beispiel durch Qualitätsstandards, festgelegt werden. Wer dies tut, sollte sich natürlich darüber Klarheit verschaffen, von welcher Qualität die Mitbewerber eines Projektes, bezogen auf einen definierten Markt, sind.

In der Marketingsprache heißt das Konkurrenzbeobachtung, ein Wort, das sozial Engagierten nicht leicht über die Lippen geht. Illusionen sind hier allerdings fehl am Platze. Wer den gleichen Geldgeber „anzapft", ist Konkurrent. Das ist nicht unsittlich, sondern eher ist die leider oftmals übliche Verschleierung dieser Tatsache ein ethisches Problem. Vielleicht mag hier eine der Ursachen liegen, warum sozial Engagierte sich so schwer tun, über notwendige Gegensätze hinweg, gemeinsame Interessen zu formulieren und wirksam durchzusetzen.

Marketingmix

Nachdem das eigene Unternehmen und die dafür wichtigen Märkte einer Analyse unterzogen wurden, geht es darum, die Ziele einer Marketingstrategie festzulegen. Eine Jugendfreizeiteinrichtung strebt z. B. die Marktführung im Segment „Rockwerkstatt" an. Eine Musikschule möchte verstärkt Kurse für Musikbands anbieten und ihr Image verbessern. Eine Initiativgruppe beschließt, eine Dienstleistung für ältere allein stehende Menschen zu entwickeln. Die Liste ließe sich fortsetzen und wäre so vielfältig wie die Unternehmen und Projekte im Bereich der Sozialwirtschaft.

Wichtig ist, dass Sie die Ziele Ihrer Marketingstrategie klar benennen. Was also wollen Sie erreichen?

Sind die Marketingziele benannt, werden die Marketingmixmaßnahmen umgesetzt. Marketingmix ist ein weiterer Fachterminus, der sich eingebürgert hat und verschiedene Elemente des Marketingprozesses beschreibt, die koordiniert werden müssen. Es handelt sich dabei um das Produkt, den Preis, die Distribution, die Kommunikation und die Kooperation als Querschnittsaufgabe.

Das Produkt

Bei jeder Produktentwicklung besteht die Gefahr, dass am Markt vorbeiproduziert wird. Eine Möglichkeit dieses Risiko einzuschränken ist es, künftige Nutznießer oder Kunden bei der Entwicklung des Produktes einzubeziehen. Das klingt gut und ist leicht gesagt, wird aber schwierig bei völlig neuartigen Ideen, die erst dann griffig sind, wenn die Sache komplett fertig ist. So konnte der Erfinder von „post-it Haftetiketten", Art Frey, keinen Menschen innerhalb und außerhalb seines Konzerns von der Nützlichkeit dieser kleinen gelben Zettel überzeugen, bis

Der direkte Vergleich

Bei der Konkurrenzanalyse versuchen Sie ein möglichst genaues Profil Ihrer Mitbewerber zu entwerfen. Zweck hierbei ist nicht, Mitbewerber „auszustechen", sondern zu verhindern, dass blauäugig „am Markt vorbei" agiert wird. Beantworten Sie folgende Fragen!

1. Wer ist Ihr Mitbewerber?   Name _____

2. Wie bewerten Sie intuitiv die Marktposition Ihres Mitbewerbers?
   ◯ gut   ◯ befriedigend   ◯ schlecht

3. Wie beurteilen Sie die Chance, die eigene Dienstleistung in einer Art und Weise zu profilieren, dass sie klar unterscheidbar wird von bestehenden Angeboten. (Dies ist eine zentrale Frage für die Akquirierung von Fördergeldern, z.B. bei Stiftungen)
   ◯ gut   ◯ befriedigend   ◯ schlecht

4. Durch welche Fakten können Sie diese Einschätzung stützen?
   ◯ Infomaterial   ◯ Jahresberichte   ◯ Medien-Spiegel   ◯ Sonstiges

5. Wie schätzen Sie, wird sich die Anzahl der Mitbewerber in den nächsten zwei Jahren entwickeln?
   ◯ ständig steigend   ◯ im Stillstand   ◯ in Schrumpfung   ◯ Sonstiges

6. Wie schätzen Sie Ihre Marktposition gegenüber Ihrem stärksten Mitbewerber ein?
   ◯ als stark   ◯ mittelmäßig   ◯ als schwach

7. Wie belegen Sie diese Einschätzung?
   ◯ durch eingehende   ◯ Vergleich von   ◯ Vergleich des   ◯ Sonstiges
     Marktanalyse   Jahresberichten   Medienechos

8. Welche zusätzlichen Dienstleistungen bieten Sie im Gegensatz zu Ihrem Mitbewerber?

   _____

9. Wo liegt Ihrer Meinung nach die größte Schwäche in der Leistungspalette Ihres Mitbewerbers?

   _____

Gibt es für Ihr Marktsegment weitere wichtige Fragen, so ergänzen Sie diese. In der Regel haben Sie es mit mehreren Mitbewerbern zu tun. Untersuchen Sie diese alle nach dem gleichen Schema. Stellen Sie vorab fest, dass drei Konkurrenten wesentliche Marktsegmente abdecken, beschränken Sie sich auf diese Mitbewerber. Sollten Sie nach Abschluss der Konkurrenzanalyse feststellen, dass die wesentlichen Dienstleistungen Ihres Projektes bereits von anderen gut und profiliert verwirklicht werden, sollten Sie sich auf eine harte Legitimationsdebatte einstellen oder das Leistungsprofil Ihres Projektes überarbeiten und dabei die Erkenntnisse aus den obigen „Fragespielen" berücksichtigen.

er das Projekt nahezu im Alleingang gestartet hatte und seinem Konzern damit einen ungeheueren Markt eröffnete. Heute sind „post-it Hafteti-ketten" in jedem Büro Standard. Ähn-lich schwierig ist es mit der Kun-denbeteiligung bei pädagogisch moti-vierten Dienstleistungen. Hier wird eine Zielsetzung festgesetzt, von der der potenzielle Nutznießer im Laufe eines eventuell langwierigen Prozes-ses zu überzeugen ist. An dieser Stel-le ist neben Sachverstand, Intuition und langjährige Erfahrung gefragt. Als Resumée bleibt: Risiken lassen sich bei einer Produktentwicklung einschränken, aber nicht ausschal-ten. Grundsätzlich sollte das Produkt oder die Dienstleistung den Lösungs-bedarf, die Nutzererwartungen und die Kompetenz der Kunden berück-sichtigen. Schreiben Sie für einzelne Leistungen Ihres Projektes eine Pro-duktbeschreibung – oder beschreiben Sie Ihr Projekt insgesamt als Dienst-leistung.

Checkpoint

 Marketingziele

- Die Marktführung in einem bestimmten Marktsegment soll erreicht werden.
- Es wird angestrebt, Marktanteile hinzuzugewinnen.
- Neue Produkte oder Dienstleistungen erweitern das bisherige Angebot.
- Gesellschaftliche Veränderungen oder veränderte Nutzer-gewohnheiten sollen aufgegriffen und gestaltet werden.
- Es wird angestrebt, Sponsorenkapital zu gewinnen.
- Das Image des Projektes soll in der Öffentlichkeit nachhaltig positiv verankert werden.
- Die bestehenden Dienstleistungen sollen verbessert und optimiert werden.

Ergänzen oder variieren Sie die genannten Zielsetzungen bezogen auf Ihre spezifischen Projektinhalte! Beachten Sie dabei, ob es Merkmale gibt, die Sie in einem bestimmten Bereich zum „Marktführer" machen. In Baden-Württemberg war es zum Beispiel bis Mitte der neunziger Jahre unüblich in öffentlichen oder privaten Kindergärten gemischte Altersgruppen anzubieten. Einzelne Eltern-initiativen, die diese geschwisterähnlichen Gruppen als Erste anboten, um familienähnliches Lernen durch ältere Kinder zu ermöglichen, beschritten mutig Neuland. Diese Initiativgruppen waren, bezogen auf die Produktpalette Kinder-garten, profilierte Marktführer in ihrem Marktsegment. Inzwischen gibt es eine Vielzahl öffentlicher Kindergärten, die allmählich dieses Konzept übernehmen, um einen Ausgleich zur häufig anzutreffenden Ein-Kind-Familie zu schaffen. Eine echte Innovation, ausgelöst durch engagierte Projektgruppen.

Superknüller oder armer Hund? – Die Portfolioanalyse

In jedem Projektteam wird es immer wieder Meinungsverschiedenheiten darüber geben, ob die bestehende Produktpalette ausreicht, ob neue Dienstleistungen entwickelt werden sollten oder ob bestehende Angebote zu variieren sind.

Mit der Portfolioanalyse lässt sich denkbar einfach ein erster Überblick über die Qualität der bestehenden Produktpalette erzielen.[7]

Das geschieht in etwa so: Das Portfolio besteht aus vier Feldern. Oben links werden die Neuentwicklungen, die Nachwuchsprodukte eingetragen. Rechts daneben sind die Knüller, genannt „Stars" gemäß der amerikanischen Terminologie. Aus manchen „stars" werden „Milchkühe" oder „Lastesel". Das sind gute, ertragsstarke Produkte, die seit mehreren Jahren erfolg-reich am Markt abgesetzt werden. Aber aus dem besten Lastesel wird irgendwann ein armer Hund, ein „poor dog", der kaum noch Nachfrage, aber umso größere Kosten verursacht. Diese vier Felder zeichnen in klassischer Weise den so genannten Produktlebenszyklus nach: Aus manchen Neuentwicklungen werden Knüller, die sich vielleicht zu ergiebigen Einnahmequellen entwickeln, die aber irgendwann aufgrund veränderter Marktbedingungen in die roten Zahlen rutschen und nicht mehr laufen.

Jedes Projekt, das im oberen linken Viertel nichts zu bieten hat, wird mittelfristig Probleme bekommen, da keine Innovationskraft vorhanden ist. Nicht jede Innovation gelingt jedoch. Nicht jede Neuentwicklung bringt langfristige Erträge. Andererseits kann nicht jedes Problemprodukt einfach „vom Markt" genommen werden, wie es der betriebswirtschaftlichen Regel

Checkpoint

Produktbeschreibung

Zweck einer Produktbeschreibung ist es, den Auftraggeber und den Nutzer in einer gut verständlichen Sprache rasch über das jeweilige Produkt zu informieren. Folgende Fragen sollten dabei beantwortet werden:

- Wie heißt das Produkt?
- Welche Merkmale und Inhalte hat das Produkt?
- Welche Besonderheiten weist das Produkt auf?
- An wen wendet sich das Produkt?
- Was ist bei der Nutzung des Produktes zu beachten?
- Wer ist für das Produkt verantwortlich?
- Durch wen wird das Produkt finanziert?

Übrigens: Eine Produktbeschreibung ist keine Konzeption, sondern eine knappe „Verbraucherinformation", die lediglich Grundlage oder Quintessenz einer Konzeption darstellt.

entspräche. Denn genau dieses defizitäre Produkt kann für die ideelle Legitimation des Projektes von entscheidender Bedeutung sein, ja sogar Kernstück der Corporate Identity und gesellschaftlich höchst sinnvoll. Andere Produkte könnten deshalb konzeptionell begründet zur kompensatorischen Finanzierung finanziell problematischer, aber sinnvoller Produkte herangezogen werden. Hier sind wir am entscheidenden Punkt.

Praxis

Herr Stegmüller ist Vorstandsmitglied des Vereins „Die Dorfkinder", der aus einer Projektinitiative junger Eltern entstanden ist, die mit dem Angebot der städtischen Kindergärten nicht zufrieden waren.

Der Verein hat seinen Sitz in einem eingemeindeten Dorf einer mittelgroßen Kreisstadt. Das Land hat seine Finanzierung nach Erfüllung aller Auflagen und Qualitätsstandards mit 33 % an den Gesamtkosten bereits zugesagt.

Lediglich die Stadt stellt sich quer das andere Drittel wie sonst üblich zu übernehmen. Es handelt sich um eine freiwillige Leistung. Die städtischen Kindergärten haben zu dem teilweise Auslastungsschwierigkeiten. Der Kindergarten der Dorfkinder weist hingegen eine lange Warteliste auf. Bei einer erneuten Kostenverhandlung mit dem zuständigen Sozialbürgermeister wirft dieser Herrn Stegmüller vor, der Verein habe ja noch nicht einmal eine Produktbeschreibung gemäß des städtischen Produktplanes erstellt, der verschiedene Leistungen vergleichbar machen solle. Herr Stegmüller ist verärgert, da diese Forderung von der Stadt bisher nicht erhoben wurde. Er beherrscht sich jedoch, zeigt Verständnis und sagt das entsprechende Papier bis zum nächsten Morgen zu und bittet um sofortige Rückmeldung, ob die Produktbeschreibung alle wichtigen Informationen enthalte. Der Sozialbürgermeister ist verblüfft ob der schnellen Reaktion. Am nächsten Morgen geht folgendes Email bei ihm ein:

„Sehr geehrter Herr Holzprink,
wie gestern besprochen erhalten Sie die Leistungsbeschreibung für die „Altersgemischte Kinderbetreuung im Ortsteil Neustetten an der Mar". Wir bieten täglich von 8 bis 14 Uhr eine altersgemischte Kinderbetreuung an, die für Kinder im Alter von 1 bis 6 Jahren bestimmt ist. Die Gruppengröße umfasst max. 12 Kinder. Wir verfügen in einem Altbau über zwei frisch renovierte Räume mit insgesamt 160 m^2. Im Außenbereich steht ein geschlossener Innenhof mit geeigneten Spielgeräten zur Verfügung.

Die Begleitung und die Betreuung der Kinder erfolgt durch zwei ausgebildete, staatlich geprüfte Erzieherinnen in Teilzeit.

Wir bieten täglich frisch zubereitetes Mittagessen an, welches jeweils von den Eltern nach einem festen Plan zubereitet und angeliefert wird.

Die Portfolioanalyse schafft Klarheit über die wirtschaftliche Leistungsfähigkeit einzelner Produktlinien, sagt aber nichts über deren ethische Legitimation, bezogen auf die ideelle Zielsetzung, aus.

Deshalb ist es sehr aufschlussreich, ein zweites Portfolio unter dem Aspekt durchzuführen, inwieweit die einzelnen Produkte für die ideelle Ausrichtung, das wesentliche Anliegen des Projektes, von Bedeutung sind. Die

Praxis

Die Beteiligung der Eltern an der gesamten Arbeit des Kindergartens ist uns wichtig. Hat eine Erzieherin Urlaub oder wird krank, übernimmt ein Elternteil den so genannten Elterndienst. Dadurch gelingt es uns, unseren Kindergarten ganzjährig zu öffnen. (Nur über den Jahreswechsel ist der Kindergarten 2 Wochen geschlossen.)

Die Kindergartengebühr liegt unwesentlich höher als die Gebühr städtischer Einrichtung mit vergleichbaren Leistungen.

Ein besonderes Anliegen ist die kindgerechte, projektorientierte Bildungsvermittlung. Es finden regelmäßig Aktionen und Projekte zu den jeweiligen Jahreszeiten oder zu Themen statt, die für Kinder in der entsprechenden Altersstufe von besonderer Bedeutung sind. (Siehe ausführlich die Konzeption sowie den Monats- und Jahresplan.)

Wichtigstes Anliegen ist für uns die Stärkung von kooperativem Sozialverhalten durch die gemischte Altersgruppe, Jüngere lernen spielend von Älteren und Ältere lernen dabei „spielend" Rücksichtnahme und Verständnis für kleinere und auch schwächere Kinder.

Verantwortlich für den Betrieb ist der Verein „Die Dorfkinder e.V.".

Unser Anliegen an Sie: Der Betrieb wird zu einem Drittel aus Landesmitteln finanziert zu einem weiteren Drittel aus Elterngebühren. Der bisher pauschalierte Festbetrag der Stadt sorgt gegenwärtig für ein strukturelles Defizit, was nur durch Spenden und sonstige Einnahmen (Flohmärkte etc.) ausgeglichen werden kann. Diese Situation ist auf Dauer unbefriedigend. Wir bitten hier um eine Klärung. Wichtig ist für uns die Aufnahme des Vereins Dorfkinder e.V. in die städtische Bedarfsplanung.

Mit freundlichen Grüßen

Stegmüller
im Auftrag des Vorstandes

Verteilung sieht eventuell ganz anders aus als im Portfolio „relativer Ertrag". Nutzen Sie die Portfoliomethode, um sich im Team einen raschen, gut zu visualisierenden Überblick über die Qualität Ihrer Produktpalette zu verschaffen.

Es genügt, dass dieser Überblick zunächst rein „subjektiv" ist, d.h. auf der persönlichen Einschätzung der Mitglieder des Projektteams beruht. Allerdings können diese Einschätzungen aufgrund von Daten aus der Buchhaltung bei kontroverser Betrachtungsweise „erhärtet" oder revidiert werden.

Das Gleiche gilt für ideelle Zielsetzungen. Auch hier müssen sich einzelne Produkte inhaltlich auf formulierte Leitsätze und konzeptionelle Grundsätze (Leitbild!) beziehen lassen.

Die Leistungsbeschreibung

Sie werden es sicher bemerkt und vielleicht auch als lästig empfunden haben, dass im bisherigen Text immer wieder mal von „Produkten" und „Leistungen" gesprochen wird. Wo liegt der Unterschied? Gegenwärtig

Das Produktportfolio

Relativer Ertrag

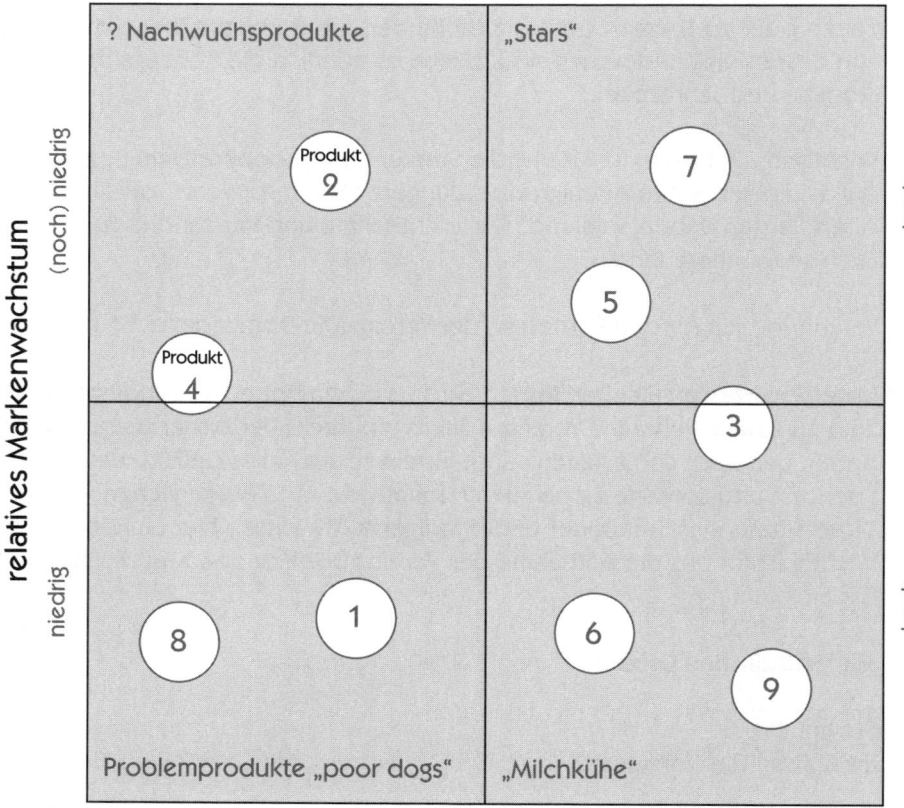

stellen alle großen sozialen Träger so genannte „Produktdateien" her. Da wird etwa das Produkt „Betriebliche Eingliederung von Arbeitslosen" oder das Produkt „Kindertagesbetreuung" beschrieben. Das kann man tun. Konzeptionell ändert sich dadurch bekanntlich ja zunächst nichts. Allerdings widerspricht eine solche Produkt-Etikettierung unserem gewohnten Sprachgebrauch. Betriebswirtschaftlich ist ein Produkt der Oberbegriff für ein materielles Sachgut (das, was wir im alltäglichen Sprachgebrauch mit diesem Begriff verbinden) und für eine immaterielle Dienstleistung. Es ist also nicht falsch, all das, was eine soziale Organisation tut, als Produkt zu bezeichnen, aber ob es sinnvoll ist, darüber kann man streiten. Ein Vorschlag zur Güte: All das, was materiell produziert wird, z.B. eine CD, ist ein Produkt, und all das, wo Produktion und Verbrauch zeitlich identisch sind, wird Dienstleistung genannt. So z.B. die Anleitung einer Technoband mit dem Ziel, irgendwann eine Top-CD aufzunehmen.

Sprechen Sie also von Produkten, wenn es um Dinge zum Anfassen geht und von (Dienst)Leistungen, wenn das Ergebnis Ihrer Arbeit ein immaterielles Gut darstellt. Dieser Sprachgebrauch ist lebensnah. Das ist im Marketing wichtig. Genauso wichtig ist es allerdings, eine qualifizierte Leistungsbeschreibung Ihrer Dienstleistung oder Ihres Produktes zu erstellen. Der Nutzer will wissen, was ihn erwartet. Schauen Sie sich das Buch an, mit dem Sie gerade arbeiten. Auf dem Titel und Buchcover finden Sie eine Produktbeschreibung. Diese Beschreibung hat den Zweck, kurz und übersichtlich zu vermitteln, was Sie mit diesem Medienpaket voraussichtlich anfangen können. Falls Sie eine Dienstleistung anbieten, stellen Sie den Zweck der Leistung dar, ihren Umfang und den Inhalt, verbunden mit bestimmten qualitativen Aspekten, beispielsweise die Zugangsvoraussetzungen und die Kosten, die dem Nutzer entstehen.

Der Preis

Wie viel wird das Produkt dem Kunden wert sein? Das ist eine der zentralen Fragen bei der Preisgestaltung. Wird ein Kostenbeitrag, ein kostendeckender oder ein gewinnorientierter Preis verfolgt, der eventuell zur Finanzierung defizitärer Leistungen dient?

Wer soll den Preis bezahlen? Der Kunde direkt oder Dritte, die über ein entsprechendes Budget verfügen? Wie wird unter Berücksichtigung der zu erwartenden Reaktion der Kunden und der Konkurrenz das angemessene Preisniveau gefunden?

Bei der Beantwortung dieser Fragen hilft Ihnen die Analyse der Preisgestaltung vergleichbarer Leistungen oder Produkte für vergleichbare Zielgruppen. Letzteres ist wichtig. Eine Kulturaktion in einem gutbürgerlichen Stadtteil wird pro Eintrittskarte einen wesentlichen Kostenbeitrag erwirtschaften. Dieselbe Kulturaktion wird in einem sozialen Brennpunkt nur mit einem symbolischen Kostenbeitrag rechnen können. Das Interessante dabei ist, dass in beiden Fällen der erhobene und bezahlte Eintrittspreis als Indikator für die „Wertschätzung" durch den Nutzer erhalten bleibt. Bezogen auf das zur Verfügung stehende Einkommen drückt der Kauf einer Eintrittskarte von 20 Euro im eher bürgerlichen Stadtteil die gleiche Präferenz aus wie der Kauf einer Karte zum Preis von 2 Euro in einem Stadtteil mit sozialem Brennpunkt. Falls eine Aktion durch öffentliche Mittel, Stiftungen oder Sponsoren finanziell gesichert ist, spricht dennoch nichts dafür, den Nutzerpreis gegen Null zu richten. Es spricht aber alles dafür, eine Preisgestaltung durchzuführen, die die Marktpotenziale berücksichtigt.

Zur Begründung einige Anmerkungen: Jeder Mensch und jede Gemeinschaft muss mit den materiellen und imateriellen Ressourcen haushalten, da diese in aller Regel begrenzt sind. Das ist der Grund, weshalb immer wieder nach wechselnden Prioritäten entschieden werden muss, was zu tun ist. Bezogen auf den kostenlosen Erwerb eines Produktes entfällt jede Präferenzentscheidung, die Prioritäten setzt, wie das eigene Budget denn auszugeben sei. Es wird „zugesichert", dass es die Welt der Dinge einfach so gibt. Das ist wirklichkeitsfremd.

Noch ein weiterer Aspekt ist wichtig. Prüfen Sie, ob Ihr Preis „kooperativ" ist. Was soll damit gemeint sein? Nehmen wir an, Ihre Dienstleistung ist durch öffentliche Zuschüsse gut abgesichert. Sie müssen lediglich 15 % der Gesamtkosten durch Eigenmittel erwirtschaften. In Ihrem Marktsegment gibt es jedoch Anbieter, die aus konzeptionellen oder sonstigen Gründen keine öffentlichen Zuschüsse in Anspruch nehmen, sondern einen Kostendeckungsgrad über selbsterwirtschaftete Mittel von nahezu 100 % erreichen. Es versteht sich von selbst,

dass bei gleicher Qualität der Dienstleistung der „subventionierte" Anbieter bestehende Mitbewerber zerstört, wenn der subventionierte Preis deutlich den bisherigen „Marktpreis" unterschreitet. Keine gute Voraussetzung für Kooperation. Bei Aktionen der öffentlichen Hand ist dieser Grundkonflikt oftmals latent angelegt. So sollte beispielsweise bei der Konzeption eines Kommunalen Kinos darauf geachtet werden, dass keinesfalls bestehenden Programmkinos, die oftmals mit immensem Engagement und Idealismus betrieben werden, die Existenzgrundlage entzogen wird. (Ein Betriebskostenzuschuss für bestehende Programmkinos wäre effektiver.)

Distribution

Eine gute Idee zu haben, gelingt manchmal mühelos. Daraus ein Produkt oder eine Dienstleistung zu machen, ist mit erheblicher Arbeit verbunden. Von der Qualität des Produktes andere Menschen zu überzeugen, wird eine anspruchsvolle Aufgabe. Deshalb kommt dem Ort, an dem der Tausch von Leistung und Gegenleistung stattfindet, also dem Geschäft, der Beratungspraxis, dem Bildungszentrum, dem Stadtteil usw. wesentliche Bedeutung zu: Sind diese Orte so gestaltet, dass die „Tauschvorgänge" unter optimalen Bedingungen ablaufen, oder müssen bestimmte Dinge geändert werden?

Die Frage nach der Distribution ist immer die Frage nach der bestmöglichen „Verteilung" eines Produktes oder einer Dienstleistung. Bezogen auf ein Jugendhaus als Tauschort für bestimmte Dienstleistungen bedeutet das, zu überprüfen, ob das „setting", d.h. die Atmosphäre, die Ausstattung, die Öffnungszeiten, aber auch die Lage, die Anfahrtswege, deren Sicherheit etc. zielgruppengerecht ist.

Wer spricht mit wem?

Wer Projektarbeit betreibt, braucht den Dialog mit der Öffentlichkeit: Private oder öffentliche Geldgeber müssen stets aufs Neue überzeugt werden. Die Anerkennung der Projektarbeit durch lokale Meinungsmacher ist wichtig für das Engagement der am Projekt Beteiligten. Wer gut „kommuniziert" hat bessere Chancen, seine Ziele zu erreichen.

Aber: Das Gespräch mit der Öffentlichkeit muss gesucht, geplant und organisiert werden. Wer sich nicht ins Gespräch bringt, wird vergessen oder kommt ins Gerede. Zwei von drei Mel-

dungen in den tagesaktuellen Medien beruhen auf „Informationsmaßnahmen" von Industrie und Wirtschaft[8].

Die Konkurrenz im Medienmarkt – so die Schlussfolgerung – ist hart, Abhilfe schafft gute Öffentlichkeitsarbeit. Wer diese nicht betreibt, läuft Gefahr, in der von Medien hergestellten Wirklichkeit bald nicht mehr vorzukommen.

Mit der Konzeptionierung der Öffentlichkeitsarbeit Ihres Projektes als vierten Bestandteil des Marketingmix ist der Marketingprozess zunächst abgeschlossen.

Allerdings ist das Thema Kommunikation für die weitere Projektarbeit von solch herausragender Bedeutung, dass die damit verbundenen Methoden und Handlungsfelder in einem eigenen Kapitel dargestellt werden müssen.

Dieses Kapitel formuliert Methoden für den Dialog mit der Öffentlichkeit. Es geht um Public Relations.

Die Suche nach Gesprächs- partnern

Die Struktur einer Pressestelle

Wir wollen in diesem Kapitel tatsächlich ganz von vorne anfangen, um eine einheitliche Informationsgrundlage zu schaffen. Gehen wir von folgendem Szenario aus:

In Ihrem Projektteam werden verschiedene Aufgaben verteilt. Ihnen fällt dabei der Bereich Presse- und Öffentlichkeitsarbeit zu. Sie freuen sich auf diese neue Aufgabe, haben aber noch nie mit diesen Dingen gearbeitet. Sie sind gleichsam frei von jeglichen Vorurteilen und Erfolgserlebnissen. Ihr Schreibtisch ist mit PR-Themen noch nie in Berührung gekommen. Womit fangen Sie an?

Einige Grundgedanken vorab:
- PR-Arbeit ist Beziehungsarbeit:
Und Beziehungsarbeit benötig viel Zeit und Ausdauer.
- PR-Arbeit ist Schreibarbeit:
Und Schreibarbeit benötigt Übung und Routine.
- PR-Arbeit ist mit Zusatzkosten verbunden:
Kalkulieren Sie deshalb Ihre Aktionen immer durch.

Die nachfolgende Übersicht soll Ihnen einen Einblick geben, wie in einer Pressestelle organisatorisch, technisch, inhaltlich und atmosphärisch gearbeitet wird.

Organisatorisch

Ihre Kontaktpartner bei den Medien wollen eindeutige Strukturen vorfinden. Definieren Sie diese Strukturen deshalb gleich zu Beginn Ihrer Arbeit:
- Sie sind der einzige Ansprechpartner für die Medien. Streuen Sie diese Tatsache möglichst bald an alle für Sie relevanten und für Ihr Projekt relevanten Medien. Nehmen Sie dabei persönlich den ersten Kontakt auf. Es spricht nichts dagegen, wenn Sie die Medien für einen Smalltalk einmal kurz besuchen. Ein viertelstündiges Kennenlernen reicht in der Regel aus.
- Sie sind möglichst jederzeit und problemlos zu erreichen. Streuen Sie bei den Medien Ihre Kontaktdaten: Namen, Funktion, Adresse, Telefon, Telefax, Handy, Email. Die Post sollten Sie täglich in Empfang nehmen können, angekommene Telefaxe ebenfalls. Und Emails rufen Sie zweimal täglich aus Ihrem elektronischen Postfach ab.
- Sie reagieren zeitnah auf Medienanfragen, in der Regel innerhalb von 24 Stunden. Anfragen vom Freitag beantworten Sie durch Ih-

ren Rückruf spätestens am Montag. Liefern Sie dabei alle Infos, die Sie schon weitergeben können. Besorgen Sie sich Zusatzinfos aus Ihrem Projektteam in kurzer Zeit, und geben Sie diese gesicherten Infos ebenfalls unmittelbar an die Medien weiter.

– Sie liefern verlässliche Informationen zu Fragen der Medien. Dazu benötigen Sie neben einem eigenen Archiv auch eine Reihe von Fachleuten im oder außerhalb des Projekts, die Sie natürlich ebenfalls problemlos und schnell erreichen müssen, wenn Presseanfragen auf Sie zukommen. Organisieren Sie sich deshalb einen Spezialistenpool für Fragen zum Projekt und zu Ihrer Organisation. Fassen Sie diese Infos in einer Telefonliste zusammen.

Darüber hinaus benötigen Sie einen eigenen Arbeitsplatz mit der üblichen Ausstattung und Visitenkarten mit dem Hinweis „Öffentlichkeitsarbeit".

Technisch

Installieren Sie die technische Ausstattung für Ihr PR-Büro. Wichtig für eine erfolgreiche Arbeit sind nachfolgende Utensilien und Geräte:

– Telefon, Telefax und Handy,
– Personalcomputer mit Internet-Anschluss und Email-Dienst sowie einen schnellen Drucker mit mindestens gutem Schriftbild, dazu ausreichend Papiervorrat und Ersatztinte bzw. -toner für Ihren Drucker und für das Telefax. Ideal wäre noch ein Kopierer. Einen Scanner können Sie später noch anschaffen,

– Speichermedien zur täglichen Datensicherung (Disketten reichen in der Regel). Sichern Sie wirklich täglich – jeden Abend, bevor Sie das Büro verlassen. Sichern Sie Ihre Daten auch tagsüber immer wieder auf Diskette. Das ist eine Sache von Sekunden,
– zweckmäßige Büro-Software für den PC (ideal Microsoft Office oder ähnliches), dazu Internet- und Email-Programme und eine Pressedatenbank wie Media Pool sowie eine Telefonbuch-CD,
– ganz wichtig: eine neue Anti-Viren-Software, deren Virencode-Erkennung Sie monatlich aktualisieren. Wenn Sie einmal via Email einer Zeitung aus Versehen eine virenverseuchte Datei geschickt haben, dann werden Sie dort keine Freunde mehr haben;
– eine funktionsfähige Fotoausrüstung,
– ein Radio, um Nachrichten abhören zu können,
– ein Diktiergerät für plötzliche Einfälle, zum Beispiel beim Autofahren,
– und eventuell ein TV-Gerät mit Videorekorder (für TV-Mitschnitte).

Inhaltlich

– Ein Abo der wichtigsten Tageszeitung vor Ort sowie Abos von Fachzeitschriften und Fachdiensten,
– Fachliteratur: ein oder mehrere gute PR-Bücher,
– Lexikas zur Rechtschreibung, über Fremdwörter sowie Fremdsprachen-Lexika,
– ein lokales und ein regionales Telefonbuch,

- Branchentelefonbücher wie die Gelben Seiten,
- ein Behördenverzeichnis Ihrer Stadt (gibt's auf dem Rathaus),
- ein allgemeinbildendes mehrbändiges und aktuelles Lexikon (Taschenbuchausgabe reicht),
- ein Archiv aus Fachthemen und Sonderpublikationen sowie
- aktuelle geographische Karten Ihrer Stadt (Stadtpläne, Straßenkarten).

Atmosphärisch

- Wenn Sie in Ihrem Büro etwas Atmosphäre erzeugen können, dann tun Sie das bitte. Blumen und Pflanzen zum Beispiel, wirken auf Besucher immer sehr vorteilhaft,
- einen Grundvorrat an Kalt-Getränken für überraschende Besuche von Presseleuten sowie Kaffee oder Tee,
- fachspezifische Poster, große Fotos zum Thema, die Bezug auf Ihr Projekt und Ihre Arbeit nehmen.
- Wenn Sie irgendwelche Auszeichnungen und Preise für Ihr Projekt bekommen haben, dann sollten Sie diese ebenfalls in Sichtweite platzieren.

Die Pressestelle als Info-Center

Nochmals: Wer sich nicht ins Gespräch bringt, wird vergessen. Zwei von drei Meldungen in den tagesaktuellen Medien beruhen auf Informationsmaßnahmen von Industrie und Wirtschaft.

Eine Antwort auf diese Situation könnte ein an Ihrer Praxis orientiertes Sofortprogramm für bessere PR sein.

Wie soll man die Öffentlichkeit ansprechen?

Geeignet für Projektarbeit sind zum Beispiel lokale Fernsehstationen, die Landesprogramme der ARD, regionale Hörfunksender und natürlich die Tagespresse. Es ist verständlich, dass für lokale Projekte die bundesweiten TV-Stationen tendenziell ausscheiden, es sei denn, man hätte einen Top-Event zu bieten. Eine Ausnahme bilden hier die Regionalprogramme: die Landessender der ARD mit ihren Dritten Programmen. Fragen Sie nach einem Redakteur, der Jugend-, Kultur- und Sozialthemen bearbeitet. Vereinbaren Sie einen Telefontermin und schildern Sie Ihr Anliegen präzise und knapp. Fragen Sie auch nach Schwerpunktthemen diverser Magazinsendungen. Vielleicht passt da demnächst Ihr Thema rein. Versuchen Sie eine Absprache zu treffen, bis wann Sie Rückmeldung erhalten oder Sie sich wieder melden. Zwischendurch hilft eine kurze schriftliche Bestätigung.

Beim Hörfunk sind die Zugangsmöglichkeiten etwas einfacher. Seit der Privatisierung von Sendefrequenzen hat sich die Jagd nach lokalen oder regionalen News verschärft. Aber Vorsicht: Nicht jede Sendezeit und nicht jedes Sendeumfeld ist für eine schöne Projektreportage geeignet. Vor allem der neue Standard der 90-Sekunden-Hintergrundinformation ist bei vielen Kommerziellen zur gebräuchlichen Unsitte geworden. Auch hier muss der Redakteur als Ansprechpartner gewonnen werden. Eine 2- bis 3-minütige Reportage sollte schon drin sein. Fragen Sie nach der mittelfristigen Programmplanung. Zudem gibt es in manchen Sendern offene Kanäle, die Hörer für z.B. eine Stunde selbst gestalten. Hier können Medienwerkstätten mit entsprechender technischer Ausstattung wichtige Partner sein. Neu ist außerdem, dass in verschiedenen Bundesländern nichtkommerzielle Privatsender entstehen. Vorausgesetzt, diese Sender bringen ein publikumswirksames Rahmenprogramm zustande, sind diese hervorragende Partner.

Bestens geeignet als Darstellung eines Projektes in den Medien ist nach wie vor die Pressemitteilung für Tageszeitungen. Das hat zwei Gründe:

Mehr als zwei Drittel der Zeitung kommen aus Quellen, die auf Öffentlichkeitsarbeit zurückzuführen sind. Die Bereitschaft zur Zusammenarbeit ist deshalb hoch. Jede Zeitung lebt vom regionalen oder lokalen Bezug. Zudem gibt es überall Tageszeitungen, die für Ihr Projekt eine ideale räumliche Verbreitung haben: lokal für den Stadtbereich oder regional für einen oder mehrere Landkreise. Außerdem lesen 52 Prozent aller 14- bis 29-Jährigen täglich die Tageszeitung. Wer in der Zeitung steht, ist im Gespräch. Deshalb sollten Sie sich dort gut platzieren.

Praxis

Das Vier-Punkte-Sofortprogramm zur Dokumentation von Projekten

1. Die Konzeption
Beginnen Sie schon beim Projektstart mit der Vorarbeiten für eine umfassende Konzeption der Öffentlichkeitsarbeit für die gesamte Projektdauer. Sammeln Sie alles an Material, was für die Öffentlichkeitsarbeit relevant sein könnte, z.B. Fotos, Protokolle der Teamsitzungen, Satzungen und Infozettel, aber auch Beispiele fremder Öffentlichkeitsarbeit. Erstellen Sie einen Zeitplan mit realistischen Etappen, was durch wen bis wann erledigt sein soll.

2. Die Dokumentation
Überlegen Sie, wie ein sinnvolles – das bedeutet ein ebenso wirkungsvolles wie einfaches – System zur Dokumentation Ihrer Projektarbeit aussehen kann. Dazu reicht eventuell ein Tagebuch, ein Kalender oder eine EDV-Datei, in der regelmäßig jeden Monat zwei bis drei der wichtigsten Ergebnisse oder Ereignisse der Projektarbeit notiert werden. Daraus entstehen dann öffentlichkeitswirksame Meldungen. Das kann sowohl das einjährige Bestehen des Vereins sein, die Aufnahme des 100. Mitglieds oder auch eine erfolgreiche Beendigung eines Etappenziels. Anlässe gibt es genug.

3. Die Philosophie
Beginnen Sie mit der einfachen und überzeugenden Antwort auf die Frage an Ihr Projekt: Wem bieten wir welchen Nutzen? Lesen Sie die Antwort einigen Unbeteiligten aus Ihrem Bekanntenkreis vor. Ein Glückspilz, wer im ersten Durchlauf einhellige Zustimmung erhält.

Professionell arbeitende Journalisten erfinden keine Ereignisse. Sie berichten nur darüber. Neutralerweise geschieht das in Meldungen, Nachrichten oder Berichten kommentarlos, ohne irgendwelche Vorlieben oder Abneigungen. Aber Journalisten lösen mit ihren Beschreibungen bei den Lesern auch Empfindungen aus, die mitunter polarisieren. Denn jeder hat so seine eigene Meinung.

Ein Journalist muss sich bei seiner Berichterstattung in kürzester Zeit in ein Thema einarbeiten und seinen Artikel erstellen. Es gibt definitiv keinen Feierabend, bevor diese Arbeit getan ist. Deshalb sind Journalisten oft in Eile, haben wenig Zeit und wirken mitunter gehetzt. Daran sollten Sie immer denken.

Je umfassender Sie Journalisten mit gut aufbereiteten Informationen versorgen, desto effektiver können jene arbeiten, desto schneller werden jene fertig.

Je klarer und übersichtlicher zum Beispiel die Unterlagen für eine Pressekonferenz von Ihnen vorbereitet werden, desto makelloser wird der Artikel später sein, und desto dankbarer ist Ihnen jeder Journalist auch persönlich, auch wenn darüber in der Regel nicht gesprochen wird.

Hier gilt eine einfache Regel: Zufriedene Journalisten schreiben besser.

Journalisten kennen in der Regel keine klar definierten Bürozeiten. Das heißt für Sie: Wenn Sie einem Journalisten zuarbeiten, dann müssen Sie auch erreichbar sein, notfalls zu Hause und auch zu unüblichen Zeiten. Bitte nichts versprechen, was Sie nicht definitiv halten können.

Zum Umgang mit Medien- vertretern

Ein erster Tipp

Selten hat ein Journalist mehr als eine Stunde Zeit für einen Gesprächs- termin. Deshalb sollten Sie alle Aus- sagen schriftlich vorbereiten und dem oder den Pressevertretern in gedruck- ter Form mitgeben – für den Fall, dass im Gespräch die Zeit nicht reicht.

Behandeln Sie alle Medienvertre- ter und damit alle Medien vor Ort im Pressegespräch gleich. Auch wenn Ih- nen manche Journalisten unsympa- thisch sein sollten. Das gebietet die professionelle Fairness. Denken Sie daran, dass auch Journalisten einmal den Arbeitgeber wechseln.

Sie können sich bei Trendthemen der Zeitung als Experte oder als kol- lektives Expertenteam anbieten, z.B. Thema Drogen: Drogenberater, Arzt, AOK-Mitarbeiter, ehemals Betroffener. So lösen Sie bei der Zeitung ein mög- liches Informationsproblem und schaf- fen Vertrauen.

Man sollte von Journalisten nie- mals Dinge verlangen, die man selbst nicht tun wollte oder die einem un- angenehm sind. Keinen Gefälligkeits- journalismus verlangen. Bleiben Sie einfach neutral. Vermeiden Sie außer-

dem jegliche Zensur. Bevormundung ist ein ganz heikles Thema. Im Ge- spräch dürfen Sie keine Besserwisse- reien andeuten: „Ich würde den Arti- kel gerne noch mal lesen, bevor Sie ihn abdrucken." Gegenfrage: Wie wür- den Sie reagieren? Fehler vermeidet man am besten durch eine umfassen- de und professionelle Sachinforma- tion zum Thema.[9]

Etwas anders verhält es sich bei so genannten Interviews, in denen Sie auf konkrete Fragen konkrete Antworten geben müssen. Hier ist es durchaus statthaft, dass Sie dieses Interview nach der Texterstellung noch mal le- sen können. Das müssen Sie allerdings dem Journalisten vorher sehr direkt sagen. „Ich möchte das Interview vor dem Abdruck bitte nochmals lesen." Auf seine Frage nach dem „Warum?" argumentieren Sie am besten mit der Komplexität des Themas und mög- lichen Berührungen mit Persönlich- keitsrechten oder Amtsgeheimnissen oder mit Namen und Funktionen, die Sie nochmals überprüfen lassen möch- ten. Sichern Sie dem Journalisten da- bei zu, dass er spätestens vier Stun- den nach Eingang des Interview-Textes bei Ihnen (während der üblichen Ge- schäftszeiten) den Text wieder zu- rückbekomm nt. Auf diesem zurückge- faxten Text vermerken Sie dabei, das Sie das Interview freigegeben haben – oder auch nicht.

Wollen Sie die Freigabe nachträg- lich aus irgendeinem Grund verwei- gern, dann warten Sie nicht lange, sondern rufen den Journalisten so- fort an, um ihm zu erklären, warum diese Freigabe nicht möglich ist. Presserechtlich sind Sie auf jeden Fall auf der sicheren Seite. Denn

Interviews können selbst ohne Angabe von Gründen wieder zurückgezogen werden. Aber es ist mehr als fair, wenn Sie erklären, warum dies geschieht.

Wer mit der abgedruckten Berichterstattung über die eigene Person, das eigene Unternehmen oder das angestoßene Thema in der Presse nicht zufrieden ist, möchte eventuell spontan seinem Ärger Luft machen. Dies sollte man aber, so man einen professionellen Kontakt zu den Medien aufbauen will, dringend unterlassen, auch wenn es Ihnen schwer fällt. Sie können dem Medium zwar Ihre Betroffenheit ausdrücken, aber Sie sollten nicht allzu emotional reagieren. Kein schimpfendes Wort darf über die eigenen Lippen kommen. Eine Zeitung berichtigt eine falsche Information nur sehr widerwillig, weil diese Berichtigung immer den Eindruck erweckt, als ob irgend jemand bei der Zeitung nicht korrekt gearbeitet hat. Auch wenn dies stimmen sollte: Keiner blamiert sich gerne und spricht auch noch öffentlich darüber. Nutzen Sie eine solche Panne, um nachfolgend einen wirklich fairen Artikel in die Zeitung zu bekommen. Das versteht jeder Journalist.

Ein zweiter Tipp

Sie sollten Journalisten nie duzen, keine Brüderschaften mit ihnen eingehen. Man kann auch mit einem freundlichen „Sie" sehr gut zusammenarbeiten. Kumpelhafte Partnerschaften machen dem Journalisten in der Redaktion irgendwann Probleme. Und Ihnen deshalb auch. Es mag Bei-

spiele geben, die dieser Aussage widersprechen. Bleiben Sie dennoch betont neutral. Selbst gegenüber jugendlichen Journalistenkollegen sollten Sie sich nicht zu einem eher lockeren Gesprächstil hinreißen lassen. Gerade junge Journalisten freuen sich sehr, wenn sie über ein höfliches Sie als vollwertiger Gesprächspartner anerkannt werden.

Binden Sie Journalisten niemals in irgendwelche Gremien Ihrer Organisation ein. Selbst wenn sich ein Medienvertreter auf diese Dummheit einlässt, haben Sie nichts davon. Alle positiven Artikel über Ihre Einrichtung gelten fortan als bestellte Hofberichterstattung.

Ein dritter Tipp

Behandeln Sie Journalisten bei einem Besuch wie einen gern gesehenen Gast: höflich und zuvorkommend. Allgemein gilt: Platzieren Sie zum Beispiel auf Pressekonferenzen jeden Pressevertreter gleich vorteilhaft. Er soll gut sehen, gut hören und ausreichend Raum für Körper und Geist haben. Denken Sie dabei auch an die jeweiligen Tisch- bzw. Stuhlnachbarn. Denn nicht jeder versteht sich mit jedem.

Was Sie außerdem beachten sollten

Bisher sind wir stillschweigend davon ausgegangen, dass die mit Ihnen Kontakt aufnehmenden Journalistinnen und Journalisten Profis sind, Menschen mit jahrelanger Medien- und

Menschenkenntnis. Tatsache ist aber: gerade bei kleineren Tageszeitungen werden für Erstkontakte oft freie Mitarbeiter oder Journalistenlehrlinge, so genannte Volontäre, in Gang gesetzt, denen Sie mit einer gewissenhaften Vorbereitung des Themas elegant aus der Rechercheklemme helfen. Denn jene vergessen durch ihre noch im Wachsen befindliche Berufserfahrung mitunter, konkreter nachzufragen. Zurück in der Redaktion wird dieser freie oder junge Kollege manchmal getestet. Man fragt nach Namen oder Sachzusammenhängen. Gut für ihn, wenn er dann alles auf Papier hat und souverän reagieren kann. Und gut für Sie, denn er hat das Gefühl, dass Sie seine Arbeit perfekt unterstützt haben. Sie wissen ja: Zufriedene Journalisten schreiben besser.

Journalisten sind nicht die einzigen Informations-Übermittler

Wer mit der Öffentlichkeit kommuniziert, sollte allerdings nicht ausschließlich auf Medienvertreter setzen. Ebenso hilfreich kann es sein, einflussreiche Persönlichkeiten für eine Projektidee zu begeistern. Diese Fürsprecher stehen nicht unter dem Verdacht, eigene Anliegen zu vertreten und tragen deshalb zu einer wesentlichen Entlastung des Projektteams bei. Gleichzeitig wird die Legitimation des Projektes aufgewertet und die PR-Arbeit stabiler.

Klassische Kontaktpersonen sind in diesem Fall Persönlichkeiten, die lokal, regional oder überregional eine dem Projekt angemessene Reputation genießen. Hierzu gehören sicher Politiker, Bürgermeister, Amtsleiter, Vorsitzende von Verbänden, aber auch Betriebsleiter, Sportler oder Kunstschaffende.

Mit diesen Personen können Sie vertrauliche Hintergrundgespräche führen, und wenn nötig, einen so genannten Jour fixe vereinbaren. Das ist ein fester Termin, ein oder zweimal im Jahr, der über den Fortgang des Vorhabens informiert und der auch dann stattfindet, wenn keine direkten Probleme anstehen.

Wichtige Multiplikatoren sind damit dauerhaft in Ihr Projekt eingebunden, und fühlen sich so nicht als Feuerwehr in eventuellen Notsituationen missbraucht. Eine weitere ausgesprochen hilfreiche öffentlichkeitswirksame Maßnahme ist es, eine anerkannte und einflussreiche Persönlichkeit für die Schirmherrschaft des Projektes zu gewinnen. Das eröffnet Kontakte in kurzer Zeit, für die sonst Monate nötig gewesen wären und bürgt gegenüber den Medien und der Öffentlichkeit für Seriosität.

Wer mit wem?

Wenn Sie sich Klarheit verschafft haben über die Ausgestaltung der PR- und Marketing-Mix-Maßnahmen, dann prüfen Sie nochmals gründlich, mit wem Sie in den jeweiligen Bereichen kooperieren könnten. Auf diese Weise bleibt Synergie kein leeres Wort. Die Frage lautet: wo gibt es geeignete Kooperationspartner, die entweder das notwendige Budget einbringen oder die Kompetenz in den Bereichen Distribution oder Kommunikation?

Kooperation ist ein Verhalten, das im Sozialbereich, aller Vermutungen zum Trotz, noch keine epidemischen Ausmaße angenommen hat. Schon manch gute Projektidee ist daran gescheitert, dass nicht nach geeigneten Partnern gesucht wurde. Darüber hinaus kann es sich bestens bewähren, wenn Sie mit allen Mitbewerbern Ihrer Region gemeinsame Qualitätsstandards Ihrer Arbeit festlegen und diese Standards nach innen, aber auch gegenüber Kostenträgern vertreten. Das kann z.B. die Ausstattung von Arbeitslosenprojekten, die Durchführung von Schulungsmaßnahmen oder die Qualifikation von Mitarbeiterinnen und Mitarbeitern betreffen. Ein solches Vorgehen schafft Transparenz als Grundlage von Vertrauen.

Checkpoint

 Vorbereitung eines Pressegesprächs

- Entscheidung wann:
  Termin und Uhrzeit der Pressekonferenz pressefreundlich legen, idealerweise später Vormittag bis früher Nachmittag; nie vor 10.00 Uhr, nicht später als 13.00 Uhr, wenn Sie das Thema noch am Folgetag in der Zeitung sehen wollen. Einzige Ausnahme: eine Veranstaltung, die sich nicht verschieben lässt, z.B. eine samstägliche Theateraufführung der Realschule.
- Entscheidung wo:
  Eine Pressekonferenz besser vor Ort veranstalten, z.B. in einem Jugendhaus. Die thematisch orientierte, authentische Umgebung wirkt wesentlich intensiver auf die anwesenden Journalisten, die parallel zum Gespräch meist noch weitere Gedanken zum Thema entwickeln.
  Recherchieren Sie im Vorfeld dabei persönlich: Ist der Besprechungsraum gut zu finden, ist er während der Pressekonferenz sauber, ausreichend beheizbar sowie eindeutig störungsfrei (keine Hintergrundgeräusche, keine Durchgangszimmer). Achtung: auch Handwerker können stören!
- Entscheidung wer:
  Wer kommt aus der Geschäfts-/Amtsleitung, wer moderiert? Welche Medien werden geladen, welche Journalisten namentlich geladen?
- Entscheidung was:
  Welche konkreten Inhalte wollen Sie platzieren?
- Entscheidung wie:
  Ablauf der Pressekonferenz inhaltlich und zeitlich eindeutig festlegen. Gesamtdauer: höchstens 60 Minuten, davon maximal die Hälfte für Referate bzw. Vorträge, mindestens 30 Minuten für die Diskussion mit den Journalisten einplanen.

Pressetermine vorbereiten und durchführen

Bitte prüfen Sie vor Ansetzen eines Pressegesprächs oder einer Pressekonferenz, welche Form besser geeignet ist:

Pressegespräch? Als Gesprächsrunde mit Medienvertretern, die weitgehend persönlich eingeladen wurden, mit eher allgemeinem inhaltlichen und terminlichen Hintergrund.

Ein Beispiel: Wenn Sie den lokalen Medien das Jugendhaus einmal persönlich zeigen wollten, um darzustellen, wie dort gearbeitet wird, dann wäre das einem Pressegespräch vorbehalten.

Pressekonferenz? Als Diskussionsrunde mit Medienvertretern, die über

Checkpoint

- Sie sollten interne Sprachregelungen zu einzelnen Punkten festlegen und keinen Widerspruch unter den Referenten zulassen. Eine Pressekonferenz ist kein Diskussionsforum für intern nicht ausreichend geklärte Sachverhalte. Kontroverses gehört ausschließlich in die interne Hausdiskussion oder auf eine Podiumsdiskussion.
- Sie sollten auf unangenehme Fragen vorbereitet sein.
- Schriftliche Unterlagen vorbereiten (siehe: „Die Pressemappe").
- Wenn notwendig: Wer fotografiert auf der Veranstaltung?
- Einladungsschreiben texten: mit genauem Thema, mit Datum, Uhrzeit, Ort und Raumnummer sowie mit Ihrer vollständigen Adresse versehen, unter der Sie für Nachfragen erreichbar sind.
- Redaktionen einladen: schriftlich, mit Rückantwort per Telefax (Formblatt beilegen). Achtung: Das Verhältnis Journalist versus Offizielle muss stimmen. Es sollten nicht mehr Offizielle als Journalisten auf einer PK sein.
- Externe Fachleute einladen: schriftlich, mit Rückantwort per Telefax (Formblatt beilegen).
- Prominente einladen: schriftlich, mit Rückantwort per Telefax (Formblatt beilegen).
- Essen und Trinken bereitstellen: Kekse oder Brezeln. Warme oder kalte antialkoholische Getränke.
- Blanco-Namensliste zur Pressekonferenz vorbereiten, in Spaltenform für Journalisteneinträge und Offizielleneinträge.
- Bei mehrtägigen Veranstaltungen: Sind Übernachtungen nötig?
- Bei mehrtägigen Veranstaltungen: Benötigen Sie ein Rahmenprogramm?
- Kalkulieren Sie die Veranstaltung einmal durch (Kostenplan aufstellen).

Durchführung

- Ist man im Empfangsbereich des Gebäudes über den Pressetermin informiert? Sind eindeutige Beschilderungen angebracht worden?
- Tisch und Stuhlanordnung im Raum: Ideal in Kreisform bzw. halbrund. Stühle mit Armlehne. Große Tische, auf denen man sowohl schreiben, als auch etwas ablegen kann (z. B. den Fotoapparat).
- Essen und Trinken auf die Tische stellen. Flaschenöffner und Gläser in der Nähe nicht vergessen. Beim Imbiss an Servietten denken.
- Gut lesbare Namensschilder mit Funktionsbeschreibung für die Offiziellen auf die Tische stellen. Ideal: Anstecker am Revers der Offiziellen mit dem Vor- und Zunamen.
- Visitenkarten aller Offiziellen parat halten bzw. der Presseinfo beilegen.
- Teilnehmerliste/Namensliste vor bzw. während der Pressekonferenz ausfüllen lassen (Offizielle und Journalisten).
- Pressemappe mit ausführlichen Informationen bereithalten und vor der Pressekonferenz verteilen.
- Begrüßung und Vorstellung der anwesenden Offiziellen und Prominenten durch den Leiter/Moderator der Pressekonferenz.
- Vorstellung des Themas sowie Timing der Pressekonferenz (max. 60 min.) erläutern und unbedingt einhalten.
- Referate: kein Einzelvortrag länger als 10 Minuten.
- Diskussion mit den Journalisten, auch nachfolgende Einzelgespräche sind hier denkbar.
- An Fotomöglichkeit für die Journalisten denken.
- Bitte nicht vergessen: Bedanken Sie sich am Ende der Pressekonferenz/ des Pressegesprächs für das Kommen aller Teilnehmer.

die Redaktion eingeladen wurden, mit einem sehr konkreten inhaltlichen und terminlichen Hintergrund.

Ein Beispiel: Eine Einladung zum Gespräch über einen Tag der offenen Tür im Jugendhaus mit klarem Termin und klarem Ablauf wäre ein Anlass für eine Pressekonferenz.

Organisatorisch unterscheiden sich die beiden Veranstaltungstypen nur wenig.

Die Pressemappe

Nach Wahl – je wichtiger das Thema für Sie ist, desto mehr Informationen sollten Sie für die Pressevertreter in schriftlicher Form bereithalten:

- Wichtig: Deckblatt zur Pressekonferenz mit den Daten der Einladung mit Ablaufplan der Pressekonferenz.
- Wichtig: Namen (Vorname, Nachname, akad. Grad) und Funktions-

Nachbereitung

- Interne Nachbesprechung innerhalb von zwei bis drei Tagen nach dem Pressegespräch. Diese Notizen für zukünftige Verbesserungen sollten Sie aktenkundig machen.
- Sie sollten einen Pressespiegel aller Veröffentlichungen zusammenstellen, in den Verteiler geben und anschließend gemeinsam über das Veröffentlichte diskutieren. Sind alle Informationen von den Medienvertretern so verstanden worden, wie man es verstanden wissen wollte? Wenn nicht, wo lagen mögliche Ursachen für diese Missverständnisse?
- Telefonieren Sie nachträglich mit den Journalisten und bedanken Sie sich für den Beitrag. Dieses Gespräch kann sehr kurz sein. Es dokumentiert, dass Sie seine Arbeit schätzen. Außerdem behält er Ihren Namen besser in Erinnerung, und wird bei anderen Themen möglicherweise ganz automatisch wieder auf Sie zukommen.

---

beschreibung, Telefonnummern, Telefaxnummern aller Personen, die in der Pressekonferenz zu Wort kommen, inklusive Visitenkarten des Moderators/Pressesprechers.

- Informationen zum Unternehmen bzw. zum jeweiligen Fachbereich:
  - Unternehmensportrait, Organisationsstruktur
  - Personenportrait des Geschäftsführers
  - alle auf der PK gehaltenen Reden und Ansprachen
- Kleiner Geschäftsbericht, Großer Geschäftsbericht oder Imagebroschüre.
- Wichtig: Primäre Sachinformation zum Thema: die eigentliche Presseinfo.
- Weitergehende Sachinformation.
- Wichtig: Aktuelle Graphiken und Illustrationen.
- Wichtig: Aktuelles Fotomaterial mit Bildunterschrift, dem Namen des Fotografen, den benennbaren Personen auf den Fotos mit Vorname, Nachname und Funktion. Wenn Sie Fotos beilegen, dann sollten Sie die Fotos auf der Rückseite eindeutig mit dem Bildtext-Etikett bekleben.

- Wichtig: Blanko-Papier – zehn Blätter Papier reichen aus.
- Wichtig: Neutrales Schreibutensil (Kugelschreiber, Bleistift, ohne Aufdruck) für den Fall, dass ein Journalist seine Schreibsachen vergessen hat. Das passiert tatsächlich.

Wie kommt man eigentlich in die Zeitung ?

Das von Ihnen gewählte Thema muss die Neugier sowohl des bearbeitenden Journalisten, als auch des Lesers wecken. Das ist nicht unbedingt dasselbe, obwohl viele Menschen glauben, dass in der Zeitung genau jenes steht, wofür man sich als Leser auch interessiert.

Journalisten werden in der einschlägigen Fachwissenschaft als so genannte „Gate-Keeper" bezeichnet.[10] Die in die Redaktion eingehenden Nachrichten werden von ihm begutachtet, bewertet und schließlich ausgewählt. Die Deutsche Presseagentur dpa liefert zum Beispiel für die überregionalen Seiten einer Tageszeitung mehrere hundert Berichte täglich. Selten werden davon mehr als 5 Prozent in der Zeitung auch weiterverarbeitet, bzw. gedruckt. Rund 95 Prozent aller dpa-Berichte fallen durch das berühmte Raster. An ihnen hatte der Journalist aus bestimmten Gründen kein berufliches Interesse.

Mit Ihren Themen und deren Ausarbeitung, die Sie der Redaktion anbieten wollen, müssen Sie deshalb den Journalisten inhaltlich und in gewisser Weise auch emotional davon überzeugen, dass Sie Dinge zu bieten haben, die sowohl ihm, als auch dem Leser nützlich sein könnten.

Die Kommunikationswissenschaft spricht hier vom Begriff des Nachrichtenwertes, der sich durch verschiedene Wertefaktoren einordnen lässt, anhand derer Journalisten, bewusst oder intuitiv, die eingehenden Informationen als veröffentlichenswert oder als nicht veröffentlichenswert betrachten. Der Nachrichtenwert bestimmt dabei nicht nur, ob das Thema in der Zeitung überhaupt seinen Niederschlag findet, sondern auch an welchem Platz, in welchem Umfang und in welcher Aufmachung.

Diese Theorie der Nachrichtenwerte ist allgemein anerkannt und erscheint bei genauer Lektüre vergleichsweise einleuchtend. Übertragen auf die Medien und die Medienmacher – die Journalisten – bedeutet dies, dass je mehr Einzelfaktoren – also Nachrichtenwerte – auf ein Thema vereint werden können, desto höher wird die journalistische Aufmerksamkeit und damit die Abdruckwahrscheinlichkeit. Mit der Contra-Konsequenz, dass Themen, die mit theoretisch vergleichsweise wenig Nachrichtenwert ausgestattet sind, den Presseleuten auch nur selten vermittelt werden können.

Theorie der Nachrichtenwerte

Die Frequenz des Ereignisses
Einmal-Nachrichten tauchen eher in Tageszeitungen auf. Themen, die andauern, sind eher etwas für Magazine und Wochenzeitungen: Beispiel: Ein Verkehrsunfall wird sehr selten im *Spiegel* auftauchen, in der Tageszeitung ist das ein übliches Thema.

Der Schwellenfaktor
Erst wenn das Ereignis eine bestimmte öffentliche Aufmerksamkeit auslöst, wird es von der Zeitung als Thema auch anerkannt.

Die Eindeutigkeit
Je eindeutiger und überschaubarer ein Ereignis ist, desto eher kommt es in die Zeitung.

Konsonanz
Je mehr ein Thema mit vorhandenen Vorstellungen und Erwartungen übereinstimmt, desto eher kommt es in die Zeitung.

Überraschung

Überraschendes hat die größte Chance, in der Zeitung gedruckt zu werden.

Kontinuität

Ein Thema, das schon einmal in der Zeitung war, hat gute Chancen, mit aktualisierten Inhalten nochmals aufzutauchen.

Variation

Jede Information, die als wichtiger Zusatz zu einem bestehenden Medien-Thema eingestreut werden kann, hat gute Chancen auf einen Abdruck.

Eliten

Ereignisse, die Eliten betreffen – Staaten, Firmen und Personen – erzeugen überproportional hohe Aufmerksamkeit.

Personalisierung

Je stärker ein Ereignis personalisiert ist, sich im Handeln oder Schicksal von Menschen widerspiegelt, desto eher wird es gedruckt.

Negativismus

Je negativer, je höher das Konfliktpotential des Themas, desto eher wird es gedruckt.

Mediale Konsequenzen für den Sozialbereich

Eine Reihe von Nachrichtenfaktoren sind kontraproduktiv für eine erfolgreiche Medienarbeit sozialer Träger. Andere Nachrichtenfaktoren sind aber auch eine große Chance. Hier einige Beispiele (Nachrichtenfaktoren hervorgehoben).

Kontraproduktive Nachrichtenwerte für den Sozialbereich

– Sozialthemen sind nie so *eindeutig* wie z.B. das Ergebnis eines Fußballspiels
– Wirklich *Überraschendes* passiert hier selten, denn die Arbeit im Sozialbereich ist in ihrem Grundsatz auf Kontinuität angelegt.
– Der Sozialbereich beschäftigt sich außerdem sehr selten mit *Eliten*, die tendenziell die größte öffentliche Aufmerksamkeit erzeugen.
– Eine *Personalisierung* ist nur schwer möglich, weil man eventuell damit die Persönlichkeitsrechte einzelner Menschen in einem negativen Umfeld darstellen und damit verletzten würde.
– Die *Frequenz* eines Themas bzw. Ereignisses aus dem Sozialbereich ist eher geschaffen für Publikationen, die nicht täglich, sondern in größeren Abständen erscheinen. Deshalb sind die Themen ganz offensichtlich auch so schwer in Tageszeitungen und im Rundfunk platzierbar.

Produktive Nachrichtenwerte für den Sozialbereich

– Wenn die Öffentlichkeit in den Medien über ein Thema diskutiert, dann können *variantenreiche* und neue Zusatzinformationen eines Spezialisten (Amt/Freier Träger/Sachverständiger) das Thema intelligent weiterentwickeln, zum Beispiel die üblichen Sommerlochdiskussionen über Sozialhilfe, Migration etc.,
– Diese Variation schafft so die Voraussetzung für den Faktor *Kontinuität*: der fortlaufenden öffentlichen

Diskussion über neue und interessante Inhalte.

– Wenn schon *Negativismus* einen sehr hohen Stellenwert in der medialen Auswahl von Themen hat, dann kann man daran dennoch vergleichsweise gut partizipieren, in dem man *Lösungen* zum Konfliktpotential eines aktuellen Medienthemas anbietet.

Reaktive oder aktive Öffentlichkeitsarbeit

Es gibt zwei Grundformen der Öffentlichkeitsarbeit, derer man sich im PR-Bereich bedient: die aktive Öffentlichkeitsarbeit und die reaktive Öffentlichkeitsarbeit. Während man bei der aktiven Öffentlichkeitsarbeit versucht, eigene Themen erfolgversprechend zu platzieren, ist man bei der so genannten reaktiven Öffentlichkeitsarbeit immer in der Rolle des Verfolgten, meist in Krisensituationen, die unvermittelt auf jemanden einstürzen.

Vergleichsweise erfolgversprechend und vor allen Dingen eher ungefährlich ist die reaktive Medienarbeit nur, wenn man sich an aktuellen Medientrends orientiert, die im Augenblick eine Rolle spielen, z.B. Sozialabbau, Drogen, Kinderkriminalität, Schulverweigerung. Organisieren Sie ein Pressegespräch mit Experten und der Regional- oder der Lokalprominenz zu diesen Themen. Erfolgversprechend sind auch öffentliche, weil medienwirksame Podiumsdiskussionen.

Allerdings ist hier ein hohes Realisierungstempo gefragt. Manche Themen „laufen" nur wenige Tage. Sie müssen deshalb schnell agieren – zum Beispiel die Zeitung anrufen, um mit ihr eine Veranstaltung zu organisieren. Auf lange Abstimmungsdiskussionen müssen Sie hier unbedingt verzichten. Das ist auch gar nicht nötig, denn Sie sind ja selbst nicht angegriffen worden. Sie übernehmen vielmehr die Rolle des Moderators, der Know-how zum *Informationswohl* der Öffentlichkeit aus den verschiedensten Bereichen bündelt.

Sie wollen Ihre Themen selbst platzieren

Sie können jeden beliebigen Inhalt zum Thema der Zeitung machen, wenn Sie es schaffen, die Zeitung als Medienpartner oder Präsentationspartner mit ins Boot zu bekommen. Regen Sie zum Beispiel ein Open-Air-Konzert einer Schulband an. Der Ertrag geht in einen neu gegründeten Suchtmittelfonds im Landkreis. Radiomoderatoren des Lokalsenders übernehmen dabei die Präsentation. Lassen Sie in den Schulen entsprechende Slogans und Plakate entwerfen. Daraus könnte ein Wettbewerb entstehen, der erneut auffällt.

Um Eindeutigkeit bemühen

Ein erfolgversprechender Grundsatz für die Medienarbeit ist auch, die inhaltliche Bandbreite eines Themas auf das Wesentliche zu konzentrieren. Dabei muss man das Thema allerdings konsequent auf einzelne Kernaussagen reduzieren. Es soll an dieser Stelle nicht verschwiegen werden, dass in der Reduktion auf das Wesentliche einzeln differenziert zu betrachtende Teilaspekte in der öffentlichen Diskussion immer unterbewertet werden. Doch diesen Kompromiss muss eigentlich jedes Unternehmen eingehen, um mit einem eigenen Beitrag mediale Aufmerksamkeit zu erzeugen.

Stellen Sie sich selbst einige kritische Grundfragen. Was will ich eigentlich ganz genau sagen? Auf welche Kernaspekte will ich im Bericht hinweisen? Maximal 5 zentrale Aussagen in einem 100 Zeilen-Artikel sind für den Leser mehr als genug. Zum Vergleich: Bei zehn Artikeln auf einer Zeitungsseite und 24 Seiten Umfang präsentiert man Ihnen in einer Tageszeitung rund 1200 Neuigkeiten täglich.

Außerdem: Versuchen Sie das Thema zu personifizieren. Die Amerikaner nennen das „To make people heroes" und wollen damit immer die besonderen Verdienste einzelner Menschen hervorheben. Aber Vorsicht: Menschen, die sich nur während der üblichen Arbeit gewinnbringend für ein Thema einsetzen, sind damit nicht zwangsläufig gemeint. Denn das ist eigentlich ihr Job. Dafür werden sie bezahlt. Eher sind zusätzliche Freizeitengagements oder ehrenamtliche Helfer gemeint; Menschen, die sich freiwillig einem Problem annehmen und dabei wirklich Gutes und Außergewöhnliches tun.

Welche Themen lassen sich platzieren?

Wenn Sie es schaffen, mit Ihrem selbst erstellten Text beim Medienvertreter eine persönliche Betroffenheit herzustellen, werden Sie Erfolg haben. Dabei ist die Bandbreite an interessanten Themen durchaus weit gestreut. Zum Beispiel:

- Thema Amtshilfe: Wo und wie kann ein Amt in welchen Fällen wirklich konkret und schnell helfen, inkl. Infokasten mit Namen und Telefonnummern. Welche direkten Konsequenzen auf die Bürger hat der Abbau des Sozialstaates etc.? Profilieren Sie sich als Dienstleister.
- Sie können konkrete Sachtexte vorbereiten: z.B. zu Drogen.
- Sie können Reportagen vorbereiten: Ein Tag im Entziehungsheim, ein Tag im Jugendgefängnis. Das braucht allerdings Textübung.
- Sie können Einrichtungen vorstellen, die sich mit einem ganz bestimmten Thema befassen bzw. konkrete Personengruppen betreu-

en, die sonst nirgends im Landkreis betreut werden.
- Sie können soziale Entwicklungen beschreiben und mit detaillierten statistischen Angaben zu früher und heute würzen.
- Sie können einen neuen Institutsleiter vorstellen: Was will der neue Mann oder die neue Frau auf dieser Position konkret zum Wohle der Allgemeinheit erreichen?
- Sie können die Neueröffnung von Einrichtungen beschreiben (mit Bild).
- Nutzwert für die Öffentlichkeit ansprechen.
- Sie können zum Beispiel die Arbeit in einem Kinder- und Jugendzirkus als wichtigen Beitrag künftiger Team- und Handlungskompetenz von Auszubildenden in der Sonderbeilage einer Tageszeitung zum Thema „Qualifikation und Job 2001" darstellen oder eine solche Beilage selbst anregen und einen Themenvorschlag machen. Die Zeitung wird dafür interessierte Anzeigenkunden finden.

Journalistische Textformen

Für die journalistische Arbeit gibt es standardisierte Textformen, die in Printmedien – Zeitungen und Zeitschriften – ihren Niederschlag finden.

Nicht alle Textformen sind für alle Medienschaffende interessant oder gar notwendig. So gibt es Journalisten, die sich im Laufe der Jahre auf die Erstellung von Kreativ-Leistungen konzentriert haben (zum Beispiel in der Politik oder Kultur auf Kommentare, Reportagen, Glossen etc.) Und gleichzeitig gibt es Journalisten, die ausschließlich mit den sachlichen Standardformen umgehen, wie etwa die Kolleginnen und Kollegen der Nachrichtenagenturen, die eigentlich ein ganzes Leben lang nur Meldungen, Nachrichten und Berichte verfassen und auch nicht unglücklicher sind als die Kreativlinge der Medienszene.

Und nicht alle journalistischen Formen eignen sich gleicher Maßen für die Belieferung von Medien. Meldungen, Nachrichten und Berichte werden aufgrund ihres sachlichen Charakters als Fremdmeldungen relativ oft abgedruckt.

Kreativleistungen von Nicht-Redaktionsmitgliedern wie etwa Reportagen, Features, Interviews, Kommentare und Glossen werden so gut wie nie veröffentlicht. Diese Formen sind die eindeutigen Privilegien der Redaktionsmitglieder. Darüber hinaus sollte man sich in den Standardformen erst eine gewisse Zeit lang üben, um sich dann später auf das kreativ-künstlerische Parkett zu wagen.

Beschränken Sie sich in Ihrer Textarbeit deshalb bevorzugt auf die Sachformen. Damit werden Sie sicher größere Abdruckerfolge erzielen. Nachfolgend zum Kennenlernen eine kurze Beschreibung der Stilformen Meldung, Nachricht, Bericht, Reportage, Portrait und Interview, jeweils inklusive eines Beispieltextes mit identischem Thema.

Textformen und Beispiele[11]

Die Meldung

Eine Meldung ist eine auf das Äußerste verkürzte Sachinformation, die einzig und allein der schnellen Informationsübermittlung der wichtigsten Aussagen zu einem Thema dient. Dabei müssen alle zentralen Inhalte kurz angesprochen werden, um den Leser in Sekundenschnelle über alles Wesentliche zu informieren. Der Umfang einer Meldung beschränkt sich dabei auf maximal 60 Worte – rund 10 Zeilen mit etwa 30 Anschlägen. Sehr oft kündigen Meldungen ein konkretes Ereignis an, seltener rekapitulieren sie diese Ereignisse.

Ein Beispiel einer Meldung
Mit einem Tag der offenen Tür am Samstag, den 23. Juni zwischen 10 und 18 Uhr, will das Jugendhaus Gecko in der Steinstraße 13 in Bretten den Jugendlichen zwischen 14 und 21 Jahren einen Einblick in seine Aktivitäten geben. Ab 18 Uhr spielt die Gecko-Band bei kostenlosem Eintritt.

Die Nachricht

Die Nachricht ist eine verständliche, sachliche Information über Tatsachen, die für den Leser erstens neu und zweitens entweder wichtig oder interessant sind. Das Wichtigste steht im ersten Satz, danach folgen Zusatzinformationen mit abnehmender Wichtigkeit. Diese Art der Informationsanordnung nennt man den Lead-Stil. Eine Nachricht muss alle sechs journalistischen W's beantworten: Wer? Was? Wann? Wo? Wie? Warum? Der Umfang einer Nachricht übersteigt selten den Umfang von 30 Zeilen mit rund 30 Anschlägen. Nachrichten sind meistens eine Beschreibung zurückliegender Dinge und nehmen deshalb auf, was vor dem Ereignis schon angekündigt wurde.

Ein Beispiel einer Nachricht

Der Tag der offenen Tür im Jugend-haus Gecko in Bretten, zu dem der Jugend-hausverein vergangene Wochen eingeladen hatte, war nach Angaben des Veranstalters ein großer Erfolg – sowohl für die Jugend-lichen als auch für die Mitarbeiter im Ju-gendhaus. Am vergangenen Samstag war schon ab 10 Uhr ein beträchtlicher Zu-spruch zu verzeichnen.

Viele Jugendliche hatten Eltern und Freunde mitgebracht, um zu zeigen, was im Jugendhaus in der Steinstraße 13 so al-les geboten ist. Am späten Nachmittag war die kalkulierte Verköstigung schon kom-plett aufgebraucht, so dass die Jugend-lichen für das anschließende Konzert am Samstagabend mit der Jugendhaus-Band Gecko noch schnell neue Verpflegung be-sorgen mussten.

Manche Eltern zeigten sich über-rascht vom umfangreichen Freizeitange-bot im Jugendhaus an der Steinstraße. Eine am Tag der offenen Tür durchge-führte Spendenaktion erbrachte außer-dem einen Betrag von fast 3.000 Euro, mit dem sich das Jugendhaus einen lang gehegten Wunsch erfüllen möchte: ein neues Internet-Café mit schneller DSL-Datenleitung.

Der Bericht

Der Bericht ähnelt in seiner Kurz-form sehr der Nachricht, ist aber in sei-ner Langform schon deutlich umfang-reicher und zeigt stärker Hintergründe und Zusammenhänge auf. Auch hier stehen die wichtigsten Informationen in der Regel am Anfang. Die Meinung des Autoren ist hier ebenfalls nicht ge-fragt. Einzelne atmosphärische Eindrü-cke können und dürfen aber vorkom-men. In Tageszeitungen zum Beispiel sind für Berichte sowohl 40 Zeilen als

auch 100 Zeilen mit 30 Anschlägen statthaft. Oft werden zu umfangrei-chen Berichten auch Fotos veröffent-licht (wenn welche gemacht wurden).

Der Bericht beschreibt facettenrei-cher die verschiedenen Details z.B. einer Veranstaltung und nimmt auch einzelne Originalstimmen bzw. Zitate zum Thema auf, die geschickt ver-knüpft, ein farbigeres Bild zum The-ma liefern. Je umfangreicher die Aus-schmückung, je eleganter die benutzte Sprache ist, desto näher rückt der Be-richt an die journalistische Form des so genannten Features. Sehr oft spricht man hier dann auch von so genann-ten „gefeaturten" Berichten.

Rückt die atmosphärische Beschrei-bung in einem Bericht merklich in den Vordergrund, dann spricht man auch von einer Reportage, in der die reine Sachinformation sehr oft dem Unter-haltungswert hinten angestellt wird. „Gefeaturte" Berichte und Reportagen sind auch für Fachleute nur schwer auseinander zu halten.

Ein Beispiel eines Berichtes

Der Tag der offenen Tür im Jugend-haus Gecko, zu dem der Jugendhausverein vergangene Woche eingeladen hatte, war nach Angaben von Jugendhausleiter Hans Krankl ein großer Erfolg – sowohl für die Jugendlichen, als auch für die Mitarbeiter. Am vergangenen Samstag war schon ab 10 Uhr ein beträchtlicher Zuspruch zu ver-zeichnen.

Viele Jugendliche hatten Eltern und Freunde mitgebracht, um zu zeigen, was im Jugendhaus in der Steinstraße 13 in Bretten so alles geboten ist. Am späten Nachmittag war die kalkulierte Verkösti-gung schon komplett aufgebraucht, so dass die Jugendlichen für das anschließende

Konzert am Samstagabend mit der Jugendhaus-Band Gecko noch schnell neue Verpflegung besorgen mussten.

Manche Eltern zeigten sich überrascht vom umfangreichen Angebot im Jugendhaus an der Steinstraße. Eine am Tag der offenen Tür durchgeführte Spendenaktion erbrachte einen stattlichen Betrag. „Wir hätten nie geglaubt, dass das Interesse derart groß sein würde. Und was mich natürlich besonders gefreut hat, sind die rund 3.000 Euro an Spenden – für uns so etwas wie ein Lottogewinn," freut sich Jugendhausleiter Hans Krankl noch heute.

Mit dem Geld will sich das Jugendhaus in der Steinstraße einen lang gehegten Wunsch erfüllen. „Die Jugendlichen wollten schon lange ein Internet-Café mit schneller DSL-Leitung. Diesen Wunsch können sie sich nun erfüllen", freut sich auch Matthias Rundknecht, Sozialdezernent der Stadt Bretten. Die Stadt will die Unterhaltskosten der Anlage merklich mitfinanzieren, weil sie weiß, „dass die Jugendlichen ohne Computer- und Internet-Erfahrung auf dem Arbeitsmarkt kaum mehr eine Chance haben," verweist Rundknecht auf verschiedene Untersuchungen zu diesem Thema.

Doch auch ohne DSL-Internet-Café scheint das Jugendhaus in der Steinstraße 13 in Bruchsal bislang hervorragende Arbeit zu leisten. Einer internen Jugendhaus-Statistik zufolge haben sich die Fortbildungsangebote im Jugendhaus – wie etwa Computer- und Sprachkurse oder erlebnispädagogische Angebote – bei der Ausbildungsplatzsuche mehr als bezahlt gemacht. „Eigentlich hat jeder unserer Jugendlichen, der wenigstens einmal diese Kurse besuchte, anschließend seinen Ausbildungsplatz auch gefunden ...

Die Reportage

Die Reportage beginnt nicht mit der wichtigsten Information, sondern mit einem persönlichen Eindruck des Autors, einer Detailbeschreibung etc. Der Leser befindet sich gleichsam selbst am Ort des Geschehens, die Schilderungen des Verfassers sind mitunter subjektiv und enthalten seine Eindrücke und Gefühle sowie Zitate von Menschen, mit denen er gesprochen hat. Die Informationsvermittlung muss aber trotzdem im Vordergrund stehen. Der Umfang einer Reportage kann durchaus bis zu 120 Zeilen mit rund 30 Anschlägen betragen, muss aber nicht. Was allerdings sehr wichtig ist: Reportagen leben von fotografischen Bildern, jenen Bildern die auch mit dem Text transportiert wurden. Kaum eine Reportage wird in der Zeitung ohne Bild erscheinen. Deshalb ist es wichtig, das Thema sympathisch fotografisch zu dokumentieren.

Ein Beispiel für eine Reportage

Es war eine Menge los im Jugendhaus in der Steinstraße beim ersten Tag der offenen Tür, zu dem der Jugendhausverein in Bretten geladen hatte. Schon am Nachmittag waren Speisen und Getränke vollständig aufgebraucht, eine missliche Lage für das von vielen heiß erwartete Konzert der Jugendhaus-Band Gecko, das um 18 Uhr über die Jugendhausbühne gehen sollte. Damit die Jugendlichen aber nicht darben mussten, gab's schon bald Nachschub. Eine Tankstelle in unmittelbarer Nachbarschaft des Jugendhauses öffnete ihr Lager „zu wirklich sehr zivilen Preisen. Ohne diese Hilfe wäre das ein recht trockener Abend geworden", schmunzelt Hans Krankl, der Leiter des Jugendhauses

Gecko. Ganz offensichtlich haben die Jugendhäusler beim Tankstellenpächter einen dicken Stein im Brett.

Als gegen 10 Uhr die offizielle Eröffnung des Tags der offenen Tür durch den Sozialdezernenten der Stadt persönlich vorgenommen wurde, ...

Das Portrait

Das Portrait ist dem Stil nach eine Reportage, bei der es allerdings vorrangig um die Beschreibung einer Person geht. Der Texter beschreibt einen Menschen sehr gefühlvoll, er erzählt gleichsam dessen Biografie, oder zumindest einen merklichen Teil davon. Grundsätzlich wird dabei eine besondere Eigenschaft oder Fähigkeit des Porträtierten hervorgehoben und als Aufhänger benutzt.

Ein Beispiel für ein Portrait

Hans Krankl war früher leidenschaftlicher Fußballspieler. Ein besonders Guter dazu. In seinen besten Jahren schoss er für den FK Unterfinsingen in der damaligen Amateurliga im Schnitt 30 Tore pro Saison. Und deshalb freut sich Hans Krankl umso mehr, dass seine „Gecko-Jungs", wie er sie herzlich nennt, auf dem Turnier der Jugendhäuser im Regierungsbezirk Karlsruhe den ersten Platz erkämpft haben. „Und das nicht nur durch Energie und Kondition, sondern durch Spielwitz und Cleverness", wie Krankl stolz feststellt. „Wir sind eine klasse Truppe geworden. Wenn ich zurückdenke, was wir vor zwei Jahren noch für ein lascher Haufen waren – ich kann's kaum glauben."

Hans Krankl spricht ganz unverhohlen von einer Rabaukentruppe, der er vor reichlich zwei Jahren anbot, sich zweimal die Woche zum Kicken zu treffen. „Eigent-

lich kamen die nur vorbei, weil wir im Jugendhaus noch einen Kasten Limo gestemmt haben, den ich nach dem Training ausgegeben habe. Die Jungs waren damals alle knapp bei Kasse." ...

Das Interview

Das Interview ist eine journalistische Textform mit eindeutigen Regeln. Fragen und Antworten wechseln sich zwischen dem Interviewer und dem Interviewten ab. Jedes Interview hat ein Grundthema, über das der Gefragte kompetent Auskunft gibt. Es müssen wichtige und vor allen gesicherte Antworten gegeben werden, damit der Leser etwas davon hat. Für Smalltalk ist in einer Tageszeitung kein Platz. Es ist selten sinnvoll, dem Gesprächspartner im Interview mehr als fünf Fragen zu stellen. Alle Fragen müssen markant formuliert werden, denn die Aussagen sollen ja ebenfalls markant sein.

In der Regel werden die Interviewfragen dem Interviewpartner schriftlich im Vorfeld des Interviews vorgelegt, damit er sich auf die Fragen einstellen kann und zum Interview-Zeitpunkt die richtigen Antworten parat hat. Besonders bei Rundfunk-Interviews ist diese Vorgehensweise sehr empfehlenswert. Für einen Abdruck in Printmedien müssen sich die Interviewpartner nicht unbedingt persönlich treffen. Man kann ein Interview auch auf dem reinen Schriftverkehr abwickeln. Der Pressekodex und das Presserecht sehen vor, dass Interviews vom Interviewpartner im endgültigen Wortlaut nach einer Prüfung persönlich freigegeben werden. Dazu reicht auch eine mündliche Bestätigung aus.

Ein Beispiel für ein Interview

Frage: *Herr Krankl, waren Sie mit Ihrem ersten Tag der offenen Tür im Jugendhaus Gecko zufrieden?*

Antwort: *Mehr als zufrieden – das war ein voller Erfolg. Wir hätten nicht geglaubt, dass ...*

Frage: *Auch die Besucher scheinen diesen Tag sehr genossen zu haben. Woran lag's ?*

Antwort: *Wir haben uns wirklich sehr gewissenhaft vorbereitet und alles gezeigt, was in unserer Arbeit im Jugendhaus wichtig ist. Besonders lag uns am Herzen die ...*

Frage: *Ganz billig kann so ein Tag für Sie nicht gewesen sein. Belastet dies Ihr Budget so weit, dass andere Dinge in Zukunft zurückstehen müssen?*

Antwort: *Unsere Arbeit wird unter den Investitionen in diesen Tag der offenen Tür nicht leiden. Denn die Ausgaben sind durch zahlreiche Spenden, die uns speziell für diese Veranstaltung zugingen, fast vollständig abgedeckt. Auch die Stadt hat uns mit einer einmaligen Zahlung sehr weitergeholfen. Doch was sich mit Geld niemals aufrechnen lässt, ist der sympathische Eindruck, den wir bei den Besuchern hinterlassen haben. Sie wissen nun, dass wir hier ...*

Frage: *Was würden Sie für die Zukunft anders machen?*

Antwort: *Wir haben uns mit den Speisen und Getränken komplett verkalkuliert. Das wird in Zukunft sicher nicht mehr vorkommen. Und außerdem hätten wir nicht gedacht, dass so viele Eltern uns besuchen, denen wir gar nicht alles zeigen konnten, was wir hier realisieren. Wir werden beim nächsten Mal noch mehr ...*

Frage: *Wann soll der nächste Tag der offenen Tür im Jugendhaus stattfinden?*

Antwort: *Wir planen, diese Veranstaltung nun regelmäßig einmal pro Jahr stattfinden zu lassen, immer vor Beginn der großen Ferien. Der Termin scheint für uns aus zwei Gründen ideal. Erstens, weil ...*

Schluss: *Herr Krankl, wir danken Ihnen für dieses Gespräch.*

So wird man richtig verstanden

Wichtigste Regel der Kommunikation – gleich ob schreiben oder sprechen – ist Verständlichkeit. Diese Grundforderung überragt nicht nur alle anderen Details im Schreibakt, sondern gibt auch die wesentlichen Kriterien vor, nach denen sich ein geschriebener Text zu richten hat – immer unter der Voraussetzung, dass man überhaupt verstanden werden will, was bekanntlich nicht immer der Fall sein muss.

Grundsätzlich gliedert sich alles Geschriebene in drei Bereiche:
– den Inhalt
– den Stil
– und die Gestaltung

Zum Inhalt

Zentrales Kriterium für Verständlichkeit ist die Vollständigkeit der Informationen, die man beim Schreiben recht einfach über die so genannten W-Fragen prüfen kann:

Wer hat was und wo mit wem und wozu und wie ... gemacht.

Aus dieser Kette von Informationen, die man in zwei bis drei Sätzen zusammenfassen kann, entsteht ein so genanntes Lead – das Wichtigste eines Textes kommt am Anfang.

Danach erklären Sie Zusammenhänge, die zum Thema wichtig sind. Und wiederum anschließend beschreiben Sie das Umfeld (den Kontext). Eine verständliche Gliederung lautet deshalb:

- Lead,
- Zusammenhänge,
- Kontext.

Achten Sie darüber hinaus auf Aktualität. Denn nur wirklich Aktuelles wird auch aufmerksam gelesen. Achten Sie außerdem auf die Textmenge. Versuchen Sie, mit maximal 3000 Anschlägen pro Thema auszukommen, besser noch die Hälfte. Konzentrieren Sie sich auf das wirklich Wesentliche und belasten Sie den Leser nicht mit Dingen, die für ihn aktuell nicht wichtig sind.

Natürlich ist die Textmenge in gewisser Weise auch von der verwandten Stilform bzw. der journalistischen Darstellungsform abhängig (siehe Extrakapitel Textformen in diesem Booklet). Aber auch in der herkömmlichen schriftlichen Kommunikation mit Ihrer Klientel kommt es weniger auf Ihre schriftstellerische Qualitäten, denn auf klare Wortwahl an:

- Kürzen Sie den Text, wo immer es möglich ist und zeigen Sie Mut zur Lücke,
- lassen Sie den Text ein bis zwei Tage liegen, bevor Sie ihn wieder überarbeiten,
- geben Sie Ihren Text einem neutralen Leser zur Korrektur (Lektorat),
- lesen Sie sich den Text laut vor. So entdecken Sie lange Sätze und schwierige Satzkonstruktionen.

Zum Stil

Guter Stil heißt: klar ausgedrückt in möglichst einfachen Worten und einfachen Sätzen.

Rechtschreibung und Grammatik sollten weitgehend stimmen, wobei Sie hier nicht zu viel Energie investieren sollten; weil die deutsche Sprache sehr differenziert ist und für viele Regeln auch eine Gegenregel existiert. Prüfen Sie jeden Text auf nachfolgende Kriterien:

- Kurze Sätze statt lange Sätze (Vorschlag: maximal 15 Worte pro Satz).
- Einfache Worte statt schwierige Worte (vgl.: Methode statt Methodik).
- Aktiv statt passiv (vgl.: hat gesagt statt ist gesagt worden).
- Direkte Ansprache statt indirekte Ansprache (vgl.: wichtig ist statt nicht ganz unwichtig ist)
- Positiv statt negativ (vgl.: halbvoll statt halbleer).
- Keine Abkürzungen; sie hemmen den Lesefluss (vgl.: DM, km/h, %, $, §, &).
- Keine Substantivierung. Entzerren Sie Wortungetüme, vermeiden Sie schwierige Hauptworte (vgl.: gesteigerte Nutzung statt Nutzungsgradsteigerung).
- Sinnprüfung gemachter Aussagen: Steht in dem geschrieben Satz genau das, was ich will. Und versteht der Leser exakt jene Botschaft, die ich ihm übermitteln will.
- Möglichst wenig Zeitenwechsel im Text (vgl.: kein Mix aus Gegenwart (Präsens) und Vergangenheitsformen (Perfekt etc.).

– Wiederholen Sie dezent einzelne Aussagen, um bestimmte Informationen besonders hervorzuheben. Die Engländer nennen das Stretching.

– Vorsicht bei vordergründig sinnverwandten Worten: Sie sind nicht immer absolut identisch. (vgl.: Seite – Richtung – Teil – Hälfte).

– Verwenden Sie möglichst wenige Satzzeichen, zum Beispiel bei der Betonung von Worten, die Sie zwar sagen, aber durch ein Satzzeichen unterstreichen oder etwa abschwächen wollen. Sie kennen das sicher: Wir benützen zum Beispiel oft Anführungszeichen, weil wir aktuell kein passenderes Wort parat haben. Besser: Suchen Sie nach passenderen Worten, und vermeiden Sie Anführungszeichen, die eigentlich für Zitate reserviert sind. Wer solche optischen Stilmittel verwendet, sollte besser noch an seinem Wortschatz feilen. Und außerdem: Keine Angst vor Umgangssprache. Sie können auch über die „Szene" schreiben, ohne das Wort in Anführungszeichen setzen zu müssen.

Zur Gestaltung

Erzeugen Sie Übersichtlichkeit im Text durch die Elemente Schriftwahl, Schriftgröße, Zeilenabstand, rechter und linker Rand sowie eine dezente Formatierungen. Es gibt eine Kenngröße für die innere Harmonie einer Textseite, die besagt, dass eine Seite ein angenehmes Erscheinungsbild hat, wenn der so genannte Schwarzanteil einer Seite bei etwa 5 bis 7 Prozent liegt. Das heißt in der Praxis: Zu große Zeilenabstände und zu große Absatzabstände wirken unangenehm auf den Leser, weil zu viel Weißanteil vorhanden ist, und hinterlassen dabei ein ungutes Gefühl, wirken unbewusst anstrengend. Entsprechend verhält es sich mit zu kleinen Zeilenabständen. Die Textzeilen stehen zu eng übereinander. Dabei wirkt die Textseite irgendwie düster, dunkel und trübe.

– Wählen Sie mindestens eine 12- oder 13-Punkt-Schriftgröße, wenn es das Layout Ihrer Seite zulässt. Hier lesen Sie eine 9-Punkt-Schrift, die aufgrund ihrer Ausprägung aber größer erscheint.

Ein paar Beispiele

10 punkt Arial
11 punkt Arial
12 punkt Arial
13 punkt Arial

10 punkt Times
11 punkt Times
12 punkt Times
13 punkt Times

10 punkt Courier
11 punkt Courier
12 punkt Courier
13 punkt Courier

10 punkt Garamond
11 punkt Garamond
12 punkt Garamond
13 punkt Garamond

- Benutzen Sie übliche Schriften wie Arial oder Times oder leichte Abwandlungen davon. Es hat seinen Grund, warum diese Schriften so populär sind.
- Vermeiden Sie so genannte Schmuckschriften wie etwa Weihnachtsschriften oder Handschriften. Sie sind für Lauftext nur schwer lesbar.
- Zwingen Sie sich, nur eine einzige Schriftart für den Lauftext des Gesamtdokuments zu verwenden. Einzige Ausnahme: Überschriften, Tabellen oder Bildunterschriften.
- Reduzieren Sie den Zeilenabstand auf eine Größe von 1,2 Zeilen oder 1,3 Zeilen zur Schrifthöhe (in Word recht einfach einstellbar). Aber Erfahrungswerte haben gezeigt: Je größer die Schrift, desto kleiner sollte der relative Zeilenabstand gewählt werden.
- Reduzieren Sie den Abstand zwischen einzelnen Absätzen auf ein Minimum, der Abstand muss gerade noch erkennbar sein (Word-Funktion: unser Vorschlag -6 Punkt). Keine doppelte Zeilenschaltungen verwenden (am PC in Word die Enter-Taste -CRT).
- Schreiben Sie nicht in Großbuchstaben, auch nicht einzelne Worte. Nur wirkliche Abkürzungen sind als Großbuchstaben statthaft, zum Beispiel ADAC oder IBM. Bosch wäre als BOSCH in dieser Denkweise dann natürlich nicht richtig. Auch wenn die Schreibweise orthographisch richtig wäre, sie stört den optischen Lesefluss ungemein. Eine sympathische Regel für Sie: Worte mit mehr als vier Buchstaben werden Groß-Klein geschrieben (Bosch statt BOSCH).
- Jede Seite hat eine klar sichtbare Seitenzahl am unteren oder oberen Seitenrand, jeweils rechts. Ausnahme: Einzelseiten (Funktion kann in Word automatisiert werden).
- Linksbündige Absätze sind besser als Blocksatz, wegen der beim Blocksatz auftretenden unregelmäßigen Wortabstände. Vermeiden Sie Mittelsatz oder gesperrte Absätze (Funktionen innerhalb von Word).
- Schalten Sie im Rechtschreibprogramm die Silbentrennung aus. Sie trennt nicht immer zuverlässig (Funktionen innerhalb von Word).
- Setzen Sie den linken Rand auf mindestens vier Zentimeter und den rechten Rand auf mindestens drei Zentimeter Randabstand (Funktionen innerhalb von Word). Das schafft Korrekturraum für später.
- Vermeiden Sie Formatierungs-Orgien, wie das Auszeichnen eines Textteiles mit fett, kursiv, Anführungszeichen, anderer Schrift oder ähnlichem. Das wirkt nicht nur verspielt, sondern auf einen Leser oder gar einen professionellen Texter ganz einfach stümperhaft. Außerdem: Formatierungen in Pressemeldungen für Zeitungen müssen vom bearbeitenden Redakteur immer von Hand entfernt werden, was die Arbeit mit dem Text merklich verlängert, und damit den Unmut des Textbearbeiters steigert.
- Verwenden Sie dezente Linien als Überschriften-Formatierung.

– Vermeiden Sie Textrahmen, die gänzlich um einen Absatz herum laufen. Das sieht wie eine Todesanzeige aus.

Nur eine Zielgruppe pro Text

Mit diesen kleinen Regeln für Inhalt, Stil und Gestaltung werden Sie die Verständlichkeit Ihrer Texte wesentlich beeinflussen. Und damit ganz sicher nur zum Positiven.

Sie wissen bestimmt auch, dass ohne eine eindeutige und eindimensionale Zielgruppendefinition kein Text wirklich verständlich geschrieben werden kann. Den immer wieder diskutierten Anspruch, z.B. Eltern, Kollegen, Richter, Jugendliche etc. mit einem einzigen Text gleich perfekt zu erreichen, können Sie in Ihrer täglichen Arbeit gar nicht schaffen. Wer behauptet, dass dies möglich ist, der hat einfach keine Ahnung vom Schreiben.

Pressetexte erstellen

Wie kommt Ihre Nachricht in die Zeitung? Da gibt es zwei Möglichkeiten. Entweder Sie schreiben den Artikel selbst, oder Sie führen ein Pressegespräch mit einem Journalisten. Beides hat sowohl Vor-, als auch Nachteile.

Wenn Sie selbst schreiben, wissen Sie, wie Sie die Schwerpunkte der Berichterstattung setzen. Allerdings: In der Redaktion wird man Ihren Text sehr genau auf journalistische Professionalität überprüfen und lektorieren. Danach werden Überraschungen für Sie nicht ausbleiben.

Bei einem Pressegespräch entfällt theoretisch die Mühe des Schreibens, aber Sie würden wohl gerne sicherstellen, dass im Artikel auch zum Ausdruck kommt, was Ihnen wichtig ist. Leider ist genau das nach einem Pressegespräch oft unmöglich. Denn kaum ein Journalist wird Ihnen seinen Text zur Begutachtung nochmals vorlegen.

Wenn Sie auf jeden Fall selbst schreiben wollen, dann helfen Ihnen eine Reihe von praktischen Tipps, die wir nachfolgend an Sie weitergeben möchten.

Im Mittelpunkt einer Geschichte steht immer ein Ereignis oder eine Person. Sie bilden den so genannten Aufhänger. Dieser so genannte Aufhänger ist der eigentliche Grund, weshalb die Geschichte überhaupt erzählt wird. Der Aufhänger sollte eigentlich immer ein aktuelles Ereignis sein. Denn Aktualität ist der wichtigste Wesenszug einer journalistischen Berichterstattung – wer will schon eine Story lesen, die im herkömmlichen Sinne ein alter Hut ist.

Beginnen Sie Ihre Geschichte nicht chronologisch, sondern mit einer neuen Aussage oder einer bemerkenswerten Stellungnahme. Der Anfang einer Geschichte – einer Nachricht, eines Bericht oder einer Reportage – sollte sehr sorgfältig überlegt und getextet werden. Denn die ersten Sätze eines Textes müssen das Interesse des Lesers oder Hörers wecken. Die ersten zwanzig Worte entscheiden darüber, ob man die Geschichte weiter verfolgt oder eben nicht.

Im Hauptteil der Geschichte beschreiben Sie dann sehr viel detaillierter die nötigen Sachinformationen (wer, was, wann, wo, warum etc.), wobei Zitate und persönliche Aussagen von Betroffenen oder Akteuren das Thema lebendig und authentisch machen.

Die Überschrift selbst spiegelt die zentrale Kernaussage des Themas wider, evtl. auch als Wortspiel. Dadurch entsteht ein Spannungsbogen und der Leser erhält den Eindruck, dass Ihr Projekt rund ist.

Arbeitstechniken

Es ist noch kein Texter vom Himmel gefallen. Schreiben braucht Zeit. Mitunter viel Zeit. Manchmal sogar sehr viel Zeit. Kalkulieren Sie als journalistischer Anfänger mit mindestens drei Minuten pro geschriebener Zeile mit maximal 30 Anschlägen – bis der Text so ist, wie Sie ihn gerne hätten. Eine 50-Zeilen-Geschichte benötigt demnach lockere 150 Minuten. Aber es kann auch die doppelte Zeit in Anspruch nehmen. Hier macht nur Übung den wirklichen Meister.

Je kürzer Sie texten, desto größer ist die Wahrscheinlichkeit des Abdrucks. Kleine Meldungen, kurze Nachrichten oder knappe Berichte haben immer irgendwo Platz in der Zeitung. Sie müssen nicht immer die ganze Tiefe eines Themas erschöpfend ausbreiten. Konzentrieren Sie sich auf eine Hand voll Kernaussagen. Damit muten Sie auch den Lesern oder Hörern nicht zu viel zu.

Stellen Sie auf jeden Fall einen aktuellen Bezug her. Wenn Sie über die zwei Jahre dauernde Umbauphase eines Jugendhauses berichten, dann sind nicht die beiden Umbaujahre das entscheidende, sondern natürlich die Fertigstellung in zwei Tagen.

Sie müssen vor der Erstellung des Pressetextes alle Fakten zusammentragen – so viel wie nur irgend möglich. Nur ein Teil davon wird später tatsächlich im Artikel direkt Erwähnung finden, aber die Vielzahl von recherchierten Informationen macht Sie persönlich sehr viel schreib- und argumentationssicherer. Ein Anhaltspunkt: Erfahrene Journalisten sammeln 100 Prozent Informationen und verarbeiten davon selten mehr als 10 Prozent.

Schreiben Sie nur über Dinge, die Sie in vergleichsweise wenigen Worten eindeutig benennen können und die ein Leser auch verstehen kann.

Beachten Sie unbedingt die definierten Sprachregeln in Ihrem Unternehmen, neuerdings auch unter dem Begriff Corporate Wording bekannt. Es gibt Fakten und Begriffe, die Sie auf eine bestimmte Art und Weise benennen und umschreiben müssen, um dem kommunikativen Erscheinungsbild des Unternehmens zu entsprechen.

Und außerdem: Schreiben Sie nur über Dinge, die Sie auch wirklich selbst verstanden haben. Das ist keine Banalität, sondern eherne Journalistenregel.

Vorrecherchen

Die nachfolgende Fragen müssen Sie eindeutig beantworten können. Ganz wichtig: Sie müssen das Thema genau benennen können und sich in Ihren Antworten kurz fassen können. Nur so können Sie einem Journalisten Ihren Pressetext auch schmackhaft machen.

– Ist das Thema (noch) aktuell, und schildert es eindeutige Neuigkeiten?

– Erregt das Thema die Aufmerksamkeit beim Leser und auch der Zeitung? Wenn ja, warum?
– Weshalb will ich darüber schreiben?
– Wer interessiert sich für das Thema?
– Warum und was genau interessiert den Leser an diesem Thema?
– Was hat die Zeitung für ein Interesse, dieses Thema abzudrucken?

Fakten – Fakten – Fakten

Das Wichtigste in einem Text sind die berühmten w-Fragen. Sie müssen alle in einem Zeitungsbericht eindeutig beantwortet sein.
– **Was –**
  ist passiert, worum geht es überhaupt?
– **Wer –**
  ist daran beteiligt, welche Personen sind für das Thema wichtig?
– **Wann –**
  ist das Was passiert, über welchen Zeitpunkt sprechen wir?
– **Wo –**
  ist das Was geschehen, bzw. passiert?
– **Warum –**
  ist das Was passiert, zu welchen Zweck?
– **Wie –**
  ist das Was passiert?

Sie sollten Personen namentlich sammeln, die für das Thema wichtig sind, so genannte Experten (Vorname, Name, Alter, Funktion, akad. Grad).
Sie sollten Zitate sammeln von Experten, die den Sachverhalt auf verständliche Weise erklären.

Sie sollten Beispiele sammeln, die eine Theorie verdeutlichen, am besten verknüpft mit Personen, die davon profitiert haben. Nennen Sie Erfolge: „Das haben wir bisher erreicht."
Erzeugen Sie Glaubwürdigkeit, indem Sie alle im Pressetext auftauchenden Informationen mit konkreten Ansprechpartnern (Zitate) verbinden. Dabei geben Experten die Antwort, nicht ein Amt oder ein Gesetz. Wenn keine objektiven Belege für eine Aussage vorhanden sind, dann bitte weglassen.
Immer wieder selbst reflektieren: Sagt der Pressetext genau das aus, was der Leser zum Thema wissen muss:
– *Ein schlechtes Beispiel:* In der ambulanten Jugendhilfe hat der Landkreis Gütersloh im Jahre 1996 erfreuliche Erfolge verzeichnen können. Viele Familien konnten ihre Probleme lösen.
– *Ein gutes Beispiel:* „Insgesamt 78 Familien nahmen 1996 die Hilfe der Sozialberater im Landkreis Gütersloh in Anspruch. Siebzehn davon kommen inzwischen ohne die begleitende Hilfe aus. Die familiäre Situation hat sich wesentlich verbessert. In zehn Familien hat der Vater wieder eine Job. In zwei Fällen konnte ein Eheproblem mit Hilfe der Familienberater gelöst werden, in einem Fall hat der Sohn eine Lehrstelle angetreten, und die restlichen...", verdeutlicht Sozialamtleiter Matthias Person die aktuellen Aussagen der diesjährigen Kreisstatistik.

Sie sollten Fotos und Graphiken sammeln oder selbst erstellen, die man als Illustrationen zum Pressetext in der Zeitung abdrucken kann.

Sind alle Fakten eindeutig und vollständig? Bitte mehrmals prüfen, denn dies ist der sensibelste Bereich überhaupt in einem Pressetext. Wenn irgendein Fehler sich in Ihren Pressetext einschleicht und gedruckt wird, dann ist die Zeitung darüber verärgert und wird Ihre grundsätzliche Kompetenz anzweifeln. Was nicht heißt, dass die Zeitung selbst keine Fehler macht. Im Gegenteil. Aber redaktionelle Fehler kann man Ihnen persönlich nun mal nicht in die Schuhe schieben.

Machen Sie vor der Weitergabe des Pressetextes und aller Unterlagen an die Medien auf jeden Fall eine vollständige Kopie. Behalten Sie das Original, und geben Sie nur die Kopie weiter (gute Kopie vorausgesetzt). Gehen Sie bitte nicht davon aus, dass Sie die Unterlagen zurückbekommen. Das geschieht eher selten – eigentlich gar nie.

Wie Redakteure mit Fremdtexten umgehen

Für Ihre Pressetexte sollten Sie nachfolgende Dinge beachten.
- Schreiben Sie alles Wichtige an den Anfang. Weniger Wichtiges gehört an den Schluss. Denn ein Text wird, wenn zu lang, in der Redaktion *immer* von hinten her gekürzt.
- Schreiben Sie in direkter Rede (... er hat getan. Nicht: das ist getan worden). Zeitungen drucken Texte eigentlich nie im Passiv, was zur Folge hat, das die Redaktion einen passiven Text komplett überarbeitet. Das freut den verantwortlichen Journalisten überhaupt nicht. Und Sie provozieren damit außerdem die komplette Überarbeitung Ihres Artikels.
- Schildern Sie genau; bitte keine Aussage ohne Beleg (Statistik/Zitat). Aussagen ohne Belege werden in der Redaktion immer gestrichen.
- Schildern Sie anschaulich: Die Sprachbilder müssen stimmen. (schlecht: Er zog mit dem Auto durch die Stadt; besser: Er fuhr ...).
- Zu Personen: Namen sowie Aufgabengebiete der Personen sollten mindestens einmal im Text vollständig benannt werden. Keine Geschlechtsbezeichnungen wie Herr oder Frau verwenden. Diese Bezeichnungen sind in Zeitungen absolut unüblich. Hingegen: Akademische Titel sind Teil des Namens und deshalb mindestens einmal vollständig zu verwenden, z.B. „Dr. Thomas Müller, Suchtbeauftragter im Landratsamt Bremen, weiß nur zu gut, dass in seinem ...".
- Erklären Sie auch Zusammenhänge und Vorgeschichten. So beschreiben Sie, was nicht jeder auf Anhieb wissen kann.
- Schreiben Sie so, dass ein thematisch interessierter Zeitungsleser Ihre Botschaft versteht. Ein Beispiel: Im Kulturteil oder Wirtschaftsteil einer Zeitung wird eine andere Sprache verwendet, als im Sportteil. Ihr Bericht erscheint sicher im Lokalteil, weshalb Sie Ihre Sprache der Sprache des Zeitungskapitels entsprechend anpassen sollten.

- Vermeiden Sie Gedankensprünge oder Zeitsprünge. Das erschwert jedem Redakteur die Überarbeitung. Schreiben Sie konsequent entlang eines roten Fadens.
- Bauen Sie Zitate ein (Expertenmeinung/Betroffenenmeinung). Das ist aus zwei Gründen besonders wichtig. Zum einen erscheint Ihr Pressetext für den Redakteur durch Aussagen Dritter wesentlich objektiver. Zum anderen sind Sie dadurch in der Lage, einzelne Personen strategisch in den Vordergrund zu rücken, zum Beispiel einen Vorgesetzten. Wichtig dabei ist nur, dass Sie dem Zitierten jene Worte in den Mund legen, die ihm ein aufmerksamer Redakteur auch abnimmt. Ein Beispiel: Ein Vollzugsbeamter erzählt über tagtägliche Geschehnisse im Jugendgefängnis. Einem Politiker würde man dieselbe Aussage nicht unbedingt abnehmen.
- Bitte verwenden Sie keine Fachausdrücke oder Fremdwörter, ohne diese unmittelbar und sofort anschließend zu erklären (z.B. Sozialisation, als die Entwicklung des Jugendlichen innerhalb...). In einem Pressetext Fremdworte nachzuschlagen, gefällt den Redakteuren überhaupt nicht.
- Üblich ist in Zeitungen, alle Zahlen von eins bis zwölf in Worte zu schreiben, ab der Zahl 13 ist dann eine Zahlenschreibweise statthaft.
- Vermeiden Sie Füllwörter und bürokratische Sprachwendungen (z.B. bezüglich, insbesondere, ...)
- Bitte kein Eigenlob. Wenn das wichtig sein sollte, dann lassen Sie sich einfach von Dritten loben.

- Bitte auch keine eigenen Meinungen verarbeiten: Es gibt nur eine Ausnahme: Sie kleiden diese Meinung in ein Zitat. Das ist die einzige meinungsäußernde Variante in einem Zeitungsbericht, die zulässig ist.
- Formulieren Sie erst am Ende Ihrer Textarbeit eine eindeutige Überschrift und einen kurzen, prägnanten Vorspann. So erreichen Sie die gewünschte Aufmerksamkeit beim Redakteur. Akzeptieren Sie dabei auch plakative Überschriften. Diese Art der Überschriften macht die Redakteure neugierig. Im Übrigen: Wer eine eher nüchterne Überschrift wählt, der läuft Gefahr, dass die Redaktion die Überschrift selbst textet. Es gibt nur eine erfolgversprechende Möglichkeit, Einfluss auf die Überschrift auszuüben. Formulieren Sie die Überschrift als zentrales, wörtliches Zitat unmittelbar aus dem Text. Meist wird diese Aussage dann in der Überschrift stehen bleiben.

Fotos und Illustrationen

- Mit guten Fotos oder Graphiken steigern Sie die Abdruckwahrscheinlichkeit Ihres Pressetextes um ein Vielfaches (laut wissenschaftlichen Untersuchungen mindestens um den Faktor 20). Denn oft entscheidet sich die Platzierung eines Textes aufgrund eines mitgelieferten Bildes zur Auflockerung der Seite.
- Bitte keine Schreibtischfotos mitgeben, sondern ein eindeutiges

Foto zum Thema. Bitte nur Menschen und Dinge fotografieren, die im Pressetext in Erscheinung treten.
– Produzieren Sie emotionale oder mysteriöse Fotos. Diese Art von Fotos wirken als besonderer Blickfang, z. B. Halbschattenbilder. Fotografieren Sie jene Dinge, wo Sie selbst beim Vorbeigehen aus Scham eher wegschauen würden.
– Fotos dieser Art müssen wahrscheinlich gestellt werden. Denn dramatische Realitäten abzulichten, ist in aller Regel nicht möglich. So bedarf es beim Fotografieren etwas Phantasie und Schauspielerei. Personenbilder sollen Dramatik und Problembewusstsein erzeugen (Alkohol, Gewalt, Streit, Drogen, Suizid, Sprachlosigkeit in der Familie, Schulprobleme, Leistungsversagen).

Sachliche Form

– Bitte alle Blätter nur einseitig beschreiben.
– Aufbau: Headline, Vorspann, Lauftext. Sollten Sie damit Ihre Not haben, dann schreiben Sie nur eine kurze Überschrift und anschließend den Lauftext.
– Maximal 120 Zeilen, besser nur 80 bis 100 Zeilen für Ihre Pressemeldung bei einer Spaltenbreite von rund 30 Anschläge (Buchstaben). Das ergibt dann im Höchstfall 3000 Buchstaben pro Text, wobei das für die Redaktion eigentlich schon zu viel ist. (siehe auch den Beitrag über Textformen in diesem Buch)

– Wählen Sie der Übersichtlichkeit halber eine Schriftgröße von mindestens 12 Punkt, Arial oder Times. Das liest sich im Manuskript besser.
– Wählen Sie einen Zeilen-Abstand von 1,5- bzw. 2-Zeilen.
– Halten Sie den rechten Rand als Notiz- bzw. Korrekturrand für die Redaktion möglichst breit.
– Sie sollten die Zeilen in 5er-Schritten durchnummerieren (das machen moderne Textprogramme weitgehend automatisch, je nach Einstellung).
– Sie sollten die Seitenzahlen auf der Seite nicht vergessen (auch das kann automatisiert werden).
– Am Artikelanfang bitte Ihren Namen, Vornamen, Funktion, Anschrift, Telefonnummer, Telefaxnummer vorneweg schreiben – für schnelle Rückrufe des bearbeitenden Redakteurs.
– Am Schluss können Sie die Textmenge notieren „96 Zeilen à 30 Anschläge" oder die Anzahl der Buchstaben/Zeichen. Das geht heute in Textprogrammen vollautomatisch über so genannte Formelfelder).
– Am Schluss den Vermerk schreiben „Der Abdruck ist honorarfrei. Beleg erbeten".

Interne Textanalyse

– Lesen Sie sich den fertigen Pressetext laut und deutlich vor. So entdecken Sie Unstimmigkeiten besser.
– Rechtschreibung und Zeichensetzung sollten stimmen, deshalb am Schluss die nochmalige Rechtschreibprüfung nicht vergessen.

– Gegenlesen lassen von Kollegen, die fachfremd sind.
– Wichtige Infos, vorkommende Namen, Vornamen, Telefonnummern, Funktionsbeschreibungen wiederholt kontrollieren.

PR-Instrumente

Der Einsatz des passenden PR-Instrumentariums setzt voraus, dass man sich Gedanken macht über die Ziele, die man damit erreichen will. Welche Vorteile versprechen sich Unternehmen von Public Relations? Nachfolgend eine Reihe von Nennungen, die aus einer wissenschaftlichen Untersuchung bei Behörden und Unternehmen zu Tage traten.

PR-Ziele

1. Der Aufbau und die Erhaltung eines positiven Firmenimages.
2. Die Verbesserung der internen Informationen und die Motivation der Mitarbeiter.
3. Die Förderung des Ansehens des Unternehmens in der Öffentlichkeit.
4. Die Schaffung von günstigen Bedingungen am Finanz- und Personalmarkt.
5. Die Verbesserung der Information über Aufgaben und Zielsetzungen.
6. Die Erhöhung des Bekanntheitsgrades des gesamten Unternehmens.
7. Die Bekanntmachung neuer Dienstleistungen und Produkte.
8. Der Aufbau und Erhalt positiver Produktimages.
9. Die Beziehungspflege zu gesellschaftlichen und politischen Kreisen.
10. Die Pflege und Akquisition bestehender und neuer Kunden.
11. Die Abwehr von Angriffen auf das Unternehmen.

Die Nennung folgt dem Grad der Bedeutung für die befragten 500 Unternehmen. An erster Stelle steht somit das positive Firmenimage. Praktisch jedes Unternehmen hat daran ein sehr großes Interesse. Vergleichsweise unbedeutend ist die klassische Kundenpflege, was durchaus logisch erscheint, denn die Kundenpflege ist in Unternehmen eher in Vertrieb und Werbung platziert.

Das Instrumentarium zur Erreichung der gewünschten PR-Ziele lässt sich in zwei Hauptgruppen einteilen: PR-Instrumente mit direkter Ansprache der Zielgruppen sowie PR-Instrumente mit indirekter Ansprache der Zielgruppen, wobei direkt und indirekt hier mit personell und interpersonell gleichzusetzen ist. Die personelle Ansprache setzt dabei auf eine wechselseitige Kommunikation zwischen der Zielgruppe und dem Medium, während die interpersonelle Kommunikation eine klassische Einbahnstraße darstellt – Wissens- und Informationstransfer vom Unternehmen zum Kunden, aber nicht zurück.

PR-Wertigkeiten

Ein zugehöriges PR-Instrumentarium ist immer nur so gut, wie die jeweiligen PR-Mitarbeiter vor Ort. Ein guter PR-Mensch kann sein Unternehmen in einer Pressekonferenz regelrecht brillieren lassen, ein anderer PR-Mensch „versaubeutelt" diese

Pressekonferenz nach allen Regeln der Kunst. Nachfolgend eine Auflistung von PR-Instrumenten mit der Nennung der Bedeutung für Unternehmen (4=hohe Bedeutung, 1=geringe Bedeutung)[12]:

PR-Instrument	Wertigkeit für das Unternehmen
– Beiträge für Radio und Fernsehen	3
– Beiträge für Tagespresse und Zeitschriften	3
– Besucherbetreuung	3
– Filmdienst, Videoprodukt, Bilderdienst	2
– Geschäftsberichte	4
– Internet	3
– Interviews, Fachgespräche	4
– Kundenzeitschriften	3
– Messe-Veranstaltungen	3
– Mitarbeiterbefragungen, Aussprachen	2
– Mitarbeiterzeitschriften, Schwarzes Brett	3
– Platzierung bezahlter Anzeigen	2
– Pressedienst	4
– Pressekonferenz	4
– Sonstige Festivitäten (Betriebsfeste)	2
– Sozialbilanz	1
– Spenden und Hilfeleistungen	2
– Spezialdienste, Infodienste	3
– Spezielle Publikationen für Zielgruppen	3
– Symposien	2
– Unternehmensbroschüren	3

Allgemein gilt: Die Auswahl des passenden PR-Instruments wird ganz wesentlich von der kommunikativen Ausrichtung des Unternehmens und seinem Verständnis für seine Zielgruppen geprägt. Noch heute wird die klassische Pressearbeit als das zweckmässigste PR-Instrument betrachtet, wobei zunehmend der Internet-Auftritt eines Unternehmens eine bedeutende Rolle spielt.

Der österreichische PR-Profi Franz Bogner gibt einen praktischeren Einblick in funktionierende PR-Instrumente. Nebenstehende Praxisliste, aus der sich jeder ein geeignetes Mittel, entsprechend seiner PR-Ziele aussuchen kann.

PR-Kampagnen

Die Kampagne gilt als die hohe Schule der Öffentlichkeitsarbeit, in der ein Thema und seine Bewertung besetzt werden.[13] Die Kampagne ist dabei die Verdichtung öffentlichkeitswirksamer Aktionen auf einen relativ kurzen Zeitraum von einigen Wochen oder wenigen Monaten. Gemeint sind damit mehrere kombinierte, aufeinander abgestimmte Einzelaktivitäten, die die Öffentlichkeit informieren und ihre Meinungsbildung beeinflussen sollen. Voraussetzung für eine erfolgreiche Kampagne ist eine stimmige Konzeption sowie ein realistischer Arbeitsplan.

Damit die Kampagnefähigkeit erlangt werden kann, ist zunächst eine intensive Ziel- und Grundsatzdiskussion von Nöten, die ein hohes Maß an Identifikation und Verbindlichkeit ermöglicht. Danach muss die Auseinandersetzung über mögliche Strategien zur Durchsetzung der Ziele folgen und ganz zum Schluss muss die Frage beantwortet werden: Wie kann eine

PR-Instrumente

Pressekonferenzen, Pressegespräche, Kamingespräche, Interviews, Presse-aussendungen, Infodienste, Fotodienste, Pressefahrten, Pressemappen, Pressegeschenke, Journalistenservice, Infographik-Dienst, Druckwerke wie Bücher, Broschüren, Folder, Informationsdienste, Flugblätter, Manuskripte, Zeitschriften, Jubiläumsschriften etc., Internet/Website, Einladungen in jeglicher Form, Betriebsbesichtigungen und Führungen, Vorträge, Reden, Herausgabe von Vortragsdiensten, Seminare, Kolloquien, Tagungen, Schulungen, Tag der Offenen Tür, Podiumsdiskussionen, Round-Table-Gespräche, Brainstormings, Vorsprachen und Besuche, Direct Mailings, Jour fixes, Stammtische, Wettbewerbe und Incentives, Preisausschreiben, Zusendung von Fragebogen, Einbeziehung von Personen in die eigene Institution, in Beiräte, Jurys, Ausschüsse, Ideensitzungen, Vortragsreihen, interne Diskussionen, kulturelle Veranstaltungen wie Vernissagen, Konzerte, Theater, Opern, Kabarett, Lesungen, Autogrammstunden, Kino-vorstellungen etc., Sportveranstaltungen, aktiv oder passiv, Einladung zu Jubiläen, Ehrungen, Eröffnungen, Einweihungen, Geburtstagsfesten, Fachbesichtigungen und Fachreisen, Auszeichnungen und Orden, Mit-gliedschaften, Glückwünsche, Schulveranstaltungen, Schulmaterialien, Lern- und Lehrmittel für Schulen, Sponsoring, Patenschaften, Firmen-museum, Sonderbriefmarken, Forschungspreise, Stipendien, Stiftungen, Ehrenmitgliedschaften.

Wählen Sie aus!

Kampagne finanziert werden, und wie soll sie letztlich aussehen?

Eine Kampagnen-Konzeption lässt sich aus sechs Elementen, ergänzt durch sechs Fragen für die eigene Öffentlichkeitsarbeit zimmern. Diese sechs Fragen sollten grundsätzlich vor jeder öffentlichkeitswirksamen Aktion beantwortet werden. Das dargestellte Raster kann so zum Beispiel in einer Teamsitzung diskutiert werden. Es können mit Hilfe des Rasters verschiedene, aufeinander aufbauende Aktionen geplant werden.

Wer ein Projekt in einer Region schnellstmöglich bekannt machen will, sollte also eine Kampagne durchführen. Eine gute Kampagne ist die beste PR-Arbeit für Ihr Projekt. Danach könnte es allerdings passieren, dass die Öffentlichkeit dermaßen intensiv den Dialog mit Ihnen sucht, dass der so genannte „Roll back" Sie überfordert. Rechnen Sie deshalb mit dem Erfolg Ihrer Kampagne, und tragen Sie Sorge dafür, dass kein Anruf unbeantwortet bleibt!

Kampagnen-Planung

Hier ein Beispiel für die Anwendung des Rasters: Eine sozialpsychiatrische Initiative will eine Tagesstätte mit Werkstatt einrichten, die für ehemalige Patienten eines Psychiatrischen Krankenhauses Verdienst- und Beschäftigungsmöglichkeiten bietet. Räume und Mitarbeiterinnen und Mitarbeiter sind bereits vorhanden; es fehlt jedoch ein städtischer Zuschuss, um die Werkstatt einrichten zu können.

Für die einzelne Aktivität kann sodann ein detaillierter Arbeitsplan erstellt werden, der ebenfalls zusammen mit den beteiligten Mitarbeiterinnen und Mitarbeitern diskutiert und anschließend am besten gut sichtbar aufgehängt wird, so dass jederzeit transparent ist, was wer zu tun hat. In einer abschließenden Querspalte kann deutlich gekennzeichnet werden, was bereits erledigt ist. Nach dieser Vorgehensweise wird nicht nur eine Planung für die Zukunft möglich, sondern

	1. Aktion	**2. Aktion**
Was wollen wir (Botschaft)	Verdienst- und Beschäftigungsmöglichkeiten für ehemalige Patienten des Psychiatrischen Krankenhauses sind wichtig.	Verdienst- und Beschäftigungsmöglichkeiten für ehemalige Patienten des Psychiatrischen Krankenhauses sind wichtig.
wem (Zielgruppe)	Gemeinderatsmitgliedern	Lokaljournalisten
warum (Anlass)	Einsicht in die Notwendigkeit einer Werkstatt	Verbreitung unserer Ansichten fördern
auf welchem Wege (Medium)	persönliche Kontakte	Pressearbeit
wie (Methode)	Besichtigung der leeren Werkstatt und Gespräch mit Besuchern der Tagesstätte	Pressekonferenz in der leeren Werkstatt
mit welchen Zielen mitteilen? (Wirkung)	Zuschuss der Stadt bewilligt erhalten	Öffentliche Meinung für unser Anliegen einnehmen

auch deutlich, was bereits alles geleistet wurde. Für die im Beispiel genannten zwei Aktivitäten könnte dieser Arbeitsplan folgendermaßen aussehen:

	1. Aktion	2. Aktion
Was	Vorbereitungsgespräch mit den Besuchern der Tagesstätte	Einladungsschreiben und Pressemappe zusammenstellen
Macht wer	Sozialarbeiter	Geschäftsführer
Mit wem	Geschäftsführer	Vereinsvorstand
Bis wann	Drei Tage vor der Besichtigung	Drei Wochen vor der Pressekonferenz
Zu welchen Kosten	Keine	Kopier- und Portokosten
Die gedeckt sind durch	Entfällt	Haushaltsmittel
Erledigt am		

Die Erstellung dieser beiden Schemata kostet sicherlich zunächst einmal mehr Zeit als das übliche Draufloswerken. Auf längere Sicht zahlt sich systematisches Vorgehen jedoch durch die besseren Ergebnisse, höhere Kontrolle und durch eine größere Zufriedenheit der Mitarbeiterinnen und Mitarbeiter aus, da diese am Prozess beteiligt werden und Zuständigkeiten klar sind.

Bevor Sie sich in die Durchführung einer Kampagne stürzen, sollten Sie im Team analysieren, ob Ihr Projektvorhaben kampagnefähig ist. Dazu dient die Checkliste auf der folgenden Seite. Ergänzungen sind je nach örtlichen Gegebenheiten sicher angebracht. Bedenken Sie, dass eine Kampagne die Verdichtung öffentlichkeitswirksamer Maßnahmen auf einen relativ kurzen Zeitraum bedeutet. Ähnlich „dicht" könnte bei einer guten Kampagne dann das Feed-back der sensibilisierten Öffentlichkeit ausfallen. Vermeiden Sie unbedingt, dass der „Roll back" Sie auf dem falschen Fuß erwischt. Kein Anruf darf unbeantwortet bleiben! Eine Kampagne ist in diesem Sinne das richtige Ausspielen von Trümpfen und nicht der Trumpf selbst.

Checkpoint

Ist Ihr Projekt kampagnenfähig?

	erledigt	noch zu tun
Sind die Projektziele klar und verständlich formuliert?	○	○
Sind die Zielgruppen, die die Kampagne erreichen soll, genau bestimmt?	○	○
Sind die Ziele der Kampagne definiert?	○	○
Liegt ein Imageprospekt vor?	○	○
Gibt es für die verschiedenen Zielgruppen unterschiedlich aufbereitete Materialien?	○	○
Wurden mit Multiplikatoren Hintergrundgespräche geführt?	○	○
Sind die Medienkontakte stabil und verlässlich?	○	○
Wurde vom Projektteam eine Medienkontaktperson benannt?	○	○
Konnte für das Projekt ein medienwirksamer Schirmherr gefunden werden?	○	○

Der PR-Aktionsplan

Wenn Sie grundsätzlich Schwierigkeiten haben, sich im Projektteam auf relevante Zielgruppen der PR-Arbeit zu verständigen und sich im Unklaren sind, wie hier Prioritäten gesetzt werden, dann könnte für Sie die Methode des PR-Aktionsplanes eine wichtige Hilfe darstellen.

Sicher kennen Sie das Problem: Eigentlich müsste Ihr Projekt in der lokalen Tagespresse präsent sein, müssten Sie geeignetes Informationsmaterial für unterschiedliche Zielgruppen zur Verfügung stellen und wichtige Entscheidungsträger aus Politik und Verwaltung gezielt kontaktieren sowie Infostände für verschiedene Anlässe vorhalten. Gleichzeitig ist die Situation diffus und unklar: Womit anfangen? Was ist wirklich wichtig? Was heißt eigentlich „Öffentlichkeit" für Ihr Projekt? Au-

	erledigt	noch zu tun
Ist eine Medienaktion geplant und finanziell abgesichert?	○	○
Ist der Etat für die geplanten Aktionen ausreichend?	○	○
Sind besondere Events geplant, die die Aktion direkt oder indirekt unterstützen?	○	○
Besteht innerhalb des Projektteams Einigkeit darüber, was die Kampagne dem Publikum vermitteln soll?	○	○
Welche Störfaktoren in der Öffentlichkeit könnten auftauchen?	○	○
Tritt die Kampagne in Konkurrenz zu anderen Kampagnen und Ereignissen, die bereits absehbar sind?	○	○
Stimmt das Timing und die Dosierung der einzelnen Aktionen?	○	○
Sind Sie in der Lage, den angestrebten Erfolg (roll back) der Kampagne zu bearbeiten?	○	○

ßerdem: Bei der knappen Zeit und dem wenigen Geld sollten unbedingt Prioritäten gesetzt werden, aber welche?

Damit ist in etwa die klassische Ausgangssituation für jede projektorientierte Öffentlichkeitsarbeit umschrieben.

Als Erstes geht es also darum, die komplexe Öffentlichkeit, die als „Umwelt" jedes Projekt umgibt, zu strukturieren.

Stellen Sie sich vor, die Wirklichkeit besteht aus für Ihr Projekt *relevante Teilöffentlichkeiten* und diese wiederum aus bestimmbaren Zielgruppen. Die Zielgruppen erreichen Sie über klar benennbare *Kontaktfelder*.

Die Zielgruppe Schüler beispielsweise als relevante Teilöffentlichkeit „junge Menschen" erreichen Sie über die Kontaktfelder Schülerkneipen, lokale Jugendmedien oder kommunale

Jugendtreffs. Malen Sie am besten die unten stehende Graphik auf eine Flipchart und nennen Sie im Projektteam relevante Zielgruppen und mögliche dazugehörende Kontaktfelder.

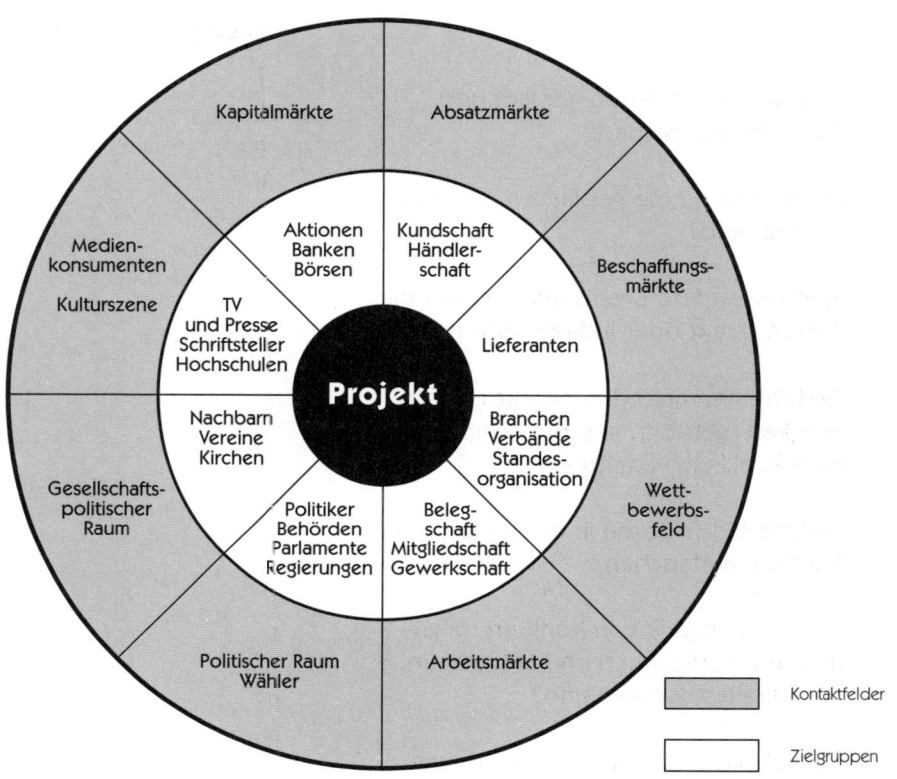

Nach dieser Strukturierung wissen Sie, welche Öffentlichkeiten für Ihr Projekt wichtig sind. Aber sind alle gleich relevant? Sicher nicht. Markieren Sie als Nächstes die drei wichtigsten Zielgruppen.

Notizblock

 Priorität der drei wichtigsten Zielgruppen.

1.

2.

3.

Danach sollten Sie für jede dieser Zielgruppen einen PR-Einsatzplan entwickeln. In einem Raster wird die Zielgruppe, die damit verbundenen Maßnahmen und Kosten sowie der dafür Verantwortliche benannt.

Aus dem bisher Erarbeiteten lässt sich für jedes Projekt ein PR-Einsatzplan entwickeln.

Zielgruppe	Maßnahme	verantwortlich	Zeitraum	Kosten

Bitte beachten Sie dabei Ihre persönliche Checkliste für PR-Instrumente, die Sie im Projekt einsetzen möchten. Lassen Sie sich bei der Erstellung des PR-Einsatzplanes von dieser Checkliste anregen, weitere kreative Dialogmöglichkeiten zu „erfinden".

Checkpoint

Kommunikationsinstrumente im Projekt

Welche Instrumente möchten Sie einsetzen?
Ergänzen Sie die Darstellung bei Bedarf!

	ja	nein
Broschüre	○	○
Flyer	○	○
Pressetext/Pressemappe	○	○
Referenz-Statements	○	○
Plakat	○	○
besonderes Ereignis (Event)	○	○
Mailing	○	○
Kampagne	○	○
Schirmherr	○	○
Video-Spot	○	○
Hintergrundgespräch	○	○
Jour fixe	○	○
Projektentwicklung	○	○
...	○	○
...	○	○

Corporate Identity und Corporate Design

Wer heutzutage über Kommunikation und PR-Arbeit spricht, kommt nicht umhin, verschiedene Begriffe zu kennen und – wenn notwendig – „weltläufig" in die Debatte einfließen zu lassen.

Es handelt sich um Corporate Identity und Corporate Design. Das klingt kompliziert. Dahinter verbergen sich Sachverhalte, die, einmal verstanden, genauso einleuchtend wie einfach sind. Corporate lässt sich am besten mit „betrieblich" übersetzen. Zunächst zum Corporate Design, also zum betrieblichen Erscheinungsbild.

Corporate Design (CD)

Wenn Sie jeden Morgen mit einer anderen Perücke zur Arbeit kommen, werden Ihre Kolleginnen und Kollegen Sie zunächst nicht erkennen und dann wahrscheinlich verwundert, unsicher oder interessiert reagieren. Vielleicht genießen Sie ja in einiger Zeit Narrenfreiheit und sind mit Ihrer persönlichen Performance außerordentlich zufrieden. Wenn Sie sich allerdings fürchterlich darüber ärgern, dass Sie beim Bäcker schon wieder niemand grüßt, weil Sie gestern mit grüner Punk-Frisur die Brötchen geholt haben, und heute die stirnfüllende Dauerwelle angesagt ist, dann sollten Sie eine Beratungsstelle aufsuchen. Sie wären dort nicht der einzige Kunde, denn soziale Organisationen machen es oft ähnlich.

Das Erscheinungsbild wechselt ständig, nichts passt zusammen. Der Wiedererkennungswert ist gering oder fehlt vollständig. Corporate Design möchte genau das Gegenteil erreichen. Alle Dinge, die eine Organisation oder ein Projekt nach außen und innen visuell repräsentieren, sind auf eine Art und Weise gestaltet (Design), die jedem Mitarbeiter, Besucher, Kunden oder Nutzer intuitiv und auf den ersten Blick den Eindruck vermittelt, dass alle diese Dinge den gleichen „Charakter" haben und zusammen gehören.

Wodurch wird das Corporate Design (CD) visuell repräsentiert?

Zunächst ist eine Farblinie festzulegen, der Schriftzug für den Projekttitel und eine Schriftenfamilie für alle zu erstellenden Printerzeugnisse. Es sollte ein Logo gefunden werden, das den zentralen Inhalt eines Projektes graphisch verdichtet darstellt, leicht erkennbar ist, sich gut reproduzieren lässt und auch als Schwarz-Weiß-Druck seinen Zweck erfüllt – keine leichte Aufgabe.

Des Weiteren gehören zum Corporate Design z.B. Briefbögen, Imageprospekte, Visitenkarten, Plakate, aber auch die Gestaltung der Außenfassade und das Design der Innenräume. Corporate Design ist das unverwechselbare Outfit eines Projektes.[14]

Corporate Identity (CI)

Hier sind die Verhältnisse etwas komplexer als bei Corporate Design. Mit Corporate Identity wird der Charakter, die spezifische Identität eines Unternehmens bezeichnet. Diese Identität entwickelt sich natürlich aus dem, woran sich eine Organisation und alle Mitarbeiterinnen und Mitarbeiter dieser Organisation orientieren. Also wel-

Checkpoint

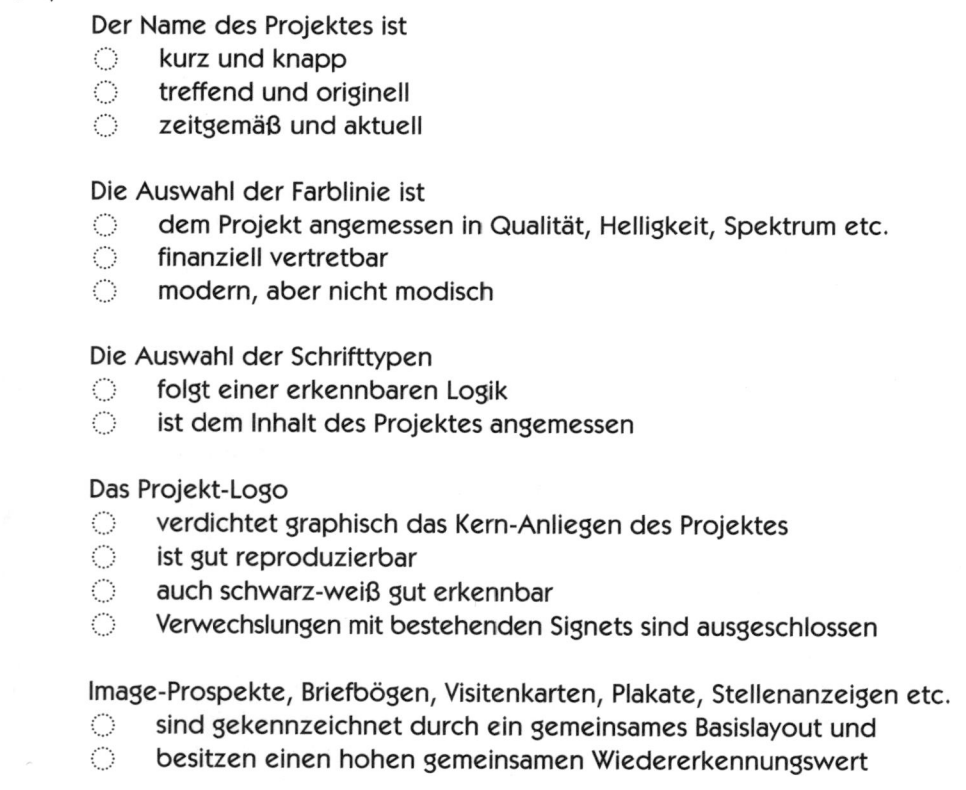

Aufbau einer einheitlichen CD-Linie

Der Name des Projektes ist
- ○ kurz und knapp
- ○ treffend und originell
- ○ zeitgemäß und aktuell

Die Auswahl der Farblinie ist
- ○ dem Projekt angemessen in Qualität, Helligkeit, Spektrum etc.
- ○ finanziell vertretbar
- ○ modern, aber nicht modisch

Die Auswahl der Schrifttypen
- ○ folgt einer erkennbaren Logik
- ○ ist dem Inhalt des Projektes angemessen

Das Projekt-Logo
- ○ verdichtet graphisch das Kern-Anliegen des Projektes
- ○ ist gut reproduzierbar
- ○ auch schwarz-weiß gut erkennbar
- ○ Verwechslungen mit bestehenden Signets sind ausgeschlossen

Image-Prospekte, Briefbögen, Visitenkarten, Plakate, Stellenanzeigen etc.
- ○ sind gekennzeichnet durch ein gemeinsames Basislayout und
- ○ besitzen einen hohen gemeinsamen Wiedererkennungswert

Die gesamte CD-Konzeption ist
- ○ ausbaubar
- ○ überschaubar
- ○ unverwechselbar

che Leitbilder als richtungsgebend angesehen werden, auf welche Art und Weise intern und mit der externen Öffentlichkeit kommuniziert wird und wie die Kultur des Umgangs mit Nutzern gepflegt wird. Diese drei Faktoren – Leitbild, Kommunikation und Unternehmenskultur – bilden den Kern (den CI-Kern) der Identität eines jeden Unternehmens. Leitbilder werden schriftlich, z. B. in Vereinssatzungen, Positionspapieren oder Imageprospekten festgehalten und dargestellt. Die Art und Weise der internen und externen Kommunikation findet nach festgelegten transparenten Spielregeln statt.

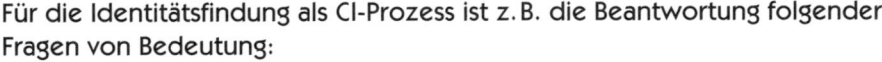

Checkpoint

Corporate Identity

Für die Identitätsfindung als CI-Prozess ist z. B. die Beantwortung folgender Fragen von Bedeutung:

- Was leisten wir?
- Was bieten wir an?
- Wie ist unser Ansehen?
- Worauf beruht unser Erfolg?
- Wie verstehen wir uns?
- Was sind unsere Ziele?
- Was wissen wir über unsere Arbeit?

Damit Leitsätze ihre leitende Funktion erhalten, müssen diese aktuell sein. Verstaubte Grundsätze (oder Satzungen), die mit der tatsächlichen Aufgabenstellung nichts mehr zu tun haben, sind keine Orientierung für motivierende Projektarbeit. Identitätsfindung ist ein Prozess. Die Umwelt ändert sich, dem müssen auch Leitbilder Rechnung tragen. Das heißt nicht, Grundsätze über Bord zu werfen, sondern diese neu und lebendig zu formulieren, so dass sie auch unter sich ändernden Bedingungen verstanden werden. Dies sollte das wesentliche Ergebnis eines CI-Prozesses sein.

All das, was in einer Konzeption ausführlich dargelegt ist, begrifflich zu verdichten, auf gemeinsame Nenner zu bringen und darzulegen, wie sich Leitbilder, Kommunikation und Kultur im praktischen, alltäglichen Handeln umsetzen. Dadurch entsteht Glaubwürdigkeit. Nichts ist wichtiger für soziale Projektarbeit. Wenn Ihnen das zu abstrakt klingt, nehmen Sie die Leitfragen zum CI-Prozess auf den nächsten beiden Seiten zur Hand. „Wir über uns" macht die Sache deutlich.

Notizblock

Wir über uns
Leitfragen zum CI-Prozess

1. **Wer sind wir?** Stellen Sie Ihr Projekt in drei Sätzen dar. Überlegen Sie genau, wie der erste Satz lautet, damit Interesse geweckt wird. Suchen Sie im Brainstorming-verfahren einen einprägsamen Projekttitel. Ergänzen Sie diesen Projekttitel eventuell durch einen „Slogan", eine „Botschaft" die Ihr Anliegen auf den Punkt bringt.

2. **Welchen Zweck verfolgen wir?** Schilden Sie in maximal drei Sätzen, welche Absichten oder Ziele mit dem Projekt verfolgt werden.

3. **Was rechtfertigt unsere Existenz?** Punkt 2 und Punkt 3 hängen eng miteinander zusammen. Es geht nicht darum, sich zu „rechtfertigen", sondern zum Ausdruck zu bringen, warum gerade dieses Vorhaben sinnvoll ist aus Sicht des Projektteams. (Maximal ein bis zwei Sätze.)

4. **Wer sind unsere Kunden/Nutzer?** Benennen Sie die Personengruppen, die Sie ansprechen wollen als Zielgruppen. Leistet das Projektvorhaben darüber hinaus einen „Debattenbeitrag" in der lokalen oder regionalen Öffentlichkeit?

5. **Wo sind unsere Stärken und besonderen Leistungen?** Bei dieser Frage können Sie „Profil" bilden. Überlegen Sie genau, was Ihr Projekt von anderen unterscheidet und welches besondere „Know-how" Sie aus Ihrer Sicht bei der Projektdurch-führung mitbringen.

6. **Wo sind unsere Schwächen?** Gibt es besondere Schwächen in Ihrem Projektteam oder bei der Projektdurchführung, denen Sie Rechnung tragen müssen?
Lässt sich das durch Kooperation mit Partnern kompensieren? (Die Ergebnisse
von Frage 6 sind natürlich nicht für die Öffentlichkeit bestimmt!)

7. **Welchen Erfolg streben wir an?** Frage 7 hängt mit Frage 2 zusammen. Sie können
an dieser Stelle in maximal drei Sätzen auf den Anfang Bezug nehmen. Dadurch
wirkt die ganze Sache „rund". Nennen oder ergänzen Sie bereits erarbeitete
Erfolgskriterien!

8. **Wozu brauchen wir eine Marketingstrategie/PR-Strategie?**

9. **Wenn um irgendetwas oder um irgendjemand „geworben" wird, dann ist eine
Strategie notwendig, wie das geschehen soll.** Formulieren Sie entsprechende Ziele.

10. **Übrigens** … Die Antworten auf die Fragen 1 bis 7 sind zunächst vorläufige, an
denen weiter gefeilt wird. Sind diese Fragen knapp und präzise beantwortet,
haben Sie eine hervorragende Grundlage für eine Fundraising-Kampagne.

Corporate Identity = Corporate Design + Kommunikation[(15)]

Den Systematikern wird wahrscheinlich aufgefallen sein, dass die hier genannten CD- und CI-Aspekte natürlich an den Anfang des PR-Prozesses gehören. Da jedoch das, was mit Corporate Identity umschrieben ist, erst durch kommunikative Praxis verständlich wird, scheint uns die Behandlung dieses komplexen Sachverhaltes hier durchaus praktikabel.

Es versteht sich von selbst, dass die einzelnen PR-Maßnahmen in ihrer Wirksamkeit regelmäßig zu überprüfen sind. Dadurch entsteht ein eigenes System der PR-Leistungs- und Qualitätskontrolle.

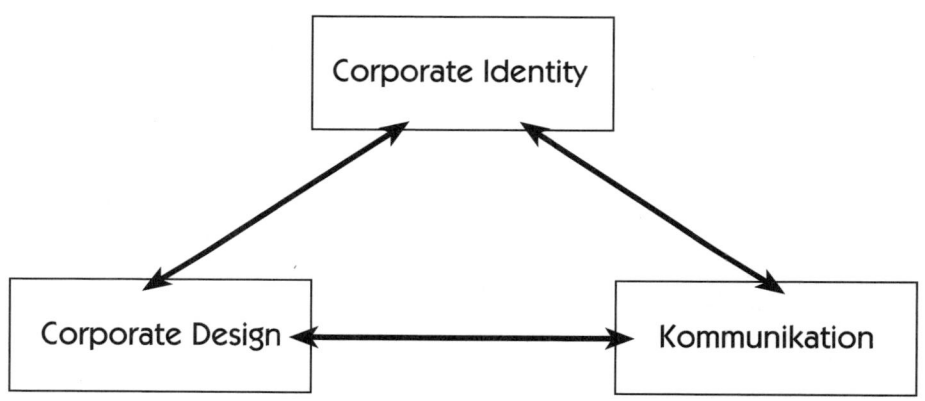

Wer mit wem

Wenn Sie sich Klarheit verschafft haben über die Ausgestaltung der Marketing-Mix-Maßnahmen, dann prüfen Sie nochmals gründlich, mit wem Sie in den jeweiligen Bereichen kooperieren könnten. Auf diese Weise bleibt Synergie kein leeres Wort. Die Frage lautet, wo gibt es geeignete Kooperationspartner, die entweder das notwendige Budget einbringen oder die Kompetenz in den Bereichen Distribution oder Kommunikation? Kooperation ist ein Verhalten, das im Sozialbereich, aller Vermutungen zum Trotz, noch keine epidemischen Ausmaße angenommen hat. Schon manch gute Projektidee ist daran gescheitert, dass nicht nach geeigneten Partnern gesucht wurde. Darüberhinaus kann es sich bestens bewähren, wenn Sie mit allen „Mitbewerbern" Ihrer Region gemeinsame Qualitätsstandards Ihrer Arbeit festlegen und diese Standards nach innen, aber auch gegenüber Kostenträgern vertreten. Das kann z.B. die Ausstattung von Arbeitslosenprojekten, die Durchführung von Schulungsmaßnahmen, oder die Qualifikation von Mitarbeiterinnen und Mitarbeitern betreffen. Ein solches Vorgehen schafft Transparenz als Grundlage von Vertrauen. Bei den Verhandlungen mit Kostenträgern sind auch in Zeiten knappen Geldes mittlere

Dorfplätze für die Stadt[16]

Pro Juventute betreibt in Zürich 18 Gemeinschaftszentren (GZ). Hier gehen Menschen verschiedenster Meinungen, Interessen und Lebensräume täglich aus und ein. Diese Quartierhäuser verstehen sich als „Dorfplätze für die Stadt". Um dieses Leitbild zu verwirklichen wird die komplexe Funktion der Gemeinschaftszentren in drei Begriffe gefasst: Offenheit, Reibung und Animation sind das „Dach" der CI-Konzeption.

Offenheit: Alle Gemeinschaftszentren stehen allen Altersgruppen offen. Die Häuser sind etwa 80 Stunden pro Woche geöffnet, nur etwa die Hälfte der Zeit sind Mitarbeiter im Haus. Das bedeutet, dass die Infrastruktur zur selbst verantwortlichen Nutzung zur Verfügung gestellt wird: Musikgruppen bezahlen z. B. für die kostenlos zur Verfügung gestellten Übungsräume mit einem Konzert. Familien aus dem Quartier mieten Räume für Hochzeiten, Geburtstage oder Parties.

Reibung: Natürlich gibt es in den Gemeinschaftszentren Reibung. Es wird nicht versucht, die Leute auseinander zu dividieren wie sonst in der Stadt, wo jede Szene ihren eigenen Ort hat. Es wird versucht, die gesamte Bevölkerung zusammenzubringen. Ohne Reibung keine Wärme. Wie auf jedem Dorfplatz stoßen unterschiedliche Interessen, Meinungen und Standpunkte aufeinander.

Animation: Etwa die Hälfte der Zeit werden die Gemeinschaftszentren selbständig genutzt. Angebote und Möglichkeiten aufzeigen, macht die andere Hälfte aus. Hier findet der wesentliche Personaleinsatz statt. Gemeinsam wird gelernt, die Möglichkeiten eines Gemeinschaftszentrums zu nutzen.

Die Zürcher Quartierhäuser verstehen sich nicht als moderne Heimatstilidylle. Identifikationsort und gestaltbare Nachbarschaft stehen als erstrebenswerte Ziele der typischen städtischen Anonymität gegenüber.

Soweit ein Auszug aus der Selbstdarstellung der Zürcher Gemeinschaftszentren. Bemerkenswert ist das einprägsame Leitbild „Dorfplätze für die Stadt", welches durch die drei Begriffe Offenheit, Reibung und Animation erläutert wird. Die ausführliche Darstellung gibt es auf Videokassette in einer exzellenten Filmreportage, die zugleich Produkt, Imageträger und Werbemittel darstellt. Ein Musterbeispiel, wie sich komplexe Zusammenhänge einprägsam und verständlich kommunizieren lassen. Die CI-Konzeption ist authentisch.

Standards anzustreben und keine Mindeststandards. Damit sind wir fast beim nächsten Kapitel, der Projektfinanzierung, angelangt.

Im Grunde ist Sozial-Marketing und PR-Arbeit ein Prozess, der davon lebt, dass die richtigen Fragen gestellt werden. Das Ergebnis ist eine gute Marktkenntnis und eine erfolgversprechende Kommunikation. Beides gepaart mit Intuition, ist eine solide Grundlage für engagierte Projektarbeit.

Tausch abstrakter Werte...

Das Projekt als Marke

Wenn Sie ein neues Projekt entwickeln oder eine neue Dienstleistung innerhalb Ihres Projektvorhabens anbieten, signalisieren Sie mit einem Markeneintrag Kompetenz und Verantwortungsbewusstsein. Das, was Sie tun, steht für Qualität und ist „schutzwürdig". Markenschutz wird damit zur Kommunikationsmaßnahme und bietet darüber hinaus die Möglichkeit, ein Franchisesystem aufzubauen. Über Verfahrensabläufe und rechtliche Grundlagen informieren Sie die nächsten Seiten.

Welche Bedeutung hat für Sie eine Marke?

Wenn Sie eine spezielle Dienstleistung, eine ausgeklügelte Konzeption oder ein neuartiges Projektvorhaben entwickelt haben, sehen Sie sich mit der Frage konfrontiert, wie es sich vermeiden lässt, dass diese Neuarbeit einfach kopiert oder unter anderem Namen mit geringen Abwandlungen umgesetzt wird. Mit anderen Worten: **Es geht um Markenschutz und darum, wie dieser von Ihnen erreicht werden kann.**

Dazu müssen Sie wissen, welche Bedeutung Marken haben, wie sich Marken graphisch oder begrifflich darstellen und wie das gesamte rechtliche Procedere vonstatten geht.

Zunächst ist abzuklären, was eine Marke überhaupt ist und warum Marken eingeführt werden. Die klassische Definition klingt recht simpel: **Eine Marke ist ein Kennzeichen für eine Ware oder eine Dienstleistung. Es gibt unterschiedliche Möglichkeiten eine Marke darzustellen und diese somit schützen zu lassen.**

Marken sind aber mehr als Kennzeichnungen. Marken sind *kommunikative Werte*, mit denen Gefühle und Werte assoziiert werden. Mit jeder Marke ist ein bestimmtes und bestimmbares „Image" verbunden.

Es gibt viele Autos, aber nur einen Golf. Es gibt viele Bildungsträger, aber nur ein Christliches Jugenddorfwerk Deutschlands. Marken verdeutlichen und markieren hier eine Differenz zu vergleichbaren Produkten und Dienstleistungen von Mitbewerbern. Der Markenname bringt diese Differenz und die vermeintlichen oder echten Vorteile (wenn es sich um eine seriöse Marke handelt) für den Nutzer oder den Kunden in einem Wort oder in einem Symbol auf den Punkt. Damit das überhaupt möglich wird, ist in jeder Marke Zeit (in die Entwicklung und Pflege einer Dienstleistung), Geld (in Kommunikationsmaßnahmen) und Know-how (im spezifischen Erwerb von Fachwissen) investiert worden. So erklärt es sich, warum manche Firmen von anderen Firmen übernommen werden, die Markennamen der übernommenen Firma aber erhalten bleiben: Es wäre viel zu teuer und auch nicht sinnvoll, eine neue Marke „aufzubauen".

Es gibt drei gängige Möglichkeiten, auf die sich der Schutz einer Marke bezieht: die *Wortmarke,* die *Wortbild-marke* und die *Kollektivmarke.*[17]

Drei Möglichkeiten der Präsentation

Mit so genannten *Wortmarken* sind einzelne Begriffe gemeint, die aus einem oder mehreren Wörtern bestehen und sicherlich den überwiegenden Teil der geschützten Marken ausmachen. Diese Begriffe kennen Sie alle aus Ihrem Alltag. Dazu gehören Wörter wie „Golf", „Persil" und natürlich „Coca-Cola", aber auch Begriffe wie Christliches Jugenddorfwerk Deutschland (CJD) oder Diakonie.

Eine weitere Möglichkeit eine Wortmarke darzustellen, sind Personennamen, z. B. Dr. Sandmann GmbH oder Dr. Oetker Nahrungsmittel KG. Interessanterweise lassen sich auch Werbeslogans, die aus einem prägnanten kurzen Satz bestehen, schützen, wie „Alles unter einem Dach" oder „Keiner darf verloren gehen". Geschützt werden können ebenso graphische Gestaltungen in Form von Symbolen, Logos oder Zeichnungen sowie die Kombination aus Begriffen und Zeichnungen als so genannte „Wortbildmarke".

Eine interessante Variante sind Kollektivmarken, die sich entweder auf einen inhaltlichen Aspekt beziehen, etwa weil alle Organisationen mit einer bestimmten, festgelegten Satzung definierte Bedingungen erfüllen, die mit dem Markennamen verbunden werden (z. B. peer to peer: Jugendbeteiligung). Kollektivmarken können

aber auch geographische Herkunftsangaben wie „Heidelberger Modell" beinhalten. Hier dürfen sich alle Einrichtungen so nennen, die sich diesem Konzept verpflichtet fühlen und in der Region Heidelberg ansässig sind. „Dresdner Christstollen" oder „Echt Kölnisch Wasser" sind andere Beispiele hierfür aus dem kommerziellen Bereich.

Der eigentliche Zweck einer Markennennung liegt für Sie in folgenden Aspekten: **Die Marke fixiert Verantwortung. Nutzerinnen und Nutzer erkennen sofort, ob das erwartete Qualitätsniveau mit dem von der Marke postulierten Niveau übereinstimmt.**

Selbstverständlich ist die Absicht, eine selbst entwickelte Dienstleistung als Marke zu schützen, neben rechtlichen und finanziellen Aspekten, selbst eine Marketing-Maßnahme. Es wird öffentlich kommuniziert und dokumentiert: Diese Leistung markiert Qualität als Marke. Innovation und Ideenwettbewerb werden gefördert, da durch innovative Marken Legitimation und Marktanteile gesichert werden können. Das Bundesverfassungsgericht hat in einer Entscheidung hierzu festgestellt: „Wer durch ein Warenzeichen auf Besonderheiten seiner betrieblichen Erzeugnisse hinweisen kann, benennt damit nicht nur die Herkunft seines Produktes; es ist Ausdruck seines Leistungswillens."

Wer kann Markenrechte erwerben?

Zunächst muss mit zwei landläufigen Irrtümern aufgeräumt werden:

Die Marke „gehört" nicht demjenigen, der sie zuerst benutzt hat, und auch nicht demjenigen, der sie erfunden hat.

Das gilt nur in wenigen Ausnahmefällen, etwa bei künstlerischen Bildzeichen. Dies beruht dann aber auf dem Urheberrechtsgesetz und ergibt keine spezifischen Markenrechte.

Zwei Wege zur Marke

Grundsätzlich gibt es zwei Möglichkeiten, den Schutz einer Marke zu erwerben: Der eine ist die Eintragung der Marke in das amtliche Markenregister und der andere ist der Erwerb von „Verkehrsgeltung" infolge intensiver Benutzung der Marke im Geschäftsverkehr. Mit der letztgenannten Möglichkeit möchten wir uns hier nicht weiter beschäftigen, da sie im Bereich sozialer Projektarbeit eher selten der Fall sein wird. Mit dem Erwerb der Verkehrsgeltung ist gemeint, dass ein Begriff oder ein Zeichen durch langjährige, dauerhafte und massenhafte Nutzung in einer besonderen Branche (z.B. Sozialbereich in einem Landkreis) faktisch zur Marke geworden ist und damit das Markenrecht festgestellt werden kann. Zum Nachweis dieser Verkehrsgeltung werden oftmals Umfragen von Instituten herangezogen, die dann anhand von Fragebögen bei relevanten Akteuren oder einer Stichprobe von zufällig ausgewählten Personen feststellen, ob die Marke tatsächlich nachhaltige Verkehrsgeltung erreicht hat. Stellt beispielsweise ein beauftragtes Marktforschungsinstitut bei einer Befragung von 1000 zufällig ausgewählten Personen einer relevanten Zielgruppe fest, dass 30 Prozent ein Produkt unter der typischerweise verwendeten Bezeichnung kennen, hat diese „Marke" Verkehrsgeltung erreicht.

Das Markenrecht

Kommen wir zurück zum klassischen Weg, nämlich der Eintragung der Marke in das amtliche Register. Durch das Markenschutzgesetz (MarkenG) kann jede Person beliebige Waren oder Dienstleistungen als Markeneintrag erwerben, also auch eine Privatperson ohne jeden Geschäftsbetrieb, der eine interessante Marke eingefallen ist. Die so eingetragene Marke kann im Prinzip verkauft werden oder durch eine Lizenzvergabe weiterverwendet werden. Mehr dazu später.

Zunächst müssen einige Grundsätze des Markenrechts beachtet werden. Es geht hier um die Klärung folgender Sachverhalte:
- das Freihaltebedürfnis der Öffentlichkeit und
- die Unterscheidungskraft eines Markenbegriffes.

Nicht jeder Begriff eignet sich für den Eintrag einer Marke. Die Bezeichnung „Kommunales Jugendhaus" lässt sich für einen Jugendhausbetreiber nicht eintragen, da mit jedem Eintrag die *Monopolisierung eines Begriffs* verbunden wird. Alle Begriffe scheiden deshalb aus, die allgemeinsprachlicher Natur sind und der Alltagssprache weitgehend entstammen und von ihr deshalb nicht „entnommen" werden dürfen. Im Fachjargon nennt man das „Freihaltebedürfnis". Ein Begriff muss für die Allgemeinheit, aber auch für andere Produzenten, Hersteller, Dienstleister freigehalten werden, damit die allgemeine Information über Dienstleistungen im Rahmen der Alltagssprache gewährleistet wird. Würde diese Einschränkung nicht gelten, könnte es passieren, dass in Presseartikeln oder amtlichen Mitteilungen bestimmte Begriffe nicht mehr verwendet werden dürfen, da sie „geschützt" sind. Eine absurde Vorstellung. Ein weiteres wichtiges Kriterium ist, dass jeder Begriff, der eine Marke „markieren" soll, eine Unterscheidungskraft zu Produkten und Waren eines anderen Dienstleisters haben muss. „Aktivspielplatz" wäre ein weiterer Begriff, der sich mit Sicher-

heit nicht monopolisieren und damit als Marke eintragen lässt, da es viele vergleichbare Aktivspielplätze in einzelnen Regionen gibt.

Es ist allerdings möglich, wenn aus bestimmten Gründen auf ein solches allgemein übliches Wort zurückgegriffen werden soll, dieses Wort graphisch im Sinne einer Logoschrift zu gestalten oder mit einem spezifischen Logo zu versehen, so dass eine Bildmarke im oben genannten Sinne entsteht. Damit ist allerdings nur die graphische Wiedergabe der jeweiligen Marke geschützt und nicht der eigentliche Begriff. Mit anderen Worten: **Bei der Kreation von Markennamen ist Fantasie verlangt, die bei der Begriffs-**

Checkpoint

☼ **Auf dem Weg zur Marke**   erledigt   noch zu tun

	erledigt	noch zu tun
Sie haben einen einprägsamen Begriff für Ihre Marke gefunden.	○	○
Sie haben mit den Ihnen zur Verfügung stehenden Mitteln geprüft, ob dieser Begriff zu Missverständnissen führen kann.	○	○
Nach dem bisherigen Kenntnisstand wird dieser Begriff weder in Ihrer Branche noch in einer verwandten Branche benutzt.	○	○
Sie sind sich sicher, dass es sich um keinen Begriff der Alltagssprache handelt.	○	○
Durch verschiedene Testpersonen konnten Sie feststellen, dass der gewählte Begriff die nötige „Unterscheidungskraft" zu eventuell bereits existierenden ähnlichen Produkten bietet.	○	○

bildung zwar auf die spezifische Qualität einer Dienstleistung hinweist, aber dennoch kein allgemein übliches Alltagswort beinhaltet.

Das Gleiche gilt natürlich analog für graphische Entwürfe. Es lässt sich kein bestimmter Buchstabe des Alphabets monopolisieren oder sonst übliche Hinweisschilder oder gar Länderflaggen.

Wie wird eine Marke angemeldet?

Für die Anmeldung muss ein vom Patentamt herausgegebenes Formblatt benutzt werden, das beim Deutschen Patentamt in München kostenlos bezogen werden kann. Dieses Formblatt muss mit Maschinenschrift ausgefüllt werden und die üblichen Adressdaten des Anmeldenden enthalten sowie die Wiedergabe der Marke, wie sie der Antragsteller eingetragen haben möchte. Bei einer Wortmarke reicht hier die übliche Anmeldung. Bei einer Bildmarke sollte unbedingt auf einem gesonderten Blatt in vierfacher Ausfertigung die künftig verwendete, originale Bildmarke dargestellt werden. Wichtig ist hier die Darstellung der Originalgröße und die genaue Angabe der Farbnummern.

In der richtigen Klasse

Ein Stolperstein ist hier sicher die so genannte amtliche Klasseneinteilung. Damit ist Folgendes gemeint: **Alle Waren und Dienstleistungen sind in Klassen eingeteilt, nach denen sich die Zuständigkeiten und die Höhe der Gebühren im Patentamt richten.**

Es empfiehlt sich also die amtliche Klasseneinteilung aus München zu besorgen und selbst einen Vorschlag für die Klasseneinteilung zu machen. Unter *Klasse 28* steht z.B. *Spiele, Spielzeug; Turn- und Sportartikel, sowie sie nicht in anderen Klassen enthalten sind; Christbaumschmuck.* Interessant ist auch *Klasse 41: Erziehung; Ausbildung; Unterhaltung; Sportliche und Kulturelle Aktivitäten.*

Entscheiden Sie also vorab selbst, welche Klasseneinteilung Sie wünschen, bevor Sie womöglich einer Klasse zugeteilt werden, die Ihrer Ansicht nach falsch ist.

Das Markenblatt

Ist der vollständig ausgefüllte Antrag beim Patentamt eingegangen, legt das Patentamt ein Aktenzeichen fest und übersendet Ihnen als Anmelder eine Empfangsbescheinigung. Aufgrund der Klasseneinteilung wird ein Prüfer benannt, der die formelle Anmeldung der Marke weiter bearbeitet. Zunächst wird geprüft, ob grundsätzliche Formfehler vorliegen, ob der beantragte Markenname Unterscheidungskraft hat (siehe oben) und natürlich ob es den beantragten Markennamen bereits in gleicher oder ähnlicher Form gibt.

Ist diese Prozedur beendet, erfolgt die Eintragung der Marke im so genannten *Markenblatt*. Dieses wird herausgegeben vom Deutschen Patentamt, erscheint alle zwei Wochen und ist zu beziehen über den Wila–Verlag in München.[18]

Mit dem Erscheinungsdatum im Markenblatt beginnt eine dreimonatige Widerspruchsfrist. Das bedeutet, ab

Die Anmeldung der Marke | erledigt | noch zu tun

Fordern Sie beim Deutschen Patent- und Markenamt (DPMA) das Formblatt für die Marken-Anmeldung an. ○ ○

Füllen Sie das Formblatt mit Maschinenschrift aus. ○ ○

Nennen Sie im Formblatt in üblicher Maschinenschrift die Wortmarke. ○ ○

Bei einer Bildmarke legen Sie auf gesonderten Blättern in vierfacher Ausfertigung die künftig verwendete, originale Bildmarke bei. Unbedingt die Farbnummern angeben. ○ ○

Schlagen Sie die Klasseneinteilung vor. ○ ○

Kopieren Sie den ganzen Vorgang und schicken Sie die Originale an das DPMA. ○ ○

---

jetzt können andere Markeninhaber gegen den von Ihnen neu angemeldeten Markennamen Widerspruch einlegen. Wird diese Frist ohne Widerspruch überstanden, erhält der Markeninhaber vom Patentamt eine Urkunde, die sein Markenrecht dokumentiert. Das bedeutet jedoch noch nicht, dass alle Probleme beseitigt sind, denn es gilt, wer keinen Widerspruch einlegt, verzichtet damit nicht auf seine besseren und älteren Rechte. Daraus folgt, dass auch nach der dreimonatigen Frist gegen eine neue Marke durch einen älteren Markeninhaber, der damit seine Rechte beeinträchtigt sieht, gerichtlich vorgegangen werden kann.[19]

Was ist ein Franchise-System?

Wenn Sie eine Marke besitzen, können Sie diese benutzen, verkaufen oder durch Lizenznehmer verwerten. Lizenzen an Dienstleistungsmarken spielen eine wichtige Rolle bei so genannten Franchise-Systemen. In einem Franchise-Vertrag räumt der Franchisegeber dem Franchisenehmer das Recht ein, unter Verwendung der Marke, Geschäftsbezeichnungen und das konzeptionelle Know-how in einem bestimmten Geschäftsbereich oder Geschäftsbetrieb zu nutzen und einzurichten und diesen auch selbständig und auf eigene Rechnung zu betreiben. Der Franchisenehmer zahlt dafür eine laufende Lizenzgebühr, die entweder fest vereinbart werden kann oder umsatzabhängig ist.

Der Vertrag bietet dabei die Möglichkeit, ein Unternehmen oder eine Einrichtung selbständig zu führen und dabei auf vorhandene Erfahrung, Kontakte und Marketingkonzepte, zurückzugreifen und in einem Verbund aufzutreten. Damit lassen sich dann tatsächlich die vielzitierten Synergien mobilisieren, die für bessere Effizienz sorgen. Bei einem Franchise-System im Bereich der Sozialwirtschaft stehen jedoch nicht zu allererst finanzielle Interessen im Vordergrund. Sozialkonzerne benötigen ein solches System in aller Regel nicht, da sie selbst über ein weitverzweigtes System von eigenen Einrichtungen verfügen.

Für kleinere und mittlere Träger besteht hier jedoch die bevorzugte Chance, eine eigene Marke zu schützen und diese dann mit anderen Partnern regional oder überregional gegenüber Kostenträgern durchzusetzen. Es ist ein wesentlicher Unterschied, ob ein gutes „Produkt" nur singulär, lokal angeboten wird oder nach und nach in zehn Regionen, angepasst an regionale Spezifika, aber bei gleicher Qualität und stabilem Wiedererkennungswert. Erst dadurch wird es möglich, überregionale Medien für eine kontinuierliche Berichterstattung oder gar Medienpartnerschaft zu gewinnen. Eine wichtige Voraussetzung, um beispielsweise bei überregionalen Stiftungen weitere projektbezogene Mittel werben zu können. Prüfen Sie deshalb inwieweit Ihre geschützte Marke durch ein Francise-System weiter gestärkt werden kann!

Abschließend noch ein Wort zu den Kosten

Die Anmeldung einer Marke kostet rund 300 Euro. Dieser Betrag umfasst jedoch lediglich die Gebühren, die beim Patentamt selbst entstehen. Die bisherige Erfahrung zeigt, dass es sich empfiehlt, sich von einem Patentanwalt beraten zu lassen. Viele Anwälte haben hier Standardsätze, die zwischen 1500 und 2000 Euro schwanken. Die Bearbeitung durch einen Anwalt empfiehlt sich nicht deshalb, weil die Materie oder diverse Formblätter sonderlich kompliziert sind, sondern weil das Patentamt eher dazu neigt, eingereichte Anträge von Patentanwälten, zügig und ohne gebührenpflichtiges Widerspruchsverfahren zu bearbeiten. Offensichtlich wirkt gerade der Sozialbereich bei einzelnen Abteilungen des Patentamtes, was den Markenschutz angeht, recht exotisch.

Glossar

keit sowie deren Dienstleistungen und Produkte. Dieses einheitliche Auftreten erreicht man sowohl durch rein äußerliche Vereinheitlichungen, wie etwa Uniformen (Staatsorgane) oder Farben, Logos, Aussagen etc., als auch durch kommunikative Maßnahmen. In neuer Zeit sind für alle CI-Beteiligten dabei konkrete Verhaltensregeln vorgegeben.

Falschmeldung: „Das Wichtigste ist, der Name ist richtig geschrieben." Diese pointierte Aussage wird einem ehemaligen britischen Premierminister zugeschrieben, der zu den Medien offensichtlich kein allzu großes Vertrauen hatte. Tatsache ist: Falschmeldungen und Falschaussagen passieren selbst in den seriösesten Medien immer wieder – ob aus Schlamperei oder aus reiner Unwissenheit sei dahingestellt. Falschmeldungen zu berichtigen, gelingt nicht immer. Lassen Sie sich auf keinen Fall mit dem Medium auf einen Streit ein, die Berichtigung sei ihr gutes Recht. Das ist zwar richtig, was den Inhalt im Text angeht, jedoch nicht, was die Stimmung betrifft, die ein Text transportiert. Unser Rat: Weisen Sie das Medium freundlich auf die falsche Aussage hin und fügen Sie an, dass im Sinne der Leser eine Korrektur eventuell angebracht wäre. Diese Vorgehensweise wirkt erfahrungsgemäß am besten.

Abkürzungen und Fremdwörter: sollten auf jeden Fall in einem journalistischen Text vermieden werden. Sie ärgern den Leser und den Journalisten und verhindern erfolgreich die Verständigung mit der Öffentlichkeit.

Anschläge: ein anderes Wort für Buchstaben oder Zeichen. Journalisten messen die Länge eines Textes in so genannten Anschlägen, weil hier wesentlich konkreter der Umfang einer Geschichte benannt werden kann, als über die übliche Zeilenangabe. Denn je nach Medium variieren die Zeilenbreiten erheblich, und sind deshalb kein verlässliches Textlängen-Maß.

Bericht: übliche journalistische Darstellungsform, neutrale Sprache, vollständige Information, Länge in Zeitungen: rund 1000 Anschläge bis etwa 3000 Anschläge.

Corporate Identity (CI): überbetriebliche Identität. Englische Bezeichnung für das einheitliche Auftreten und Erscheinen einer Institution/Firma etc. und seiner direkt Beteiligten in der Öffentlich-

Feature: Stimmungsvolle Berichterstattung mit sprachbildlichen Ausschmückungen und interessanten Hintergrundinformationen. Länge in Zeitungen: bis zu 4000 Anschläge.

Gegendarstellung: Hier stellen Sie als Betroffener markante, falsche Tatsachenbehauptungen in einer dem Fehler vergleichbaren Größe und Aufmachung richtig. Dieses presserechtlich abgesicherte Instrument zur Korrektur von falschen Berichterstattungen in den Medien sollte sehr vorsichtig eingesetzt werden, weil sich durch Gegendarstellungen das Verhältnis zu den Medien merklich belastet. Genaueres entnehmen Sie bitte dem jeweiligen Landespressegesetz.

Hintergrundgespräch / Kamingespräch: persönliches Gespräch mit Medienvertretern zu einem gegebenen Anlass, das nicht unmittelbar auf die Erstellung eines Artikels oder Beitrags zielt. Man gibt einem oder mehreren Journalisten die Möglichkeit, das Thema in einer weitaus umfänglicheren Komplexität zu entdecken. Gespräche diese Art werden in der Regel von den Medienvertretern vertraulich behandelt, dennoch sollte man den Journalisten auf die Vertraulichkeit nochmals direkt ansprechen.

Journalistische Formen: üblicherweise als Meldung, Nachricht, Bericht, Reportage, Feature, Interview, Kommentar, Glosse etc. Während die Presse recht oft auf Meldungen, Nachrichten und Berichte von verlässlichen Info-Lieferanten zugreift, werden Reportagen, Interviews oder Kommentare eigentlich immer redaktionsintern erstellt.

Kampagne: mehrere aufeinander abgestimmte Einzelthemen werden zu einem Gesamtkomplex verbunden und der Öffentlichkeit in einer vorher definierten Reihenfolge und zu festgelegten Zeitpunkten präsentiert. Kampagnen sollen sowohl informieren als auch meinungsbildend wirken. Erst eine stimmige Konzeption mit einem realistischen Arbeitsplan in Verbindung mit real existierenden öffentlichkeitswirksamen Themen garantiert den gewünschten Erfolg.

Korrekturzeichen: sind eindeutige Vorschriften zur formalen Korrektur eines Textes in der Druckvorstufe von Printerzeugnissen. Korrekturzeichen sind systematische Anmerkungen beim orthografischen Lektorat, um zum Beispiel falsche Schreibweisen von Wörtern oder Satzzeichen aufzuzeigen. Die Regeln für Korrekturzeichen finden sich in jedem guten Rechtschreib-Lexikon.

Layout: beschreibt die optische Gestaltung von Schriftstücken nach festgelegten Regeln, z.B. Seitenränder, Schriften und Größen, Farben und Linien, die Verteilung von Text und Bildern oder Hervorhebungen. Das Layout darf die Verständlichkeit des Textes nicht stören, denn auch die Gestaltung eines Print-Produkts hat erheblichen Einfluss auf die Informationsvermittlung zum Leser. Ein ideales Layout ist gut lesbar und optisch gefällig.

Meldung: übliche journalistische Darstellungsform, eine Art Kurznachricht, die sich meist auf zwei bis drei Sätze beschränkt, und in der alle so genannte W-Fragen weitgehend beantwortet werden sollten. Länge in der Zeitung: maximal 500 Anschläge, besser noch kürzer, denn das erhöht die Abdruckwahrscheinlichkeit erheblich.

Nachricht: übliche journalistische Darstellungsform, eine Art Kurzbericht, der sich meist auf weniger als zehn Sätze zu einem Thema beschränkt und in der alle so genannte W-Fragen vollständig beantwortet worden sind. Länge in der

Zeitung: maximal 1000 Anschläge, besser aber kürzer, denn das erhöht die Abdruckwahrscheinlichkeit erheblich.

Pressegespräch: Gesprächsrunde mit Medienvertretern, die vorher weitgehend persönlich eingeladen wurden, mit eher unkonkretem inhaltlichen und terminlichen Hintergrund. Ein Beispiel: Wenn Sie den lokalen Medien das Jugendhaus einmal persönlich zeigen wollen, um darzustellen, wie dort gearbeitet wird, dann wäre das einem Pressegespräch vorbehalten.

Pressekodex: eine Art Katalog der Standesregeln der Medienzunft. Die Regeln des Pressekodex sind nicht gesetzlich einklagbar, werden aber vom Deutschen Presserat regelmäßig kontrolliert. Bei markanten Verfehlungen eines Mediums gegenüber dem Pressekodex kann der Deutsche Presserat auch eine Rüge aussprechen, die in der Regel in anderen Medien öffentlichkeitswirksam verbreitet wird.

Pressekonferenz: Gesprächsrunde mit Medienvertretern, die vorher weitgehend persönlich eingeladen wurden, mit einem sehr konkreten inhaltlichen und terminlichen Hintergrund. Ein Beispiel: Eine Einladung zum Gespräch über einen Tag der offenen Tür im Jugendhaus mit klarem Termin und klarem Ablauf wäre ein Anlass für eine Pressekonferenz.

Pressemitteilung: Eine schriftliche Information an die Medien zu einem konkreten Thema, das entweder für Ihre Arbeit aktuell ist oder aber von aktueller gesellschaftlicher Relevanz ist. Die Konsequenz: Ohne Aktualität, keine Pressemitteilung.

Presserecht und Pressepflichten: sind im jeweiligen Landespressegesetz der Bundesländer geregelt. Denn das Medienrecht ist aufgrund seines Kulturcharakters Landessache. Die Länderpressegesetze unterscheiden sich untereinander nur unmerklich.

Presseverteiler: Projektbezogene Mediendatenbank, die ihre Infos aus den Adressdaten und Zusatzinformationen einer kommerziellen und eher umfangreichen Mediendatenbank erhält. Mediendatenbanken sind sowohl in der Erstellung als auch in der Pflege sehr aufwändig, weil die personelle Fluktuation in diesem Bereich vergleichsweise hoch ist. Hingegen selten ändern sich die Standard-Daten zu einem Medium, wie etwa die reinen Adressdaten. Kommerzielle Pressedatenbanken sind sehr teuer und meist mit einem Update-Vertrag für einen bestimmen Zeitraum gekoppelt. Preise von mehreren hundert Euro für eine Mediendatenbank oder einen verlässlichen, thematischen Presseverteiler sind die Regel.

Printmedien: Fachbegriff für alle Medien, die sich dem Medium Papier als Vertriebsform widmen, wie etwa Zeitschriften, Zeitungen, Newsletter, Aushänge etc.

Reportage: übliche journalistische Darstellungsform, die sich durch eine im Vergleich zum Bericht bildhaftere Sprache und launige Beschreibung eines eher trockenen sächlichen Themas auszeichnet. Auch in der Reportage ist eine vollständige Information zum Thema Pflicht. Länge in Zeitungen: bis etwa 4000 Anschläge.

RTF-Datei: Rich-Text-Format – Datenformat/Dateiformat, auf das alle bekannten Textverarbeitungssystem problemlos zugreifen können. Wenn Sie Infos an die Presse digital weitergeben können, dann verwenden Sie bitte ausschließlich dieses Format.

Rundfunk: Sammelbegriff für die nicht papiergebundenen, elektronischen Medien wie Radio und Fernsehen.

Talk: ungezwungene Gesprächsrunde, meist in Form einer Podiumsdiskussion mit mehreren geladenen Gästen, wird meist aus einem aktuellen Anlass veranstaltet. Das Podium setzt sich dabei aus Fachvertretern, Medienleuten, Betroffenen und einem Moderator zusammen. Ein Talk ist keine Veranstaltung, die von sich aus große öffentlichkeitswirksame Leistungen vollbringt, sondern nur in Kombination mit den darüber berichtenden Medien.

Zielgruppe: Medien haben in der Regel eine definierte Zielgruppe. Je nachdem, wie sorgfältig die Infos für diese Zielgruppe aufbereitet sind, wird man diese Medienkonsumenten auch erreichen. Einer der größten Fehler bei der Produktion von Medienleistungen ist es, die Zielgruppe nicht genau zu benennen – mit zwei unangenehmen Konsequenzen. Wer seine Zielgruppe nicht konkret benennt, der wir ihr auch nicht konkrete Fakten zuordnen. Die Folge: Man schreibt für einen falschen Adressaten. Andererseits macht die Unentschlossenheit in der Zielgruppenwahl es einem Medium bzw. einer Zeitung auch extrem schwer, das Thema zu rubrizieren, das heißt in einen bestimmten Teil der Zeitung thematisch einzuordnen. Wer zum Beispiel politische, soziale, lokale und wirtschaftliche Informationen in einem Text verwischt, der sollte zumindest einen Teilaspekt für einen konkreten Leserkreis bevorzugt herausheben.

Auswahl der verwendeten Literatur zur PR- und Medienarbeit

- **Avenarius, Horst: Public Relations.** Die Grundform der gesellschaftlichen Kommunikation. Darmstadt 1995. Verlag: Wissenschaftliche Buchgesellschaft.
- **Bogner, Franz M.: Das neue PR-Denken.** Strategien – Konzepte – Aktivitäten. Wien/Frankfurt 1999. Verlag: Wirtschaftsverlag Carl Ueberreuter.
- **Bürger, Joachim H.: Wie sage ich's der Presse.** Handbuch für eine erfolgreiche PR-Arbeit. Landsberg am Lech 1986. Verlag: Moderne Industrie AG.
- **Franck, Norbert: Schreiben wie ein Profi.** Köln 2000. Verlag: Bund-Verlag.
- **Kreis-Muzzulini, Angela: Medienarbeit für soziale Projekte.** Ein Leitfaden für die Praxis. Frauenfeld (Schweiz) 2000. Verlag: Huber.
- **La Roche, Walther von: Einführung in den praktischen Journalismus.** München/Leipzig 1975/1995. Verlag: Paul List Verlag KG.

- **Mast, Claudia (Hrsg): ABC des Journalismus.**
  Ein Leitfaden für die Redaktionsarbeit, Konstanz 2008.
  Verlag: UVK-Verlag.
- **Mosler, Bettina/Horholz, Gerd: Die Musenkussmischmaschine.**
  120 Schreibspiele für Schulen und Schreibwerkstätten, Essen 1992.
  Verlag: Neue Deutsche Schule.
- **Pfannendörfer, Gerhard: Kommunikationsmanagement.**
  Das ABC der Öffentlichkeitsarbeit für soziale Organisationen. Baden-Baden 1995.
  Verlag: Nomos Verlagsgesellschaft.

- **Schneider Wolf: Deutsch für Profis.**
  Handbuch der Journalistensprache – wie sie ist und wie sie sein könnte, Hamburg 1982 ff.
  Verlag: Gruner und Jahr
  (Reihe: Stern-Bücher).
- **Schneider, Wolf/Raue, Paul-Josef: Handbuch des Journalismus.**
  Hamburg 2000.
  Verlag: Rowohlt-Taschenbuch.
- **Wolff, Jürgen: Vom Umgang mit Pressefritzen.**
  Ein Leitfaden für alle, die in die Presse wollen. Bonn 1985.
  Verlag: VLR-Verlagsgesellschaft.

4   Projektleitung

Prozess-orientierte Projektleitung

Wer sich mit dem Thema Projektleitung auseinandersetzt, muss zwei zentrale Fragen erörtern: Was bedeutet Teamarbeit für die Projektarbeit und welche Leitungsfunktionen sind hierzu „kompatibel"?

Beginnen wir mit der Teamarbeit. Für den Berufsstand der sozial Tätigen ist diese Arbeitsform seit langem selbstverständlich und im Grunde professionell identitätsbildend. Keine Sozialarbeiterin und kein Sozialarbeiter ohne Team. Lockerer Umgangston, wenig Hierarchie, kollegiale Zusammenarbeit und jede Menge Gesprächsstoff (im Branchenjargon als „Austausch" bezeichnet) werden in aller Regel damit assoziiert. Aufgrund dieser Tradition könnte vermutet werden, dass gerade im Bereich der sozialen Arbeit ein Höchstmaß an Kompetenz und Erfahrung mit Teamarbeit vorliegt. Letzteres sicherlich, aber auch Kompetenz?

Bis vor kurzem besaß soziale Arbeit ein exklusives Monopol auf diese Arbeitsform. In Unternehmen der Wirtschaft galt Teamarbeit als zu teuer, ineffizient und daher ungeeignet. Abgesehen von einigen spektakulären Versuchen bei Volvo in den siebziger Jahren, schien diese Arbeitsform ad acta gelegt. Das hat sich geändert. Eines der vormals modernsten Autowerke der Welt, das Werk in Eisenau von Opel, besteht aus hochvariablen Arbeitsplattformen, denen „Teams" zugeordnet sind, deren ehemals so genannte Werkstattleiter allesamt in Moderationskursen geschult sind. Seitdem spricht alle Welt von Teamarbeit und „sozialer Kompetenz".

Insbesondere die Jugendsozialarbeit scheint darüber begeistert, erfährt sie doch so etwas wie eine späte „legitimatorische" Genugtuung durch diesen Methoden-Take-over. Bei all dem wird geflissentlich übersehen, dass Teamarbeit in Teilbereichen der freien Wirtschaft selbstverständlich ausschließlich unter Effizienzkriterien eingeführt wird, die im besten Sinne der Renditeoptimierung dienen. Stark verkürzt dargestellt, hat die technologische Weiterentwicklung der Güterproduktion das arbeitsteilige tayloristische Fließband veralten lassen. Organisatorisch drückt sich das bekanntlich in Begriffen wie Lean-Production und Lean-Management aus, wodurch so genannte „Quantensprünge" an Produktivität und Kapitalrendite erzielt werden. Es ist zweifellos richtig, dass dadurch anspruchsvolle und interessante Arbeitsplätze entstehen.

Allerdings stehen diese Teamarbeitsplätze unter enormem Druck, da das Team logischerweise nur an seiner Gesamtleistung gemessen wird und daher die (finanzielle) Bewertung des Einzelnen immer abhängig von den Tätigkeiten und dem Engagement des anderen ist. Mit anderen Worten, ein Team ist immer nur so leistungsfähig wie sein schwächstes Glied. Das wird vielleicht eine Zeit lang toleriert, dann sorgt der Gruppendruck für eine

Veränderung, was auch Kündigung bedeuten kann. Das ist vom Management so gewollt, da damit klassische Vorgesetztenfunktionen von der Hierarchieebene auf die Teamebene verlagert werden und sich so Probleme „wie von selbst lösen".[1] Bei diesen „teams of the fittest" ist das klassische Klientel sozialer Arbeit oftmals chancenlos. Bemerkenswerterweise wird aber Teamarbeit innerhalb der Sozialen Arbeit höchst selten unter Effizienzkriterien diskutiert, bezogen auf die ideellen Zielsetzungen der jeweiligen Organisation. Eine qualifizierte Diskussion darüber, wie erfolgreiche Teamarbeit innerhalb von Verbänden, Einrichtungen und Initiativen der Sozialen Arbeit bezogen auf die jeweiligen Organisationsziele aussieht, muss jedoch immer wieder gesucht und angeregt werden. Erst eine solche Diskussion schafft neben Teamkompetenz auch Erfolg im Team. Wichtig für unseren Zusammenhang ist zunächst, dass das, was in der freien Wirtschaft höchst wirkungsvoll im Rahmen von Marketing-Strategien als Teamarbeit „dargestellt" wird, unter anderen Vorzeichen steht, als im Bereich des Sozialen, dem genuinen Herkunftsland dieser Arbeitsmethode.[2] In der freien Wirtschaft handelt es sich dafür oftmals weniger um Teamarbeit als vielmehr um Gruppenarbeit. Im Folgenden werden Kriterien und Arbeitsinstrumente erfolgreicher Teamarbeit für den Projektalltag entwickelt und aufgezeigt.

Die Qualifikation

Teamarbeit und Projektarbeit sind höchst anspruchsvolle Arbeitsformen. Eine wesentliche Bedingung für erfolgreiche Projektarbeit ist die Handlungskompetenz des Projektteams. Handeln wird bedingt durch Eigenschaften, die Grundlage und Voraussetzung von Teamarbeit sind: Damit ist die Triade von Sozialkompetenz, Methodenkompetenz und Fachkompetenz gemeint. Was verbirgt sich dahinter? Idealtypisch ließe sich das so formulieren: Eine fachlich bestens qualifizierte Mitarbeiterin ist in der Lage, ihr Wissen systematisch umzusetzen und koope-

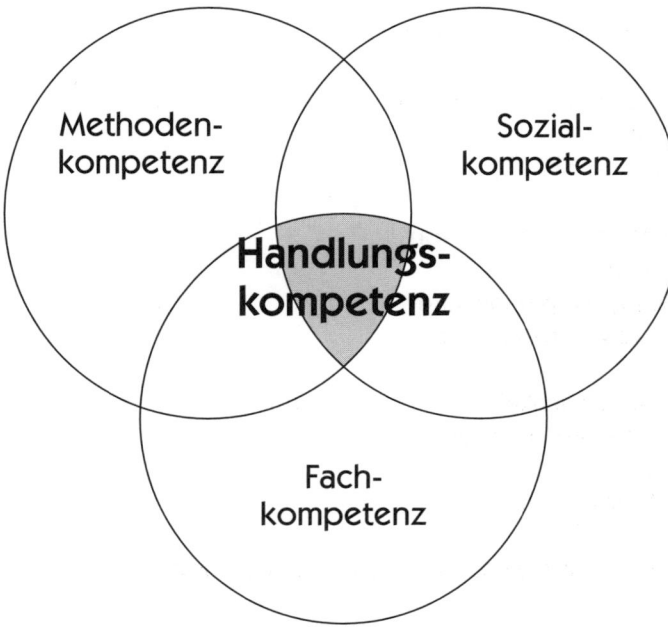

Methoden-kompetenz

Sozial-kompetenz

Handlungs-kompetenz

Fach-kompetenz

riert dabei offen, sensibel und konsequent mit allen Beteiligten. Ein Glücksgriff für das Projektteam. Sie sollten jedoch niemals die Zusammensetzung eines Projektteams von glücklichen Zufällen abhängig machen. Überlegen Sie also vorher genau, welche Kriterien wichtig sind, um innerhalb einer Projektorganisation mitarbeiten zu können.

Checkpoint

Bezogen auf die drei Kompetenzfelder lassen sich verschiedene Fragen formulieren:

	ja	nein
Soziales Kompetenzfeld:		
– Werden Situationen selbst gestaltet?	○	○
– Lassen sich Probleme ohne Vorwurfshaltung offen ansprechen?	○	○
– Regeln sind zwar wichtig, aber bekanntlich nicht immer. Wie sieht daher die Ambiguitätstoleranz aus?	○	○
– Ist es selbstverständlich, dem Arbeitskollegen bei Schwierigkeiten zu helfen?	○	○
– Im Team können Probleme nicht „nach oben" delegiert werden.	○	○
– Ist ein Arbeiten ohne Hierarchiestruktur („chief knows best") möglich?	○	○
Methodisches Kompetenzfeld:		
– Kann die eigene Arbeit in Kooperation mit anderen effektiv organisiert werden?	○	○
– Können auftauchende Probleme bereits im Vorfeld erkannt und entschärft werden?	○	○
Fachliches Kompetenzfeld:		
– Besteht die Bereitschaft, eingespielte Abläufe von Zeit zu Zeit neu zu durchdenken?	○	○
– Wird die Notwendigkeit erkannt, die persönliche fachliche Qualifikation regelmäßig selbständig zu erneuern?	○	○
– Besteht die Bereitschaft, eigene Fachlichkeit anderen Teammitgliedern in selbstorganisierten Fortbildungen weiterzugeben? (Stichwort: Selbstlernendes Projektteam)	○	○

Dies ist eine Auswahl wichtiger Fragen, die Sie bei der Zusammensetzung von Projektteams bedenken sollten.

Formulieren Sie diese Kriterien als Fragen, die Sie als Projektverantwortlicher immer im Auge haben sollten.

Schaffen Sie bewusst Situationen, in denen die festgelegten Kriterien zumindest teilweise eruiert werden können. Dazu gehört natürlich die Einstellungsphase. Nehmen Sie sich hierfür genügend Zeit. Vermeiden Sie „Prüfungssituationen". Machen Sie deutlich, dass es darum geht, festzustellen, ob beide Partner zusammenpassen. Auf diese „Kennenlernphase" sollten Sie sich gründlich vorbereiten. Die

Checkpoint

Der Erstkontakt bei einer Bewerbung sollte in folgenden Phasen ablaufen:

Zielsetzungen und Erkenntnisziele

Phase 1:
- Hemmungs- und Prüfungsangstabbau
- Fragen zur Anreise

Phase 2:
- Passt der Bewerber zur Arbeitsgruppe? Stichwort: „Integrationsfähigkeit".
- Fragen zur persönlichen Situation und Entwicklung.

Phase 3:
- Ist der Bewerber entwicklungsfähig?
- Fragen zu bisherigen Weiterbildungsaktivitäten und Unterlassungsgründen.

Phase 4:
- Wie weit kann der Bewerber den neuen Tätigkeitsbereich ausfüllen? Stichwort: „Leistungsfähigkeit"
- Fragen zur beruflichen Entwicklung und zum bisherigen Arbeitsalltag.

Phase 5:
- Information des Bewerbers über weitere Arbeitsplatz- und Betriebsinterna (zur besseren Entscheidungsfindung).
- Erklärungen mit Hilfe von Aufgabenbeschreibungen und Organigrammen.

Phase 6:
- Vertragsverhandlungen
- Diskussion über Nebentätigkeiten und Gehaltshöhe.

Phase 7:
- Motivation
- Einladung zu einem zweiten Gespräch.

Checkpoint

Hier finden Sie eine Auswahl von Fragen, die sowohl für den Bewerber als auch für denjenigen, der einstellt, als Vorbereitung dienen können.

Beispiele für Gesprächsinhalte:

1. Welche Tätigkeiten üben Sie jetzt aus?
   Beschreiben Sie sie möglichst ausführlich und sagen Sie, was Ihnen daran gefällt und was Sie sich anders wünschen.
2. Welche Kenntnisse, Fähigkeiten und Fertigkeiten können Sie bei dieser Arbeit besonders gut verwerten und wie wirkt sich deren Einsatz auf Ihre jetzige Stelle aus?
3. Welche Kenntnisse, Fertigkeiten und Fähigkeiten, die Sie besitzen, können Sie nicht anwenden?
   Empfinden Sie diese Tatsache als einen Mangel?
4. Nennen Sie einige Ihrer Stärken und Schwächen.
5. Wenn Sie ein Problem zu lösen haben, wie gehen Sie dabei vor?
6. Wie verhalten Sie sich, wenn sich zwei Mitarbeiter wegen einer betrieblichen Angelegenheit streiten?
7. Wie beurteilen Sie Ihre Kolleginnen und Kollegen?
8. Wie führen Sie ein Kritikgespräch?
9. Was hat Sie an unserer Anzeige interessiert?
10. Kannten Sie unser Projekt schon vor Ihrer Bewerbung?
11. Was waren bisher Ihre größten Erfolge?
12. Welche Fehler würden Sie nicht wiederholen?
13. Wie ist Ihr Verhältnis zu Vorgesetzten?
    Fühlen Sie sich von ihnen beachtet und gefördert oder glauben Sie, dass Sie verkannt werden?
14. Wie ist Ihr Verhältnis zu Kollegen und Mitarbeitern?
    Fühlen Sie sich in ihrem Kreise wohl oder könnten die menschlichen Beziehungen zueinander besser sein?
15. Wie sieht Ihr Ziel in unserem Projekt aus?
16. In welcher Weise betreiben Sie Ihre Weiterbildung beruflicher und allgemeiner Art?
17. Welche Interessen verfolgen Sie in Ihrer Freizeit?
18. Haben Sie eine Familie bzw. leben Sie in einer Familie oder für sich allein?
19. Welche Schulen haben Sie besucht?
    Welche Lieblingsfächer hatten Sie?
    Haben Sie noch Beziehungen zu Mitschülern und Lehrern?
20. Warum wollen Sie Ihre Stellung wechseln?
21. Was versprechen Sie sich von einer Tätigkeit bei uns?
22. Wie stellen Sie sich die Stelle vor, die hier zur Diskussion steht, und inwiefern glauben Sie, dass Sie die richtige Person dafür sind?
23. Gibt es Informationen, die für die Beurteilung Ihrer Bewerbung wichtig sind?

Qualität, der Ablauf und die Reflexion dieser Phase muss mindestens den Qualitätskriterien entsprechen, die Sie selbst für die eigene Projektarbeit als wichtig erachten: Für das Erstgespräch finden Sie im Checkpoint auf den vorhergehenden Seiten einige Themen und Fragestellungen als Anregung.

Nach dem Erstkontakt vereinbaren Sie, bis zu welchem Zeitpunkt eine Rückmeldung erfolgt. Falls das Projektteam bereits teilweise besteht oder schon arbeitet, sollte das Team in die Entscheidung einbezogen werden. Erläutern Sie das Procedere. Es könnte wie folgt aussehen: Die Kandidatin oder der Kandidat durchläuft einen festgelegten „Parcour". Jedes Arbeitspaket und jede Aufgabe wird von den jeweiligen verantwortlichen Teammitgliedern erläutert. Dafür sind insgesamt ein bis zwei Tage angesetzt. Dieses Vorgehen bietet mehrere Effekte. Jedes Teammitglied muss die eigene Aufgabenstellung präzise darstellen, ein relativ intensives Kennenlernen der eventuellen neuen Kollegin oder des neuen Kollegen wird möglich. Gleichzeitig werden alle in ihrer Kompetenz gefordert, die zuvor festgelegten Qualitätskriterien für Teamarbeit umzusetzen.

Nach dieser Feed-back-Phase im Team könnte dann in einem zweiten Kontaktgespräch die endgültige Entscheidung fallen, es sei denn, der oder die Neue stellte im Voraus die legitime Forderung, zunächst ein oder zwei Tage unverbindlich mitarbeiten zu können, um zu prüfen, ob die eigenen, persönlichen Kriterien sich in der neuen Aufgabenstellung und Arbeitsumgebung wiederfinden.

Das Team-Portfolio

Wie sieht Ihr Teamportfolio aus?

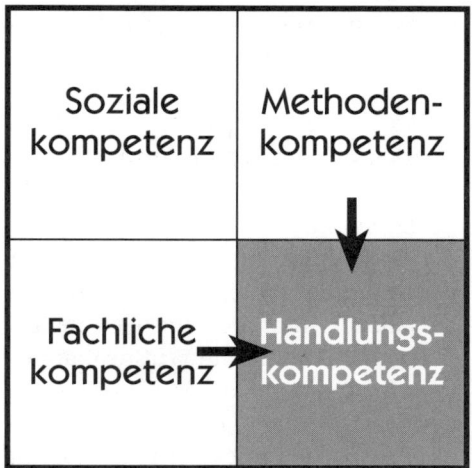

Es wäre natürlich praxisfern zu glauben, ein Projektteam ließe sich aus Personen zusammensetzen, die die Kompetenztriade optimal auf sich vereinigen. Das ist aber auch gar nicht notwendig. Wichtig ist hingegen, dass Sie wissen, wie sich die Kompetenzen in Ihrem Projektteam verteilen. Das lässt sich einfach und schnell mit dem bestens bewährten Team-Portfolio herstellen. Betrachten Sie die Portfolioabbildung.

Tragen Sie in die Graphik ein, wie sich die Kompetenzschwerpunkte der Teammitglieder Ihrer Meinung nach verteilen. Stellen Sie zum Beispiel fest, dass Fachlichkeit und Methodenkompetenz gut repräsentiert sind, jedoch durch Mangel im kooperativen und kommunikativen Bereich immer wieder Sand ins Getriebe gerät, der die Handlungsfähigkeit des Teams in belastenden Situationen (also dann, wenn es darauf ankommt) einschränkt, dann müssen Sie bei Neubesetzungen

Ihre Priorität darauf legen, keinen weiteren „Experten" einzustellen, sondern jemand, der im Feld oben links Schwerpunkte hat – also gut und effektiv auch mit „schwierigen" Menschen kommunizieren kann.

Moderierte Projektleitung

Es versteht sich von selbst, dass die Projektleitung nur eine Person übernehmen sollte, bei der, bezogen auf soziale, methodische und fachliche Qualifikation, die größte Kompetenz im Team vermutet wird. Das bedeutet keinesfalls, dass sich die verantwortliche Projektleitung überall auskennt, sondern über ein profundes Querschnittswissen verfügt und eindeutige Stärken im Bereich sozialer und methodischer Kompetenz aufweisen sollte. Nicht der Experte ist gefragt, sondern der Generalist. Dieser Stil entspricht der Arbeitsweise des Teams und ist – wie könnte es anders sein – kompetent und kooperativ.

Eine solchermaßen charakterisierte Persönlichkeit richtet ihr professionelles Handeln an folgenden Ideen aus:
- Das Team besteht aus engagierten Persönlichkeiten, die ihre Kompetenz bestmöglich zum Gelingen des Vorhabens einbringen.
- Die Projektleitung versteht sich als Erste unter Gleichen. Entscheidungen werden moderiert und nicht angeordnet, da Notwendigkeiten für alle nachvollziehbar aus der „Sache" heraus entstehen und nicht, weil der Vorgesetzte das so will.
- Die Projektleitung versteht sich, bezogen auf das gemeinsame Ziel, als Dienstleister, der für bestmögliche Rahmenbedingungen sorgt, Abläufe koordiniert und wirksames Controlling ausübt.
- Die Projektleitung delegiert keine Arbeiten, sondern überträgt Aufgabenbereiche (Arbeitspakete), deren Rahmen in beiderseitiger Absprache festgelegt wird, deren Inhalte jedoch gestaltet werden können und müssen. Bekanntlich führen mehrere Wege zum Ziel.
- Die Projektleitung schafft zu jedem Zeitpunkt Transparenz über sich eventuell verändernde Rahmenbedingungen und den jeweils aktuellen Projektstatus.

Diese hier skizzierte „Kultur" von Projektleitung ist nicht unbedingt selbstverständlich. Sie geht von einigen schlichten, aber wichtigen Voraussetzungen aus, die implizit oftmals gar nicht erwähnt werden. Das zugrunde gelegte Menschenbild ist „positiv", optimistisch wird von der Annahme ausgegangen, dass Menschen willens sind, sich mit einer Aufgabe – jenseits der notwendigen Gehaltszahlungen – zu identifizieren und damit diese verantwortungsbewusst durchzuführen. Das erinnert sinngemäß an Goethes Wort „behandle die Menschen so, wie du sie dir wünschst und nicht so, wie sie dir scheinen". In diesem Satz steckt ein bemerkenswerter Wille zur Utopie und eine faszinierende Einsicht in komplexe pädagogische Sachverhalte. Erst, wenn jemand Handlungsmöglichkeiten eröffnet bekommt, die ihn zu jemandem werden lassen, der er sein könnte, entsteht Neues. Technokratisch profan finden wir davon ein wenig wieder in der „Philosophie" des

„management by objectives". Damit ist etwa Folgendes gemeint: Die Geschäftsleitung beschließt ein Projektvorhaben. Ein Mitglied der Geschäftsleitung sucht hierfür eine geeignete Projektleitung, der die Projektausführung übertragen wird. Seine Anregungen und Vorstellungen fließen in die Zielformulierung ein. Damit ist das Ziel genau definiert, das „Wie" ist jedoch offen. Die Projektleitung wiederum stellt ein Projektteam zusammen, dessen Mitglieder Aufgaben (Arbeitspakete) übernehmen. Deren Inhalt ist ebenfalls genau definiert, das „Wie" ist relativ offen.

Im deutschen Sprachgebrauch ist „management by objectives" mit „Leiten durch Zielvereinbarungen" eingeführt.[3] Eine schlechte Übersetzung, suggeriert diese doch, dass alle Ziele frei vereinbar wären. Genau das ist damit aber nicht gemeint. Ziele werden immer gesetzt, in größeren Organisationen jeweils von der übergeordneten Hierarchieebene. Es handelt sich also um Management durch Zielsetzung. Lediglich das *Wie* der Umsetzung setzt jenen Gestaltungsraum frei, der nicht explizit definiert ist und eben jenes selbständige Arbeiten ermöglicht, von dem alle Welt spricht. Nur Initiativgruppen oder frei assoziierte Bürgervereine sind in der glücklichen Lage, viele Ziele völlig frei zu bestimmen. Dort, wo sich eine Organisation legitimieren muss, ist diese Freiheit eingeschränkt.

Eine weitere implizierte Grundlage der hier geschilderten Leitungskultur

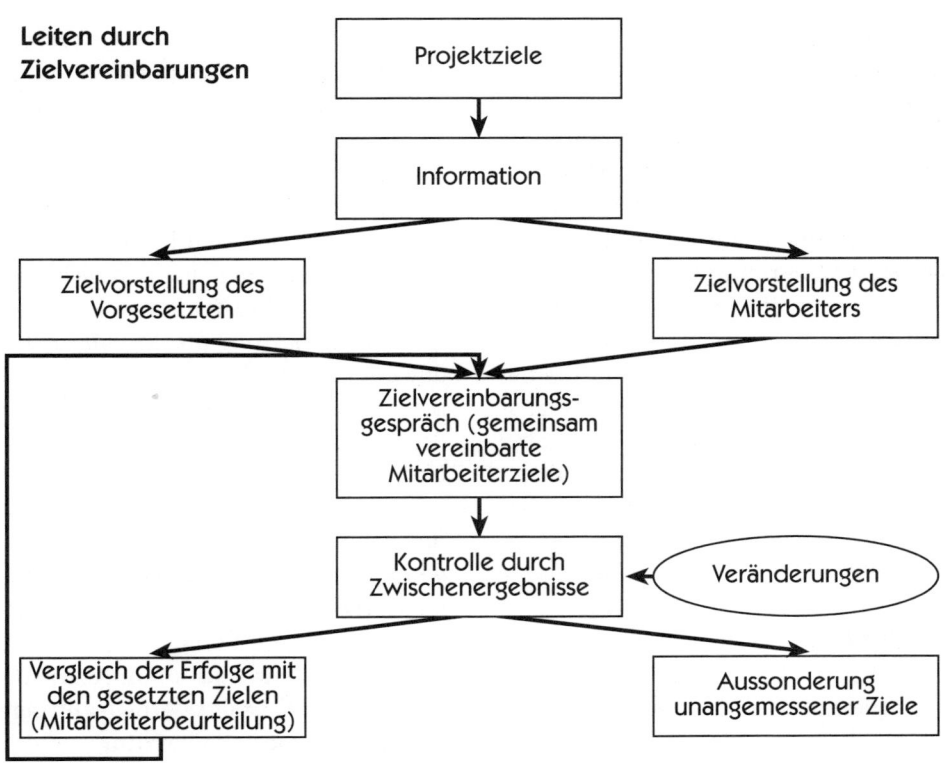

ist die Fähigkeit, Freiheit „auszuhalten". Kleine oder große Entscheidungsspielräume können immer ambivalente Reaktionen hervorrufen wie Angst, Unsicherheit oder Aktivismus. Wenn es sich vermeiden lässt, setzen Sie niemals sich oder andere einer weitgehend offenen Situation aus, wenn zuvor jahrelang reglementiertes und direktives Verhalten angesagt war. Gestehen Sie sich und anderen eine mehrmonatige mentale Übergangszeit zu.

Wer motiviert wen?

Als Projektleitung sind Sie dafür verantwortlich, dass das Projektziel mit den zur Verfügung stehenden Mitteln in der festgelegten Zeit in angemessener Qualität verwirklicht wird. Neben allen instrumentellen Hilfsmitteln wie Projektplanung, Controlling und Marketing kommt Ihrer Begeisterungsfähigkeit für die Projektidee und der Motivationskraft der Teammitglieder entscheidende Bedeutung zu. Wie sich die Motivation von Projektteams erhalten und pflegen lässt, ist sicher eine der wesentlichen Fragen erfolgreicher Projektarbeit. Neben der grundsätzlichen Bereitschaft am Projekt mitzuwirken, sind die bereits genannten Faktoren wie Transparenz des Projektablaufs und eine auf Offenheit und Kooperation abzielende Projektkultur wesentlich. Aber es gibt noch weitere Faktoren.

Die Arbeitszeit

Arbeiten Sie mit kreativen Zeitmodellen. Bestimmen Sie zunächst, wo die Notwendigkeiten des Projektes liegen, z.B. feste Büro- oder Kontaktzeiten. Aufgrund der vorliegenden Projektplanung können Sie feststellen, wo Spitzen und Flauten auftreten. Sind diese Gegebenheiten bekannt, lassen sich Gleitzeitmodelle vereinbaren oder Zeitkonten einrichten, die ein Höchstmaß individueller Zeitgestaltung ermöglichen. Betriebe der Wirtschaft sind hier oftmals flexibler als Einrichtungen der Sozialwirtschaft. Arbeitszeit lässt sich aber noch weiter gestalten. So könnte z.B. die für definierte Arbeitsergebnisse (Arbeitspakete) benötigte Zeit grob geschätzt werden. Unterschreitet der Kollege das Zeitlimit, geht er früher nach Hause, braucht er mehr Zeit, wird länger gearbeitet. In manchen Ohren mag eine solche Vereinbarung geradezu abenteuerlich klingen. Neben einigen Nachteilen gibt es jedoch enorme Vorteile. Der besagte Mitarbeiter wird hoch motiviert, effektiv zu arbeiten, da die Zeitersparnis seiner persönlichen Lebensgestaltung zugute kommt. Arbeitsabläufe werden so „automatisch" optimiert. Andere Kollegen, die vielleicht für dieselbe Sache länger brauchen, geraten nicht unter Druck, da die Effektivität des einen nicht automatisch die Messlatte für alle darstellt. Nicht die Präsenz am Arbeitsplatz wird belohnt, sondern das Ergebnis der Arbeit. Diese „Herrschaft" über den eigenen Terminkalender führt zu hochgradiger Identifikation mit der eigenen Aufgabe. Selbstmanagement tritt an die Stelle von formaler Hörigkeit. Ein solches Arbeitszeitsystem setzt ein hohes Maß von Verantwortungsbewusstsein im Team voraus und klar definierte Arbeitsaufträge mit eindeutiger Zielsetzung. Beides ist für erfolgreiche Projektarbeit selbstverständlich, in Großorganisationen (nicht nur der Sozialwirtschaft) vor allem Letzteres jedoch Mangelware.

Erfolg schafft Motivation

Das nächste Thema hängt eng mit dem soeben Gesagten zusammen. Die Praxis sozialer Projektarbeit ist oftmals schwierig genug. Gerade deshalb ist es notwendig, darüber nachzudenken, wie sich Erfolg organisieren lässt, bzw. wie persönliche Erfolgskriterien aussehen. Ein wichtiges Hilfsmittel kann neben den bereits erwähnten Meilensteinen und Projektphasen die ergebnisbezogene Stellenbeschreibung sein.

In vielen Organisationen sind Stellenbeschreibungen lediglich Aufzählungen von Tätigkeiten. Mitarbeiterinnen und Mitarbeitern wird jedoch nicht gesagt, welche Ergebnisse von ihrer Arbeit erwartet werden. Oftmals degeneriert eine solche Stellenbeschreibung zur Klassifizierung von Vergütungsordnungen. Das kann anders werden. Eine ergebnisbezogene Stellenbeschreibung

- legt Ergebnisse fest, die von der Arbeit erwartet werden,
- beteiligt alle Mitarbeiterinnen und Mitarbeiter aktiv an der Auseinandersetzung über Ziel und Zweck der Aufgabe,
- ist individuell auf eine Person oder ein Team zugeschnitten,
- beschreibt qualitative und quantitative Zielformulierungen,
- operationalisiert die Vorgehensweise in einem Aktionsplan
- und wird regelmäßig überarbeitet und angepasst.

Die Bestandteile der ergebnisbezogenen Stellenbeschreibung finden sich teilweise im Projektstrukturplan wieder und werden dort als Teilaufgaben und Arbeitspakete bezeichnet. Nutzen Sie dieses Instrument bewusst, um Fehlleistungen zu vermeiden, die immer zunächst demotivierend wirken. Damit sind nicht einfache „Fehler" in der Arbeit gemeint, sondern strukturelle Fehleinschätzungen bezogen auf die eigene Leistungsfähigkeit, die Belastbarkeit des Teams und natürlich auch die Steuerungsmöglichkeiten der Leitung selbst.

Geld ist nicht alles ...

... aber doch sehr wichtig. Insbesondere dann, wenn es um eine angemessene Vergütung des Projektteams geht. Hier sind in aller Regel enge Grenzen gesetzt, über die an dieser Stelle nicht weiter diskutiert werden soll. Wichtig ist es jedoch, alle Mitglieder des Teams angemessen am möglichen Projekterfolg zu beteiligen.

Das heißt konkret, dass eine zusätzliche Vergütung durch die prozentuale Beteiligung an realisierten Einnahmen ermöglicht wird. Auch hier ist Transparenz von allerhöchster Bedeutung. Es ist zwar sinnvoll, immer den „worst-case" in finanziellen Fragen bei der Projektplanung zu berücksichtigen. Genauso wichtig ist es aber, rechtzeitig Vereinbarungen für den „best-case" zu treffen. Schon manche Projektgruppe ist am eigenen Erfolg gescheitert. Fragen, wie dieser verteilt wird, wessen Teilzeitstelle erhöht wird, welche Zeitkraft übernommen wird, ob eine Leistungszulage sich vergüten

Checkpoint

Wie beurteilen Sie die Arbeitsatmosphäre in Ihrem Team?	stimmt	stimmt teilweise	stimmt nicht
1. Der Umgang ist unbürokratisch, entspannt und angenehm.	○	○	○
2. Die Rollen, Zuständigkeiten und Vollmachten sind geklärt.	○	○	○
3. Wir nehmen uns Zeit, unsere Zielvorstellungen und Erwartungen gegenseitig mitzuteilen.	○	○	○
4. Unsere Vereinbarungen sind klar und akzeptiert.	○	○	○
5. Die Mitglieder sind bereit, an der Verwirklichung der Projektziele mitzuarbeiten.	○	○	○
6. Getroffene Entscheidungen nehmen wir ernst und setzen diese um.	○	○	○
7. Wir können offen über Unsicherheiten und Ängste sprechen.	○	○	○
8. Meinungsverschiedenheiten werden restlos geklärt und individuelle Standpunkte werden berücksichtigt.	○	○	○
9. Wir investieren in die Kontrolle unserer Problemlösungsstrategie Zeit.	○	○	○
10. Beschlüsse werden auf der Grundlage von Übereinstimmung gefasst.	○	○	○
11. Wir sprechen über die Qualität unserer Zusammenarbeit.	○	○	○
12. Unsere Teamsitzungen sind anregend und motivierend.	○	○	○

lässt, sollten im Zuge der Projektplanung beantwortet werden.

Motivation ist ein sensibles Gut, dessen Verankerung gar nicht fest genug sein kann!

Prüfen Sie anhand des nebenstehenden Checkpoints, ob die Atmosphäre in Ihrem Team stimmt.[4]

Die Teamsitzung – oder wer sitzt fest im Team?

Teamarbeit ist, wie gesagt, das Kernstück moderner Projektarbeit. Hier wird das Projekt besprochen, geplant, und diskutiert. Allerdings stellen Teamsitzungen gerade wegen ihrer Bedeutung für den Projektfortgang ein kritisches Element dar und bedürfen deshalb der professionellen Vorbereitung und Durchführung. Da Projektzeit immer knappe Zeit ist, ist die Zeit, die für Besprechungen zur Verfügung steht, ebenfalls knapp bemessen. Nichts ist nervtötender als schlecht vorbereitete, sich vor sich hin schleppende Gesprächsrunden.

Es kursiert deshalb der böse Satz, Teamsitzungen dauerten deshalb so lange, weil bereits alles gesagt sei, aber noch nicht von jedem. Da ist etwas dran. Teamarbeit und Teamsitzungen haben bei manchen Kolleginnen und Kollegen deshalb ein schlechtes Image, weil damit fahrlässig vorbereitete Sitzungen ohne klares Ergebnis von ungewisser Dauer assoziiert werden. Dieses Negativimage entsteht durch ein weit verbreitetes Missverständnis darüber, was Teamarbeit bedeutet.

Teamarbeit heißt *nicht*, dass
– alle über alles Bescheid wissen,
– Entscheidungen nur in der Teamsitzung fallen,
– alle wichtigen Probleme und Themen in der Teamsitzung erörtert werden.

Positiv gewendet könnte man demnach das, was Teamarbeit als Methode ausmacht folgendermaßen beschreiben:
– selbst verantwortete und selbständige Erledigung von festgelegten Aufgaben,
– im Rahmen eines größeren Gesamtvorhabens,
– bei gleichzeitiger punktueller Nutzung der Erfahrung und Kompetenz von Arbeitskolleginnen und -kollegen auf gleicher Augenhöhe – ohne Hierarchiegefälle.

Mit anderen Worten: Es handelt sich um eine anspruchsvolle Arbeitsmethode, die vielfältiger Kompetenzen bedarf. Das spiegelt sich bereits in der sachgerechten Vorbereitung von Teamsitzungen wieder. Was bedeutet das im Einzelnen?

Zunächst sollte abgeklärt werden, um welche *Art* von Teamsitzung es sich handelt.

Es lassen sich grundsätzlich zwei Typen unterscheiden: die *Agenda-Sitzung* und die *Informations-Sitzung*.

In der *Agenda-Sitzung* gibt es eine feste Tagesordnung mit zu beschließenden Tagesordnungspunkten.

Die *Informations-Sitzung* dient dem Erfahrungsaustausch aus den verschiedenen Arbeitsbereichen. Jeder erhält ein „Update" über den Arbeitsstand des anderen. Entscheidungen stehen zunächst nicht an.

Die Agenda-Sitzung

Wenn Sie eine Teamsitzung mit einer festen Tagesordnung durchführen, beachten Sie bitte folgende Punkte:

– Legen Sie die **Sitzungsleitung** fest. Die Sitzungsleitung moderiert die Sitzung und achtet auf die Einhaltung des Zeitrahmens, ruft die einzelnen Tagesordnungspunkte auf, gestattet nur zu diesen Wortbeiträge. Stellungnahmen einzelner Teammitglieder werden durch eine gute Sitzungsleitung pointiert und zusammengefasst, entstehende Missverständnisse sofort aufgedeckt und korrigiert. Die Sitzungsleitung kann (und sollte) durchaus wechseln und nicht automatisch durch die Projektleitung wahrgenommen werden. Dadurch, dass sich die einzelnen Teammitglieder in dieser Aufgabe abwechseln, entsteht ein zusätzliches Übungsfeld im „geschützten Raum" des Teams. Eigene Moderationsfähigkeiten werden trainiert und weiterentwickelt. Zu diesem beständigen Rollenwechsel sollte jedoch niemand gezwungen werden, der sich dieser Aufgabe (noch) nicht gewachsen fühlt. Besteht im Team eine Atmosphäre der Offenheit, in der eigene Fehler eingestanden und Schwächen gezeigt werden dürfen, ohne deshalb gleich in die Kritik zu geraten, bestehen gute Chancen, dass Teamsitzungen zunehmend als Bühne für „Probehandlungen" begriffen werden, die die Kompetenzen der einzelnen Teammitglieder stärken.

– Bestimmen Sie die Agenda! Eine selbstverständliche Voraussetzung jeder **ergebnisorientierten Sitzung**. Hier gibt es verschiedene Möglichkeiten, die „Agenda" zu setzen: Beauftragen Sie eine Person damit, die vorgeschlagenen Tagesordnungspunkte bis zu einem bestimmten Termin zu sammeln, um diese dann rechtzeitig vorab dem Team zukommen zu lassen. Oder stellen Sie in dem Besprechungsraum ein Flipchart auf. Jeder kann hier bis zu einem festgelegten Termin seine für ihn wichtigen Besprechungspunkte eintragen. Gewichten Sie die eingetragenen Tagesordnungspunkte nach Bedeutung und Zeitdauer. Nach dieser Sortierung steht die Agenda.

– Akzeptieren Sie nur **entscheidungsfähige Tagesordnungspunkte**. Die Sitzungsleitung sollte jeden Tagesordnungspunkt kurz darstellen, die zur Entscheidung anstehenden Sachverhalte benennen, und dann den entsprechenden Mitarbeiter „anmoderieren". Stellt sich heraus, dass wichtige Materialien oder Informationen fehlen, sollte dieser Punkt sofort von der Tagesordnung abgesetzt und mit detaillierten Vorgaben beim nächstmöglichen Sitzungstermin entschieden werden.

– Arbeiten Sie mit **Vorlagen**. In der Regel müssen in den Teamsitzungen komplexe Sachverhalte entschieden werden. Es ist unmöglich, diese in der Sitzung ausführlich darzustellen, dazu die entsprechenden Unterlagen während der Sitzung zu verteilen und im Anschluss daran eine qualifizierte

Entscheidung zu erwarten. Beauftragen Sie vorab eine Person, das Für und Wider einer Sache knapp darzustellen und gegebenenfalls einen Entscheidungsvorschlag oder einen Lösungsvorschlag begründet zu formulieren. Die Unterlagen gehen acht Tage vorab an die Teammitglieder. Falls Sie der Auffassung sind, dieses Verfahren sei zu zeitaufwändig, unterliegen Sie einem gravierenden Irrtum. Eine Stunde uneffektive oder schlecht vorbereitete Teamarbeit bedeutet bei acht Teilnehmerinnen und Teilnehmern einen vergeudeten Arbeitstag für Ihr Projekt. Eine investierte Vorbereitung pro Tagesordnungspunkt von zwei Stunden kann also zu einer Effizienzsteigerung von mehreren 100 Prozent führen!

- Legen Sie die **Zeitdauer** fest. Sitzungen, die länger als 90 Minuten dauern, sollten Sie vermeiden. Zwei Stunden sind die Grenze der Effektivität. Das klingt vielleicht provozierend, aber beachten Sie bewusst einmal so genannte Marathon-Meetings. Die Stimmung wird zunehmend schlechter und aggressiver. Entscheidungen werden „durchgewunken". Ein solcher Sitzungsverlauf ist ein Indikator für mangelhafte Vorbereitung und/ oder eine überfrachtete Agenda.
- Verhindern Sie Tagesordnungspunkte, die keine sind. Es ist nicht sinnvoll, bestimmte komplexe Arbeitsergebnisse im Team gemeinsam erstellen oder diese womöglich gemeinsam in der Teamsitzung bearbeiten zu wollen. Einen Pressetext, ein Evaluationsdesign, eine Kampagnenplanung sollte

man alleine, zu zweit oder zu dritt in einer **Vorbereitungsgruppe** entwerfen. Dieser Entwurf kann an eine dritte Person weitergereicht und deren Anmerkungen eingearbeitet werden. Dann wird dieser Entwurf in der Teamsitzung weiter qualifiziert, entschieden – oder mit weiteren Vorgaben zur Weiterarbeit zurückgegeben.

- Das Protokoll: Beauftragen Sie vor jeder Sitzung jemanden, der ein **Ergebnisprotokoll** zeitnah, innerhalb von acht Tagen, verfasst. Das Protokoll sollte möglichst knapp sein. Auch komplexe Diskussionen lassen sich, so sie denn zu einem Ergebnis gekommen sind, in einem Satz zusammenfassen. Vermeiden Sie unbedingt, jemanden namentlich zu zitieren. Das sollte nur in einem Verlaufsprotokoll geschehen. Heben Sie im Protokoll Termine oder zu erledigende Dinge fett in einer gesonderten Spalte hervor.
- Das **Meinungsbild**: Steht bei einem Tagungsordnungspunkt keine Entscheidung an, sondern geht es darum, die persönliche Einschätzung zu einem wichtigen Thema zu erfahren und diese festzuhalten, sagen Sie dies vorab explizit. Damit wird an dieser Stelle eventuell eine kontroverse Diskussion vermieden, die erst bei späteren Entscheidungen ansteht.

Die Informationssitzung

Hier ist die Situation eine völlig andere. Im Vordergrund steht die aktuelle Information über den Stand von

Aufgaben, Aktionen oder Vorhaben einzelner Teammitglieder. Hier kann gegebenenfalls auf eine Tagesordnung verzichtet werden. Lediglich der Ablauf wird fest vereinbart. Jedes Teammitglied berichtet maximal 10 bis 15 Minuten in angemessener Weise über den Stand seiner Arbeit. Auch hier bietet sich die Chance, die Teamsitzung als „Proberaum" für künftiges Handeln zu nutzen. Das geschieht eventuell dadurch, dass der eigene Arbeitsbereich in Form einer Powerpoint-Präsentation dargestellt wird. Das ist vor allem dann sinnvoll, wenn diese Präsentation in der Öffentlichkeit ohnehin von Zeit zu Zeit benötigt wird. Und es entsteht wertvolles Material für die interne und externe Kommunikation, auf das bei Bedarf ohne größeren Aufwand zurückgegriffen werden kann.

Die Reaktion der Kolleginnen und Kollegen gibt ein erstes Gefühl dafür, wie das Material „draußen" ankommt.

Nutzen Sie bei dieser Art von Teamsitzungen die Möglichkeit der **Binnendifferenzierung**. Damit ist Folgendes gemeint: Themen, die für alle „irgendwie" in unterschiedlicher Weise relevant sind, wie Novellierungen von Gesetzestexten, neue technische Entwicklungen oder Fachveröffentlichungen, werden jeweils einer Person zugeordnet, die das jeweilige Themenfeld beobachtet und für das Team auswertet. Die anderen Teammitglieder werden entlastet und es bildet sich vertiefende Kompetenz. Nicht jeder kann sich über alle Randbereiche auf dem Laufenden halten.

Checkpoint

Teamsitzung[5]	Ja	Nein
Gibt es einen eigenen Arbeitsraum für das Team?	○	○
Gibt es geeignete Nebenräume?	○	○
Sind die Räume ausreichend und zweckmäßig möbliert?	○	○
Ist die Telekommunikation zweckgemäß eingerichtet?	○	○
Ist die Nähe zu wichtigen Kooperationspartnern gegeben?	○	○
Ist bei Projekten das Zeitbudget der Teammitglieder geklärt?	○	○
Ist ein Zeitplan erstellt?	○	○
Ist die Dokumentation der Teamergebnisse geklärt?	○	○

Rituale

Unabhängig davon, welche Art von Sitzung Sie vorbereiten, sollten Sie das „Ritual" des Ablaufs festlegen und für jede folgende Sitzung beibehalten. Rituale schaffen Sicherheit und bieten Identifikationsmöglichkeiten im Sinne von: „Das ist bei uns gut geregelt."

Hier einige Vorschläge:

– Der **Beginn**: Starten Sie mit der Sitzung jeweils zur vollen Stunde und nennen Sie das erste Thema Informellen Meinungsaustausch. Dafür sehen Sie 15 Minuten vor. Hier können rasch noch Informationen weitergegeben, Kolleginnen und Kollegen kontaktiert, die nach der Sitzung eventuell sofort weg müssen oder einfach private Dinge besprochen werden. Und wer zu „spät" kommt, ist dann hoffentlich pünktlich, wenn die „harten" Themen dran sind. Damit beginnen Sie immer pünktlich – auf die Minute.

– Das **Setting**: Sorgen Sie für einen gleich bleibend gut geeigneten Besprechungsort, der in einer Art und Weise vorbereitet wird, die jedem verdeutlicht, dass er erwartet und willkommen ist. Dazu gehören Trivialitäten wie: Gut durchlüftete Räume, die genügend Platz bieten, auch für Präsentationen oder Umbaumaßnahmen. Frische und qualitativ gute Kalt- und Heißgetränke sollten selbstverständlich sein. Eine frische Rose auf dem Tisch oder eine Kleinigkeit zu essen ist immer angemessen. Damit machen Sie deutlich: Wir schätzen uns wert und erwarten dies auch gegenseitig.

– Der **Abschluss**: Halten sie die festgelegte Sitzungszeit ein und vereinbaren Sie das weitere Vorgehen und den nächsten Termin.[6]

Übrigens: Werten Sie unbedingt einmal pro Jahr aus, wie viel Arbeitszeit Ihr Projektteam in Sitzungen verbringt. Es gibt hier keine Faustregel. Zu unterschiedlich können die Rahmenbedingungen sein. Interessanterweise zeigt die Praxis, dass gerade dezentrale Teams, die nicht an einem Ort in einem gemeinsamen Gebäude arbeiten, relativ wenig Besprechungszeit benötigen. Offensichtlich müssen hier die Absprachen solide vereinbart sein. Wenn Ihr Team allerdings mehr als 15 Prozent der Arbeitszeit in Teamsitzungen verbringt, verlassen Sie den „grünen Bereich". Unter 10 Prozent ist ein nobles Ziel, damit Ihr Team mobil bleibt.

Projektmanagement als Inszenierung von Störungen

Rudolf Göser

Projektmanagement ist ein beliebtes Instrument, um Veränderungen und Entwicklungen in Organisationen voranzutreiben und zu steuern. Im ersten Augenblick mag der Beschluss „das machen wir als Projekt" erleichternd wirken, eine Garantie für das Gelingen darf jedoch allenfalls erhofft, aber längst nicht als sicher erachtet werden. Mitarbeiterinnen und Mitarbeiter, die schon lange dazugehören, können schon mal ihre Skepsis vortragen: „Wenn Sie mich fragen, daraus wird nichts!" Vermutlich werden sie Recht behalten, es sei denn ...

Was tun, damit Projekte gelingen? Meine These lautet: Der Erfolg liegt in der Kunst zur produktiven Inszenierung von Störungen.

In den einschlägigen Handbüchern gibt es gute Hinweise und Vorlagen für die unterschiedlichsten Arten von Projekten. Man könnte meinen, es sei doch ein Leichtes für die Auftraggeber, einen Projektauftrag zu formulieren. Die Erfahrung zeigt jedoch, dass gerade die Auftragserteilung und -annahme längst nicht so einfach sind, wie sie scheinen. Die Gründe dafür liegen auf der Hand.

– Es gibt kaum eine Organisation, bei der sich die Mitarbeiterinnen und Mitarbeiter nicht auch ohne Projekte eigentlich ganz gut beschäftigt und ausgelastet fühlen. Sie haben im Rahmen der Linienorganisation ihr Aufgabenpaket, das sie auf Grund ihrer Erfahrungen in mehr oder weniger bewährten Arbeitsabläufen und Routinen bewältigen. Fast jedes Projekt unterbricht, beeinflusst und stört diese „normale" Arbeit. Einerseits soll mit dem Projekt – häufig in gedrängter Zeit – ein wichtiges Ergebnis erzielt werden und andererseits soll die übliche Arbeit nicht darunter leiden. Deshalb sind Projektaufträge (unbewusst/halbbewusst) oft seltsam unklar und diffus, nach dem Motto „wasch mir den Pelz, aber mach ihn mir nicht nass". Natürlich konkurrieren Interessen, Ressourcen und Kapazitäten, gerade bei zeitlich begrenzten, zusätzlichen Projekten. In der Regel verfügt die gewachsene (Linien-) Organisation über wesentlich mehr Techniken und informelle Verfahrensweisen, Projekte ins Leere laufen zu lassen, als dies die Projektorganisation in Bezug auf die Unterbrechung der normalen Arbeit vermag. In der Regel ist es deshalb überhaupt nicht hilfreich, Projekte möglichst harmonisch und niederschwellig zu starten. Projekte

„stören", und diese Störung gilt es bereits in der Startphase bei der Auftragserteilung nicht nur zu akzeptieren, sondern sinnvoll zu inszenieren.

– Der schwarze Peter liegt dafür jedoch längst nicht nur beim Auftraggeber, sondern auch beim Projektleiter und der Projektgruppe. Diese empfinden die Klärung der

Praxis

 ### Inszenierung des Auftrags

Im Coaching, das begleitend zur Projektmanagementschulung stattfand, hatte die Projektleiterin das Problem schnell benannt: Weder der Produktionsleiter noch die Abteilung Forschung und Entwicklung kooperierten mit ihr. Zum Projektgruppenmeeting wurden schlecht informierte Vertreter geschickt, Zusagen wurden nicht eingehalten und je mehr sie sich um die Erledigung der Aufgaben kümmerte, die diese Herren vor sich herschoben, desto schlimmer wurde es. Was war geschehen? Die F&E-Abteilung des recht erfolgreichen Unternehmens für homöopathische Arzneimittel hatte in jahrelanger Arbeit ein neues Mittel entwickelt. In der hektischen Schlussphase einer Besprechung sagte der Geschäftsführer: „Sie haben ja jetzt die Projektmanagementschulung gemacht. Kümmern Sie sich bitte um die Markteinführung unseres neuen Produkts."
Die Aufgabe war reizvoll und umfangreich: Verpackungsgröße und -formen festlegen, Beipackzettel nach gesetzlichen Vorgaben entwerfen, Werbemaßnahmen mit dem Außendienst koordinieren, Budget und Termine im Blick behalten – Aufgaben, bei denen sie fortlaufend die verschiedenen Fachkompetenzen zusammenführen musste. Sie stand gegenüber ihrem Chef (und sich selbst) unter Erfolgsdruck und musste sich der Einsicht beugen, dass alles andere wichtiger war als „ihr" Projekt. Die beinahe banale Standardfrage im Coaching „Wie lautet denn der Auftrag" machte deutlich: Es gab keinen schriftlichen Auftrag, ihre Rolle und noch mehr ihre Befugnisse waren reichlich unklar, offen war auch die Frage, wer denn nun tatsächlich zur Projektgruppe gehört. Die Vermutung wurde zur Gewissheit: Das Projekt war in dem Unternehmen auf einem so geringen Level etabliert, dass es in den Alltagsroutinen der betroffenen Abteilungen und Mitarbeitern fast völlig unterging – und die Projektleiterin sich immer ohnmächtiger fühlte. Die Lösung des Problem war in diesem Fall verblüffend einfach: Sie sorgte nun selbst für einen klaren Auftrag. Auf einer knappen DIN A4 Seite erarbeitete sie sich ihren „Wunschprojektauftrag", definierte darin Aufgabe, Ziele, Termine, Verantwortlichkeiten und Befugnisse. Diesen Auftrag legte sie dem Geschäftsführer zur Unterschrift mit den Worten vor: „Ich habe mir Ihren Auftrag nochmals klar gemacht und zu Papier gebracht. Ist so das Projekt in Ihrem Sinne?" Den Auftrag zusammen mit der Unterschrift den entsprechenden Abteilungen bekannt zu machen, war dann eine Kleinigkeit mit großen Wirkungen: Das Projekt kam sehr erfolgreich ins Laufen.

Frage „Was ist denn nun unser Auftrag?" oft als eine lästige, weil für sie viel zu abstrakte Sache. Die Gedanken eilen voraus, wie denn die anstehenden Probleme gelöst werden können: man/frau beginnt zu arbeiten – und merkt gar nicht, dass möglicherweise die Rahmenbedingungen unzureichend sind.

In der Praxis sieht das dann so aus: Mit einem aufmunternden „Nun fangen Sie erst mal an ..." wird die Projektgruppe auf den Weg geschickt – und sie lässt sich auf den Weg schicken. Wie viel Zeit dafür eingesetzt werden darf, wird nicht geklärt. Wann das Projekt abgeschlossen sein soll, kann man ja auch nicht bestimmen, das hängt von ... ab. Und schon sind Reibungsverluste vorprogrammiert. Die Empfehlung heißt: die Zeit und Energie zur sorgfältigen Auftragserteilung und -annahme lohnt sich. Dazu gehört nicht nur die Klärung, was das gewünschte Ergebnis ist, sondern vor allem auch wie viel Zeit, Geld und Manpower in das Projekt einfließen darf. Und dazu gehört auch – trotz aller Unsicherheit – einen Schlusstermin zu setzen. Es ist leichter, einen solchen Termin zu verändern, als mit einem langsam dahinsiechenden, endlosen Projekt zu leben.

Das Beispiel der Projektleiterin ist typisch: Bei gelungen Projekten sind es häufig die Projektleiter oder Projektgruppen gewesen, die entweder den Auftrag vollständig selbst geschrieben oder ihn zumindest in wesentlichen Punkten sorgfältig geprüft und modifiziert haben. Gerade in der Startphase einer Projektgruppe verhilft die konsequent gestellte Frage

„was ist unser Auftrag" dazu, nicht nur die unterschiedlichen Vorstellungen zu klären, sondern auch als Projektgruppe handlungsfähig und stabil zu werden.

In der Regel zeichnen sich Organisationen durch einigermaßen stabile Strukturen und Arbeitsabläufe aus. Das ist gut so, denn da weiß man/frau, wo sie dran sind. Zeitlich begrenzte Projekte, vor allem wenn es sich auch noch um Projekte zur Organisationsentwicklung handelt, bergen die Chance in sich, andere Kooperationen, Einflusskanäle und Machtkonstellationen auszuprobieren – wenn sie denn genutzt werden. Die Versuchung liegt nahe, die im Alltag bewährten Proporzregelungen auch für das Projekt anzuwenden, anstatt den Aufbau der Projektorganisation und die Besetzung von PG und Lenkungsausschuss stärker nach Kriterien zu orientieren, die für das Projektergebnis wichtig sind, auch wenn sie der bisherigen Kultur widersprechen. „Lasst uns möglichst rasch zur Sacharbeit kommen! So wichtig ist ja nun die Zusammensetzung auch nicht! Wir wollen keine Zeit verlieren!" Mit solchen Sätzen werden chancenreiche, konstruktive Unterschiede zwischen der alltäglichen Linienorganisation und der Projektorganisation eingeebnet, noch bevor sie richtig entstehen konnten. Dadurch werden gegebenenfalls entscheidende Möglichkeiten leichtfertig verspielt!

Maximen zur Inszenierung der Projektorganisation können sein: Primäre Orientierung am Projektziel und der Projektaufgabe bei der Zusammensetzung der PG, Transparenz der Entscheidungskriterien, bewusste Einbindung von Skeptikern, ein schlanker und sich wirklich nur auf die Anbindung zu den Entscheidungsträgern beschränkender Lenkungsausschuss, klare Berichtsstrukturen (orientiert an den Meilensteinen und nicht monatlich; schriftlich; Verzicht der Führungskräfte auf die Nutzung informeller Informationskanäle).

Praxis

 ### Inszenierung der Projektorganisation

Die Pflegedienstleitung eines kleinen Krankenhauses mit 4 Stationen wollte die Ablauforganisation umstellen. Statt der Funktionspflege, bei der die Pflegenden jeweils für bestimmte Arbeiten wie Betten machen, Frühstück bringen, Verbandswechsel etc. zuständig waren, sollte die Bereichspflege eingeführt werden. Hierbei ist die Pflegende für „ihren" Bereich komplett zuständig, in der Regel für die Patienten von ein oder zwei Zimmern, und verrichtet alle anfallenden Arbeiten. Der Nutzen für die Patienten liegt auf der Hand, sie müssen sich nicht immer auf neue Gesichter einstellen und die Pflegenden können sich auf einige Patienten speziell konzentrieren. Wohl wissend, dass der Wechsel von der Funktions- zur Bereichspflege eine weitreichende Veränderung der Arbeitsabläufe nicht nur für die Pflegenden, sondern auch für die Ärzte und andere Berufsgruppen darstellte, entschied sich die PDL dafür, den Veränderungsprozess als Projekt zu organisieren. Mitarbeiterinnen und Mitarbeiter von den Stationen, die die komplexen Zusammenhänge der täglichen Arbeitsabläufe hautnaher und besser kannten als sie, sollten aktiv und unmittelbar beteiligt sein. Doch wie sollte nun die Projektgruppe zusammengestellt werden? Einige wichtige Kriterien waren schnell klar: Die PG sollte nicht zu groß und nicht zu klein sein, also ungefähr 9 Mitglieder haben, die freiwillig diese Aufgaben übernehmen sollten. Wichtig war auch, dass sowohl Befürworter als auch Skeptiker in die PG sollten, außerdem Mitarbeiterinnen und Mitarbeiter, die schon viele Jahre im Haus waren, und solche, die gerade erst ihre Ausbildung abgeschlossen hatten. Eine Zusammenstellung also nach dem Maxmix-Prinzip: maximale Mischung. Aber keine Stationsleitungen! Diese Entscheidung kam aus der Beobachtung, dass die Mitarbeiterinnen und Mitarbeiter immer recht schnell den sehr gut und überlegt handelnden Stationsleitungen zustimmten, aber dabei auch ihre Fähigkeiten und Kompetenzen eher viel zu zurückhaltend einbrachten. Projektidee und die Kriterien für die PG wurden über die Stationsleitungen den Mitarbeiterinnen und Mitarbeiter nahe gebracht – und lösten viele Diskussionen aus. Die Transparenz der Kriterien und die offene Entscheidungsmöglichkeit erzeugten nicht nur eine breite Aufmerksamkeit für das Projekt, sondern brachten dann auch eine gut zusammengestellte PG zustande, in der verschiedene Interessen repräsentiert waren. Manche empfanden die Diskussionen um die Zusammensetzung als störend. „Sagt doch einfach, wer da rein soll, und fertig!" Andere waren sich jedoch auch ganz sicher: „Ohne diese Diskussionen hätte die PG in der Folge viel weniger Akzeptanz und Rückhalt gehabt."

Die Kunst besteht darin, eine für die aktuelle Situation maßgeschneiderte Vorgehensweise zu erfinden. So entschied man sich in diesem Krankenhaus erst nach langer Diskussion, keine Ärzte in die Projektgruppe zu nehmen, was in einem anderen Fall und bei anderen Voraussetzungen sicherlich zielführend und nahe liegend wäre. Externe Berater, weil sie „fremd" sind und deshalb systeminterne Zwänge etwas weniger leicht auf den Leim gehen, können in solchen Phasen wertvolle Anregungen und Impulse stiften.

Kann „Stören" denn etwas Positives sein?

Gewöhnlich verbinden wir mit dem Wort „stören" nichts besonders Angenehmes. Stören bedeutet etwas unterbrechen, Zusammenhänge durcheinanderbringen, Bewährtes irritieren und erinnert sehr schnell auch an Ereignisse, die ganz nahe an „zerstören" liegen. Die hier nahe gelegte Aufforderung, Projektmanagement als eine Inszenierung von Störung zu verstehen, zielt weder auf absichtsvolles Zerstören noch auf ein unprofessionelles Management by Helikopter (Staub aufwirbeln und rasch verschwinden). Die Aufforderung zielt vielmehr darauf, den paradoxen Charakter von Projekten genau in den Blick zu nehmen und offensiv zu gestalten.

In der Regel werden Projekte angestoßen, initiiert und gestartet, weil irgendwelche besonderen Herausforderungen zu bewältigen sind. Und das soll bitte – so weit wie möglich – schnell, diskret und mit möglichst geringem Aufwand vonstatten gehen. An dieser Paradoxie beißen sich dann engagierte Projektleiter mehr oder weniger erfolgreich die Zähne aus, vor allem dann, wenn sie sich selbst begeistert und voller Elan ins Zeug werfen. Projekte scheitern reihenweise, weil diese Paradoxie in den Organisationen so gerne heruntergespielt und negiert wird.

In Anlehnung an die neuere Systemtheorie lässt sich das Phänomen so beschreiben: Jede Organisation funktioniert nach einer Reihe von Regeln, Abmachungen und Konventionen, die die Mitglieder im Laufe der Zeit erfunden haben. Das ist, als ob die ganze Organisation eine ganz eigene Version von Monopoly oder von Schach spielt.[7] Die „Spielregeln" bewirken wiederholbare Vorgänge und Arbeitsprozesse – Routinen – und damit zugleich auch Orientierung und Sicherheit für die „Mitspieler". Man/frau weiß, was zu tun ist. Wenn das in der Systemtheorie mit der operativen Schließung eines Systems bezeichnet wird,[8] wird zugleich gesagt, dass das System mit der Erfindung dieser operativen Regeln die Übernahme von anderen, gegebenenfalls durchaus sinnvollen Regeln und Verfahrensweisen abwehrt. Projekte bewegen sich jedoch in der Regel genau in dem Bereich von „Jetzt machen wir ein paar Sachen zumindest vorübergehend einmal anders" und der dadurch ausgelösten Abwehr. Bereits die Definition von Projekt[9] verweist darauf, wenn als Merkmale sowohl die „Einmaligkeit" als auch die Notwendigkeit einer eigenen, „projektbezogenen Organisation" genannt werden. Beide Aspekte signalisieren aus sich heraus einen

Widerspruch sowohl zu den spezifischen Routinen als auch zu den üblichen „Spielregeln" innerhalb der Organisation. Das bedeutet jedoch nichts anderes, als dass Projekte aus sich heraus „störend" sind, natürlich in unterschiedlichem Grade, aber dennoch grundsätzlich. Wenn also die Störung schon unvermeidbar ist, dann kann die Devise nur heißen: die Störung konstruktiv gestalten.

Inszenieren im Sinne von bewusst gestalten kennen wir vom Theater. Dort ist es die große Kunst des Regisseurs, ein möglicherweise auch altbekanntes Stück richtig in Szene zu setzen. Das ist immer ein spannender Spagat zwischen Langeweile und Provokation, zwischen Bedeutungslosigkeit und Skandal. Hat das Stück eine Botschaft? Geht es lediglich um den ästhetischen Genuss? Welche Wirkung soll auf dem Parkett und in den Logen entstehen? Neben der eher handwerklichen Arbeit am Text sind das die entscheidenden Fragen, die keine Halbherzigkeit vertragen, sondern nur

mit entschiedener Gestaltungskraft zu meistern sind. Wenn die Aufführung die Zuschauer nicht in einem anregenden Maße „stört", sie also aus der eintönigen Berufswelt herauslockt, zu neuem Nachdenken herausfordert, ihnen Einsichten nahe legt oder ihre Sehnsucht verstärkt, ist das Eintrittsgeld umsonst bezahlt. Der Aufwand hat sich nicht gelohnt.

Professionelles Projektmanagement inszeniert zielgerichtet das unvermeidliche Störungspotential und achtet dabei sowohl auf einen angemessenen Handlungspielraum der Projektgruppe als auch auf Annahme, Wirkung und Akzeptanz des Ergebnisses.

Kontakt:
Rudolf Göser
Kurpfalz Management
Mahlastrasse 21
67227 Frankenthal
Tel: 0 62 33 – 34 63 - 0
info@kurpfalzmanagement.de

5   Der Projektmanager

Anmeldeformular

Bitte in Druckbuchstaben ausfüllen und an nachstehende Adresse schicken.

Projekte Konzepte Ideen
Postfach 1162

74372 Sersheim

Software Projektmanager

Ja, ich möchte den Projektmanager kostenlos 12 Monate nutzen.
Senden Sie mir bitte per E-Mail meinen persönlichen Zugangscode zu.

Vorname, Name

Einrichtung (bei Bedarf)

Straße, Nr.

PLZ, Ort

Telefon

E-Mail

Bitte beachten Sie: Um den Projektmanager nutzen zu können, müssen Sie per E-Mail erreichbar sein und Zugriff auf einen PC mit Internetanschluss haben! Schicken Sie uns diese Seite als Anmeldeformular aus Sicherheitsgründen bitte im **Original** per Post zu. **Anmeldungen per Fax und E-Mail können wir leider nicht berücksichtigen.**

Der Projektmanager
planen · steuern · visualisieren

Die Planungssoftware Projektmanager ist „web-based", d. h. über eine persönliche Codenummer, die Sie über den Anmeldevordruck anfordern können, planen und gestalten Sie über Ihren Internet-Zugang aktuelle Projekte. Sie können die Software ein Jahr lang kostenlos testen. Erst dann entscheiden Sie sich, ob Sie für weitere 12 Monate die Software für Ihre Projektplanung nutzen möchten. Sie erhalten dann eine weitere kostenfreie Planungszeit. Nach zwei Jahren überprüfen wir unseren Entwicklungsaufwand und erheben gegebenenfalls einen geringen Kostendeckungsbeitrag. In der Zwischenzeit profitieren Sie selbstverständlich von allen programmtechnischen Erweiterungen und Aktualisierungen. Ihre Anregungen sind uns hierbei willkommen.

Im Folgenden möchten wir Ihnen erläutern, welche Vorüberlegungen dem „Projektmanager" zugrunde liegen und was Sie alles mit dem Projektmanager bewerkstelligen können.

Gut gemachte Projektmanagementsoftware kann zweierlei Aufgaben erfüllen: Die Planung und Steuerung eines Projektes wird erleichtert, insbesondere wenn es darum geht mehrere Projekte gleichzeitig „im Griff" zu haben. Außerdem sollte eine gute Software jederzeit Ausdrucke zum aktuellen Projektstatus ermöglichen, die gleichzeitig optisch ansprechende und aussagekräftige Präsentationsmaterialien darstellen. Schließlich gilt es immer wieder, innerhalb der eigenen Organisation zu kommunizieren, wo das Projekt gerade steht, oder aber externen Geldgebern rasch und zuverlässig vermitteln zu können, wo gerade Probleme auftauchen oder in welcher Phase sich das Projekt befindet.

Die am Markt befindliche Software verbindet normalerweise diese beiden Anforderungen nicht miteinander. Entweder handelt es sich um komplexe und damit auch relativ teuere Planungssoftware, die für Präsentationen weitgehend ungeeignet ist, oder es handelt sich um gutgemachte graphische Präsentationsprogramme, die allerdings geringe Planungsmöglichkeiten mit sich bringen.

Es ist deshalb eine anspruchsvolle Aufgabe beide Anforderungen der Praxis in einem Softwareprojekt zu verwirklichen und den Versuch zu wagen, eine Software zu konzipieren, die sowohl für einfache als auch für komplexere Projekte geeignet ist und gleichzeitig gute Präsentationsmaterialien liefert. Kompliziert hat die Sache zudem die weitere Bedingung, dass unter Planung natürlich nicht nur die inhaltliche Darstellung zu verstehen ist, sondern gleichzeitig ein Finanz-Controlling ermöglicht wird.

Wir möchten Ihnen die neu entwickelte Software „Projektmanager" vorstellen. Die Software ist denkbar einfach zu bedienen und selbsterklärend.

Um die Möglichkeiten der Software optimal nutzen zu können wird vorausgesetzt, dass Sie bereits einzelne Arbeitspakete definiert haben. Auf dem Eröffnungsbildschirm haben Sie dann die Möglichkeit die Arbeitspakete („Jobs") einzugeben.

aufgelistet, daneben eine Spalte, wer dafür verantwortlich ist und bis wann das Arbeitspaket erledigt sein sollte. Den Begriff Arbeitspaket können Sie

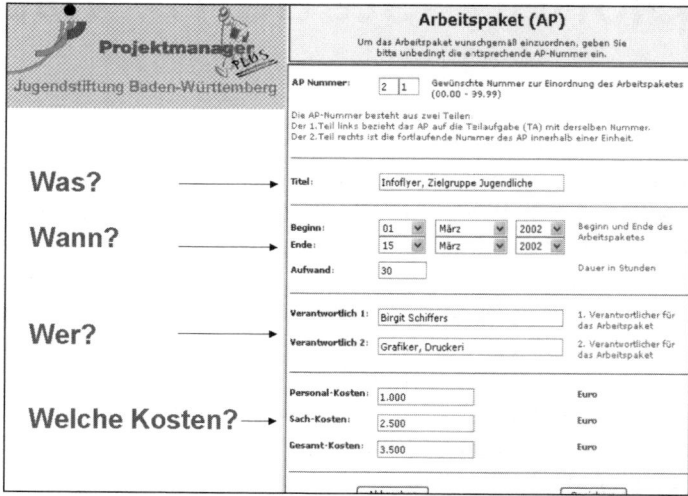

Arbeitspaket

Beim Arbeitspaket geben Sie Daten wie den Titel, verantwortlich für, erledigt von – bis, Zeitaufwand in Stunden und natürlich die Gesamtkosten gesplittet nach Personal- und Sachkosten ein. Mit dieser Eingabe können Sie alle weiteren Planungsinstrumente visualisieren und abrufen. Fertig!

Per Knopfdruck können Sie jetzt die Arbeitspakete nach Datum sortieren. Sie drücken einfach auf den Button Ablaufplan und schon erhalten Sie eine zeitliche Strukturierung die optisch gut dargestellt ist. Falls Ihnen aus irgendwelchen Gründen diese Ablaufplanung zu komplex ist oder Sie der Einfachheit halber alles auf einem Blatt haben wollen, gibt es als weiteres Instrument der Planungsdarstellung den Terminkalender. Drücken Sie einfach den entsprechenden Button und Sie haben die Arbeitspakete nach Titel

natürlich intern synonym mit Arbeitsvorgang oder Arbeitsschritt übersetzen. Allerdings ist der Terminus Arbeitspaket, der aus dem Fachgebiet Projektmanagement kommt, genauer.

Balkendiagramm

Auf Wunsch erhalten Sie eine dritte graphische Gestaltungsmöglichkeit des Projektablaufes. Sollte Ihr Projekt aus relativ wenigen Arbeitspaketen bestehen, lassen sich diese auch als Balkendiagramm darstellen. Hier werden rasch Zusammenhänge deutlich und Überschneidungen erkennbar.

Sie sehen, dass Sie durch den einmaligen Eintrag von Daten in die Arbeitspakete sowohl eine Strukturplanung als auch drei Darstellungsmöglichkeiten einer Ablaufplanung erhalten.

Kostensteuerung

Eine wesentliche Arbeits-
erleichterung ist im Projekt
die zeitgenaue Kostensteue-
rung. Die Dateneingabe ist
hierzu oftmals mühevoll. Die
Software „Projektmanager"
löst das Problem folgendermaßen: Wenn Sie die Kosten
der Arbeitspakete bereits ein-
gegeben haben, erstellt Ihnen
das Programm automatisch
eine Projektgesamtkostendar-
stellung, sortiert nach Arbeitspaketen mit den entsprechenden Arbeitsstunden, woraus sich eine Aufteilung und Darstellungsmöglichkeit
der Personal- und Sachkosten ergibt.

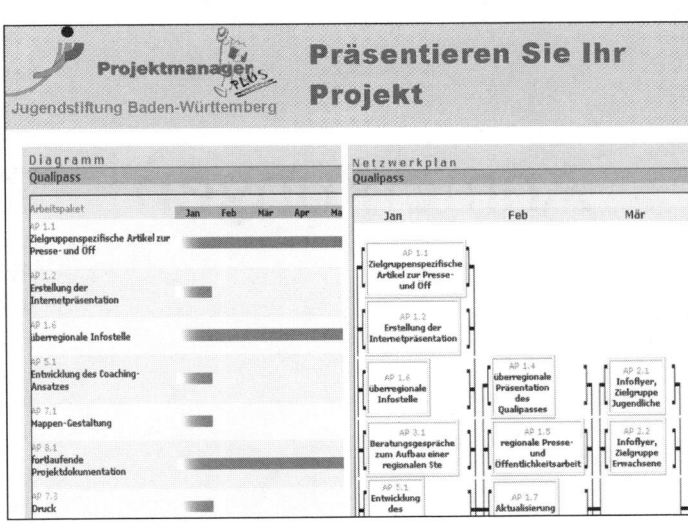

Projektgesamtkosten-
darstellung

Es ist allerdings keine Bedingung,
dass Sie die Projektgesamtkosten zu-
allererst in die Arbeitspakete eingeben. Es könnte ja auch sein, dass Sie
für eine schnelle und gute Präsentation einen aktuellen Kostenplan benötigen. Dann können Sie selbstverständlich auch direkt hier mit dem
Programm starten, und lediglich die
Kosten eingeben oder aktualisieren
und dies dann später bei den Arbeitspaketen nachholen.

Liquiditätsabfluss

Bei jeder Projektsteuerung ist es
von entscheidender Bedeutung zu wissen, wann welche Kosten entstehen.
Mit anderen Worten wie gestaltet sich

über einen Zeitraum X der Liquiditätsabfluss. Sie erhalten hier die Möglichkeit aufgrund der Eingaben in die Arbeitspakete per Knopfdruck eine Liqui-
ditätskurve als Balkendiagramm zu
erstellen. Sie erkennen auf einem
Blick wann sie relativ gut „bei Kasse"
sind und wann es zu Liquiditäts-
engpässen kommen könnte.

Liquiditätsplanung

Optimale Transparenz schafft hier
erst die Gegenüberstellung mit den
prognostizierten Projekteinnahmen.
Geben Sie hierzu alle Mittel mit ent-
sprechendem Datum ein, die Sie im
Verlaufe des Projektzeitraums erwarten. Sie erhalten hier, wiederum als
Balkendiagramm dargestellt, den Li-
quiditätszufluss sortiert nach Monaten.

Wenn Sie beide Kurven (Liquidi-
tätszufluss und Liquiditätsabfluss)
übereinander legen, merken Sie sofort,
welche Engpässe Sie haben, die evtl.
durch einen internen Kredit oder durch
Rücklagen abgedeckt werden müssen.

Anmerkungen

Projektplanung

[1] So hat sich am 22. September 1993 in Weimar mit Beteiligung namhafter Firmen die Deutsche Gesellschaft für Projektmanagement (GPM) gegründet. Ziel ist laut Satzung die Durchsetzung des Projektmanagements als eigenständige universitäre Disziplin und die Verbreitung und Vertiefung des Projektmanagement-Wissens.

GPM Sekretariat:
Frankenstr. 152, D-90461 Nürnberg,
E-Mail: info@gpm-ipma.de,
www.gpm-ipma.de

Obwohl die meisten Manager die Bedeutung des Projektmanagements erkannt haben, so ergab eine Befragung von 800 Managern durch die Kienbaum Personalberatung, beherrschen fast 90 % die dazu erforderlichen Techniken nicht.

Aus: Planung hilft, managermagazin 3/97

[2] Bei einer Veranstaltung von BSI-consult in Bremen vom 10. – 12. Mai 1995 zum Thema Projektmanagement wurde dieses Thema diskutiert. Bei C. Wolfgang Müller liest sich das so: „Die Zeiten in denen Gemeinwesenarbeit Teil staatlicher und kommunaler Gemeindeentwicklungspolitik war, scheinen zunächst einmal vorüber ... Es geht nun nicht mehr allein um die Strategien der Stadtteilanalyse, der Mobilisierung von Zielgruppen und um die Konzipierung von punktuellen Handlungen ... Sondern es geht um den kompletten Köcher modernen marktorientierten Projektmanagements: Es geht um Marketing, um Motivierung von Mitmachern, um Organisation und Leitung von Mitarbeitern, um Projektpräsentation und Vernetzung, um Fundraising und Sponsorenpflege." Auszug aus: Von staatlicher Daseinsfürsorge zum marktorientierten Projektmanagement.

Blätter der Wohlfahrtspflege 3/97, S. 58

[3] vgl. ausführlich den Beitrag von Bomheuer, Speilmann, Studemann, 1994, S. 44 ff.

[4] Wie sich der Projektgedanke Kurt Hahns in heutiger Zeit praktisch umsetzen lässt, wird bspw. in dem Arbeitsbuch „Erlebnispädagogik, Theorie und Praxis in Aktion" dargestellt.

Antes, Czech-Schwaderer, 2000, S. 15 ff., vierte Auflage

vgl. auch Günther, Sybille, In Projekten spielend lernen, 2006, S. 12 ff.

(5) Das Methodenspektrum des Projektmanagements entstand während des zweiten Weltkrieges bei der Durchführung komplexer Rüstungsvorhaben. Insbesondere das „Manhattan"-Projekt, die Herstellung der A-Bombe, wurde auf diese Weise realisiert. Mit der Beteiligung europäischer Firmen nach dem zweiten Weltkrieg an US-Programmen und durch die Entstehung einer europäischen Raumfahrtorganisation gelangte das Gedankengut des Projektmanagements allmählich nach Europa und wurde durch Industrie und Verwaltung übernommen.

Gabler, 2000, S. 2522, 15. Auflage

(6) Mit dem Begriff Sozialwirtschaft ist das gemeint, was sonst mit „Non-Profit-Bereich" oder „gemeinnützig" umschrieben wird. Dieser Begriff hat nach Ansicht des Autors mehrere Vorteile. Er verdeutlicht, dass das „Soziale" Bestandteil der „Wirtschaft" ist und damit einen wesentlichen ökonomischen Beitrag leistet. Zudem darf und sollte derjenige, der sozial wirtschaftet durchaus Einnahmen machen, orientiert an seiner sozialen (ideellen) Zielsetzung. Eine sehr gute Darstellung findet sich in „Die Strukturen einer gemeinnützigen Organisation", Rupert Graf Strachwitz, Fachschriften der Bundesarbeitsgemeinschaft für Sozialmarketing, Heft 1; außerdem in Wendt, Wolf Rainer, Sozialwirtschaftslehre, 2002.

(7) Diethelm Damm, 1995, S. 40 ff. in: Projekte, Konzepte, Ideen

(8) vgl. Projektprüfung Hauptschule, Info-Update 2000, Ministerium für Kultus, Jugend und Sport Baden-Württemberg

(9) Diese Definition ist dem im deutschsprachigen Raum publizierten „Klassiker" des Sozialmanagements entlehnt, der erstmals diese Terminologie entwickelt hat.

Müller-Scholl/Priepke, Sozialmanagement, 1982, S. 8 ff.

(10) Hierzu ist kritisch anzumerken, dass gerade im Bereich der schulischen Bildung nahezu jede Art der Wissensvermittlung, die nicht durch traditionellen Unterricht geschieht, mit dem Begriff Projekt modisch hinterlegt wird. Das führt zur seltsamen Situation, dass beispielsweise vierstündige Aktionen in denen Schülerinnen und Schüler selbständig Inhalte erarbeiten (was methodisch begrüßenswert ist), als „Projekt" bezeichnet werden. In Frey, Karl: die Projektmethode, der Weg zum bildenden Tun, 9. Auflage, 2002, ist dies zu verfolgen. Die hier verwendete Begriffsbildung ist mit dem professionellen Verständnis von Projektarbeit im späteren Berufsleben kaum „kompatibel". Vgl. hierzu Knorr, Friedhelm, Projektmanagement für Soziale Dienstleister, 2003, S. 30 ff.

(11) Weka-Praxishandbuch Projektmanagement 1995, Kapitel 2.2.1

Dieses Handbuch ist ein komplexes Standardwerk des Projektmanagements für Unternehmen der freien

Wirtschaft. Es wird als Lose-Blatt-Sammlung regelmäßig aktualisiert.

[12] Weka-Praxishandbuch, 1995, Kapitel 2.4.3

[13] Diese Arbeitsmethode hat in ähnlicher Weise Müller-Scholl/Priepke im bereits erwähnten Band Sozialmanagement dargestellt (siehe Anmerkung 9).

[14] vgl. hierzu das Standardwerk von Ehrl-Gruber, Birgit: Innovatives Projektmanagement, Loseblatt 2.4.1. S. 14 ff.

[15] Das Institut für Normung wurde 1917 gegründet und ist seit 1920 ein selbständiger Verein. Es finanziert seinen 60 Mio. Etat zu 60 % aus dem Verkauf von Normenbüchern und DVDs.

[16] Eine interessante und unterhaltsame Darstellung einer Projektplanung findet sich in der Publikation des mi-Verlages „Das Noah-Projekt – bärenstarkes Projektmanagement". Dort wird die Geschichte von David Michaels erzählt, der die schwierige Aufgabe hat, mit einem kompletten Zoo umzuziehen. Was tun?

Das Noah-Projekt, Ralph Kliem, 1996, 254 Seiten

Projektorganisation

[1] Ehrl-Gruber, Süß: Weka Praxishandbuch Projektmanagement 1995, 2.5.1 ff, Neuauflage 2000

[2] vgl. ebenda, 2.4.6

[3] vgl. ebenda, 2.3.5.1

[4] Gut 60 % der Sitzungen werden von 80 % ihrer Teilnehmerinnen und Teilnehmer als ineffizient und unproduktiv eingeschätzt – so das entmutigende Ergebnis einer Untersuchung von Professor Fredmund Malik vom Management-Zentrum St. Gallen. 80 % aller Führungskräfte verbringen rund 60 % ihrer Arbeitszeit in Meetings, Konferenzen und Besprechungen. Kommt bei flacheren Hierarchien zunehmend Team- und Projektarbeit hinzu, sprengt diese „teuer bezahlte Langeweile" jeden Arbeitstag.

Aus: Teure Langeweile, Managermagazin 10/96, S. 298

[5] vgl. Seifert, Josef: Visualisieren, Präsentieren, Moderieren, 2000, S.22 ff.

[6] Lahninger, Paul: Lebendig und kreativ leiten, präsentieren und moderieren. Ein Arbeits- und Methodenhandbuch für Teamentwicklung, 1999 S. 155 ff.

Projektmarketing

[1] Neiser, Gerd: Sozialarbeit, Nr. 104 – 9/94 (Österreich)

[2] Management und Managementtheorie, The economist, 1977, dtv

[3] Marketing, The economist, 1994, dtv

(4) vgl. Sozial-Marketing in der Jugend- und Sozialarbeit, Poersch, Michael/ Watzek, Andreas, 1997, S. 29, hier: Marketingkonzept in der Mitarbeitergewinnung

(5) vgl. Kursbuch Fundraising, 1996, S. 66

Ein hervorragend ausgearbeitetes Handbuch, 175 S., zu beziehen über: DACH Medienzentrum, Rungestr. 20, 10179 Berlin Tel.: 030/2 75 21 22 (nicht im Buchhandel!)

(6) ebenda, S. 68

(7) Heinrichs, Werner, Klein, Armin in: Kulturmanagement von A-Z 1996, S.240 ff.

(8) Pfannendörfer, Gerhard; die Versager sitzen oben, Sozialmanagement 2/91 und Pfannendörfer, Gerhard, 1995, in: „Kommunikationsmanagement"

Ein überaus nützliches Arbeitshandbuch, das von A bis Z wesentliche Themen der Kommunikation knapp, übersichtlich und kenntnisreich darstellt. DIN A4, 136 Seiten

(9) vgl. Kreis-Muzzulini, Angela: Medienarbeit für soziale Projekte, 2000, S. 74 ff.

Ein hervorragender Leitfaden für die Praxis, kompetent und umfassend, dabei knapp und präzise in der Darstellung. Mit Glossar für Einsteiger.

(10) Avenarius, Horst, Public Relations. Die Grundform der gesellschaftlichen Kommunikation, 2000, S. 93

(11) vgl. Mast, Ursula, ABC des Journalismus, 2008

(12) Kocher, Alfred, Birchmeier, Eliane: Public Relations? Public Relations! Konzepte, Instrumente und Beispiele für erfolgreiche Unternehmenskommunikation, 1995, S. 170

(13) vgl. Röttger, Ulrike, P.R.-Kampagnien. Über die Inszenierung von Öffentlichkeitsarbeit, 1997

(14) Bruhn, Manfred: Kommunikationspolitik, 1997, S. 133

(15) vgl. Filmbeilage von „ Corporate Identity", mi-Video 1992

(16) vgl. "Dorfplätze für die Stadt"

Zürcher Gemeinschaftszentren, Seehofstr. 15, CH – 8022 Zürich

(17) Ilzhöfer, Volker: Patent-, Marken- und Urheberrecht, 2002, S. 119

(18) Das Markenblatt ist zu beziehen über den Wila-Verlag, Wilhelm Lamp GmbH, Landsbergerstr. 191 a, 80687 München, Tel.: 089 / 5 47 56 – 0 E-Mail: info@wila-verlag.de

(19) Beim Deutschen Patent- und Markenamt, Zweibrückenstr. 12, 80331 München, Tel.: 089 / 21 95 – 0 kann die fortlaufend aktualisierte Broschüre „Markenschutz" kostenlos bezogen werden. www.dpma.de

Projektleitung

[1] „Das Eisenacher Opel-Werk gilt als Fertigungsstätte mit Modellcharakter für ganz Europa (Opel-Selbstlob). Das Werk mag wegweisend sein für die Fabrikarbeit der Zukunft. Ein Beispiel für humanere Arbeitsbedingungen ist es nicht. Inzwischen wird vom Just-in-Time-Syndrom gesprochen. Der Druck auf die Arbeitsteams nimmt ständig zu. Die Kaizen Philosophie trägt dazu bei, daß durch kontinuierliche Verbesserungsvorschläge immer mehr Arbeit auf weniger Personal verteilt werden kann. Wer Fehler macht, wird in Audit-Runden vor versammelter Mannschaft zur Rede gestellt. Kein Wunder, daß bei einer betriebsinternen Umfrage die Beurteilung der Arbeitsbedingungen überwiegend negativ ausfiel." Vgl. den exzellent recherchierten Artikel: „Von 152 auf 110 Sekunden" in Managermagazin 12/94, S. 239

[2] Wie eine bislang unveröffentlichte Studie der Universität Mannheim belegt, hat noch nicht einmal ein Drittel der 100 größten deutschen Unternehmen Gruppenarbeit eingeführt, kaum mehr als vor fünf Jahren! Die Wirklichkeit ist aber noch ernüchternder, als die Zahlen vermuten lassen. Viele Firmen, die in der Mannheimer Statistik auftauchen, haben bislang erst Pilotprojekte gestartet. Dabei sei die Hälfte der Konzepte Augenwischerei", schätzt Professor Walter Bungard vorsichtig. „Da wird dann fünf Leuten am Band erfolgreich eingeredet, daß das, was sie machen, ab sofort Gruppenarbeit

sei. In Wahrheit ändert sich jedoch nichts".

Zitiert nach: „Sand im Getriebe", Managermagazin 12/94, S. 234

[3] Siehe ausführlich: Kolb, Meinulf, „Personalmanagement", 1995, S. 47 ff.

Die Graphik ist dem zitierten Werk entnommen.

[4] Die Liste ist dem „Handbuch Projektmanagement" in abgewandelter Form entnommen. Das Buch schildert gut und übersichtlich die Methode des Projektmanagements für Unternehmen der Wirtschaft.

160 Seiten, erschienen im Gabler-Verlag

[5] Krüger, Wolfgang: Teams führen, 2002, S. 58. Die Auflistung ist dem Taschen Guide „Teams führen" entnommen. Für 6,60 Euro finden sich hier auf 128 Seiten vielfältige Anregungen und Tipps für moderne Teamarbeit

[6] Weitere Anregungen bietet der „Team-Check – Das Handbuch für erfolgreiche Teamarbeit", 2004, erschienen im Fachverlag für Schul- ind Sozialmanagement.
DIN A4, 166 Seiten mit CD-ROM

[7] vgl. dazu Helmut Willke, Systemtheorie II: Interventionstheorie, Stuttgart 1994, S. 175

[8] vgl. ders. S. 74 und 150

[9] Definitionsmerkmale nach DIN 69901